of Capitalism by Justin Joque Revolutionary Mathematics: Artificial Intelligence, Statistics and the Logic of Capitalism by Justin Joque Revolutionary
ntelligence, Statistics and the Logic of Capitalism by Justin Joque Revolutionary Mathematics: Artificial Intelligence, Statistics and the Logic of Capi
by Justin Joque Revolutionary Mathematics: Artificial Intelligence, Statistics and the Logic of Capitalism by Justin Joque Revolutionary Mathematics:
ematics: Artificial Intelligence, Statistics and the Logic of Capitalism by Justin Joque Revolutionary Mathematics: Artificial Intelligence, Statistics and
tionary Mathematics: Artificial Intelligence, Statistics and the Logic of Capitalism by Justin Joque Revolutionary Mathematics: Artificial Intelligence, S
rtificial Intelligence, Statistics and the Logic of Capitalism by Justin Joque Revolutionary Mathematics: Artificial Intelligence, Statistics and the Logic
cial Intelligence, Statistics and the Logic of Capitalism by Justin Joque Revolutionary Mathematics: Artificial Intelligence, Statistics and the Logic of C
e, Statistics and the Logic of Capitalism by Justin Joque Revolutionary Mathematics: Artificial Intelligence, Statistics and the Logic of Capitalism by

統計学を革命する

資本主義を支えるＡＩとアルゴリズム

ジャスティン・ジョーク　本多真奈美 訳

青土社

統計学を革命する

目次

第2部　頻度主義の知識の約束

第3部　ベイズの夢

統計学を革命する　資本主義を支えるＡＩとアルゴリズム

凡例

・原著者による註記は（　）、訳者による註記は［　］に入れて示してある。

謝辞

本書は、まるで熱に浮かされたかのように、もっと正確に言えば、いくつもの重なりあう夢を見ているかのように書かれている。おそらくこのような一連の夢は、統計学やアルゴリズムの機械的な計算を説明しようとする試みからは異端のように映るのかもしれないが、これこそが本書が伝えようとしていることであり、これらの計算がいかに情熱的なもので、最も啓示的な、宗教にも負けないくらい神秘的なものであるのかを示している。その計算は、データの集まりを世界の知識に変えるために導かれた社会的かつ神秘的な科学である。つまり、資本主義の対象化と統計学の間にある現在のつながりを断ち切る希望があるならば、マルクスの「宗教界の霧に包まれた領域」、すなわち私たちの場合は、「統計学と機械学習の霧に包まれた領域」を敬遠してはならないのである。

本書のこの夢の中のさまざまな場面において、多くの聖なる人物が登場する。称賛に値するもの、興味深いもの、感動的なものはすべて、以下の方々のおかげである。クリストフ・ベッカー、マリア・アンジェラ・フェラリオ、デイビット・フィリップス、アレッサンドロ・デルファンティ、コスティス・ダラス。カナダのトロントのある一室で、美しい春の日を過ごしながら、上記の皆様より、本書の初期の草稿に対して非常に有益なフィードバックを得ることが出来た。これには深く感謝している。また、ローラ・ポートウッド・ステイサーは、本書をより良くするための重要なヒントを与えてくれた。ピーター・カルーレの知的な寛容さと多岐にわたる彼との会話は、このプロジェクトに取り組むにあたって大変参考になった。アルゴリズムを通じて知り合った私の妻、ロビン・アンスパッチもまた、本書に多大な時間を費やし、最終的な形に導く手助けをしてくれた。センギズ・サルマンは、調査から、編集、草稿の作成まで、さまざまな支援を精力的に行ってくれた。特に最終章の構想と執筆には多大な貢献をしてくれたので、最終章には彼の名前を載せている。

最後に、ジョン・チェニー・リポルド抜きには本書は完成しなかった。元々私たちは、本書を共同で書くつもりで長い午後の時間をアナーバーのバーやカフェで過ごし、議論し、思考し、執筆し、修正を重ねてきた。このようにして二年ほど作業していたのだが、完成間際でジョンが政治的なことに巻き込まれ、彼のエネルギーと時間をすべてそちらに費やさなければならなくなった。彼は、私が一人で本書を完成させることを快く勧めてくれた。本書が存在するのは、彼自身の存在と友情のおかげである。たとえ署名がなくても、彼の仕事と名前はここに示したい。

はじめに

人間は自らの歴史を創る、しかし、思うがままに創るのではない。自らが選んだ解釈のもとで創るのでもなく、すでに存在する解釈のもとで、与えられた過去から受け継いだ状況のもとに創るのである。すべての死せる世代の伝統が、悪夢のように生きている者の思考に重くのしかかる。

カール・マルクス『ルイ・ボナパルトのブリュメール18日』より

コンピューターは驚くほど効率的に知識を生みだしている。ごく小さな出来事も記録できるサーベイランス（監視）やモニタリングの機能を実装し、コンピューターは、星や何十億人もの人々、交通と物流のネットワーク、何兆ドルもの金融取引、そして膨大な量の文字、音声、映像を追跡することができる。これらのデータは放置されているわけではない。企業、政府、研究者は、これらのデータと、機械学習、統計学、コンピューター本来の処理能力を組み合わせることで、大きな政策転換の可能性から個人の習慣や欲求まで、あらゆるものをモデル化し、予測し、推論することができる。その結果、ショッピングはもちろん、患者のがん細胞の遺伝子構成に応じて治療が行われるがん治療まで、私たちの行動はパーソナライズされたものになっている。

コンピューターの使用の変化は、物理的、社会的、経済的なシステムの理解の仕方を変えるだけでなく、科学や知識そのものの理解も変えている。望遠鏡で撮影した夜空の画像、ヒトゲノム、何百万人もの人々の健康データなど、膨大な量のデータを収集し、それを使ったアルゴリズムでクラスターやパターンを探しだすことは、科学ではますます重要になっている。

機械学習、アルゴリズム、統計学は、明らかに今日の私たちの状況を形づくっている。[1] しかし、これらの技術が発展するにつれ、見逃せない矛盾が出始めている。企業や政府は、個人の生活や行動を予測し、より細かなグループに分類できるようになった。この力は、財や機会をより効率的かつ公正に分配することを可能にするはずものであるが、テクノロジーはむしろ、人類の生存そのものに反するものになっている。サイバーユートピアンが提言するより多くのサイバネティックス・システムが必要という説、すなわち、より多くのデータと優れたアルゴリズムがその矛盾を解決するという希望は、既に私たちが経験しているように、明らかに間違っているのである。

企業のクラウドストレージの冷たい洞窟から、米国国家安全保障局やその英国版の政府通信本部の厳重な警備体制に至るまで、統計学を利用するということは、デジタル化された大量のデータを人間やコンピューターが利用できる実用的な情報へ変換することである。この情報は、株の売買、囚人の刑期の調整、信用の付与または拒否、科学的事実の推論などに使われる。ほんの一〇年前にはサイエンスフィクションのように思えたことが、今ではコンピューターによって実行され、理解できるようになった。完全な「人工知能」が実現していなくても、機械には驚くほどの能力がある。しかし、これらのテクノロジーは、それを所有し操作する人々に、ますます多くの自由と洞察を与えると同時に、政治的、社会的な秩序は、たとえそれが非効率的で大きな矛盾に満ちていたとしても、綿密に管理されたグローバルな新自由主義の制約をますます受けるようになるのである。[2] 国、ジェンダー、階級、人種についての立場に応じ、あらゆるところで人々は監視され、追跡されており、非常に良くパーソナライズされた広告や情報の選択を通じて、その認識や政治的意見が管理されている。この秩序を打ち破ることができると思われる唯一の力は、トランプ政権からブレグジット、イスラム過激派組織に至るまでの極論にみる死の欲動である。そして最終的には、このような力でさえ、管理された資本主義の支配論理に逆戻りしてしまうようである。なぜなら、洪水、テロ、右翼ナショナリズムの台頭など、危機のたびに、ますます私有化されていく資本主義からの脱却を求める同様の声が上がるからである。[3]

ドイツのマルクス主義者であるアルフレート・ゾーン・レーテルは、人類社会が「制御されていない意識から、完全に覚醒した意識への移行」を遂げることを期待した。[4] その支持者によると、意識の開発を可能にするというテクノロジーの発展を目の当たりにする一方で、この移行の政治的な可能性も同時に失われているという。おそらく、このような移行は常に不可能であったのかもしれないが、テクノロジーはこの無秩序で危険な発展を加速させているように見える。それを最も明らかにする一つの例が、ここ数十年の緊縮財政の論理と、それに伴う新自由主義の独占への動きである。つまり、節約と経済的保守の論理は、資本主義機関の利益のためだけに役立ってきたと言える。[5]

二〇〇八年以降、アメリカの株式市場ではアルゴリズム取引、つまり、アルゴリズム同士で株を売買する取引が、一日の平均出来高の半分以上を占めている。そのような自動化は、資本主義の合理性を高めることには何の役にも立たず、それどころか、厳しい経済的報復の脅威のもと、格付け機関や投資家が、国家に予算支出の削減を要求する力を強めるだけのテクノロジーの軍拡競争を引き起こしている。[6] 合理性や真実は以前からもずっと危機にあるのだが、今日のその状況は特に悲惨であり、この危機の深刻さは権力の中枢にも認識されているようである。

テクノロジーに関する書籍が、アルゴリズムに支配された世界、ユートピアやディストピアの世界観で溢れているのと同時に、統計学、機械学習も深い危機に瀕している。学術的な知識生産は再現性のない研究に悩まされ、ビッグデータのインフラがもたらす二酸化炭素の影響は環境破壊の脅威となり、人工知能は見捨てられた新たな冬を迎えようとしている。[7] 何兆ドルもの資金が生みださされ、急成長する機械学習とデータ分析であるが、アルゴリズムによる知識生産は、資本主義的生産の動機や推進力とは歩調を合わせる事ができないようである。

それは二〇一五年九月、フォルクスワーゲンが「ディフィートデバイス」を搭載したディーゼル車を販売していたことを報じた米国環境保護庁の発表からも確認できる。この装置は、州が定めた実験室での排ガス環境試験を受けている場合を車に検知させるソフトウェアで、二〇〇九年から二〇一六年の間に一一〇〇万台に及ぶさまざまなモデルに搭載されていた。[8] 車がテスト中と判断した場合、フォルクスワーゲンのソフトウェアは、環境規制に適合するようにエンジンの性能を変更する。これにより車は、通常の走行時には速くてパワフルで、法的規制の四〇倍以上の窒素酸化物を発生させるのだが、テスト時には燃費が良く環境に配慮したものとなっていた。このスキャンダルの結果、フォルクスワーゲン社六人の役員が刑事告発された。

このディフィートデバイスは、ソフトウェア上のものであったが、物理的なディフィートデバイスであればもっと早く発見されていたのかもしれない。フォルクスワーゲンのソフトウェアは各車の中央処理装置の中に隠されており、「ステアリングホイールの位置、車速、エンジンの稼働時間、気圧」を検出して、排出量の制限を決定していた。[9] このようなごまかしは、資本主義に求められる経済合理性や、市場を管理し維持する国家の能力を直接的に脅かすものである。この事件を担当したジョーン・コックス連邦地裁判事は、判決の際、この犯罪は「私たちの経済システムの根幹、つまり、信頼を攻撃し、破壊するものである」と宣言した。[10] 要するにこの装置は、私たちの社会の揺るぎない知識を攻撃することで、本来は市場に存在するはずの形而上学的な安定を脅かしたのである。

その二年後、『ニューヨークタイムズ』は、配車サービスのＵｂｅｒが「グレイボール」という名前のプログラムを作成し、二〇一四年から二〇一七年にかけて政府の規制当局者が利用者である場合を検知させ、彼らの乗車を回避していたと報じた。[11] フォルクスワーゲンと同様に、Ｕｂｅｒのプログラムは、位置情報（政府機関の建物に近いか遠いか）、ソーシャルメディアのアカウント、クレジットカード情報、既に知られている法執行官の携帯電話番号あるいはデバイスＩＤ、さらには利用者がＵｂｅｒのアプリを開いたり閉じたりする頻度などのデータを組み合わせて、利用者が潜在的な規制者かどうかを評価した。その利用者が「規制者」であると判断されると、アプリは「個人利用者向けの標準的な都市アプリの表示を隠し、Ｕｂｅｒがその利用者には別のバージョンを表示する」というものであった[12]。通常の利用者は、アプリ内で乗車可能なドライバーを見つけることができるのだが、規制者はそのドライバーを見ることが出来ないようブロックされていた。したがって、ドライバーや会社を規制することは不可能であった。

表向きは法的にグレーゾーンの範囲で事業を展開し、輸送事業を過小評価して、最終的にはその地域のタクシー部門を独占することを事業戦略としているＵｂｅｒのような企業にとって、アメリカのオースティンやポートランドのように地元の法律でＵｂｅｒが違法とされている場所では、グレイボールは特に有効であった。グレイボールが規制を回避するためのツールとして機能することで、Ｕｂｅｒは自らのリスクを最小限に抑えることができた。Ｕｂｅｒは、アメリカだけでなく、オーストラリア、中国、韓国の規制当局から逃れる方法も発見したのであった。

フォルクスワーゲンやＵｂｅｒのようなプログラムは、私たちに、アルゴリズム論理や、いわゆるビッグデータ革命の基本的な前提条件を根本的に考え直す機会を与えている。大規模なデータ収集の推進派も反対派も、従来はビッグデータを、世界を理解するための手段としていた。ビッグデータ推進派は、データやアルゴリズムを合理的でより良い社会を実現するための手段と考えており、反対派は、これらのシステムによって確認できるようになったインサイト［洞察］が社会を制御するために使われ、自由が失われることを恐れている。しかしこれらのテクノロジーが、ルールを完全に無視しているにもかかわらず従っているように見せかけることができる場合、アルゴリズムによる知識生産は信じるに値しないものになる。見せかけの世界を理解し、形づくる能力は、やがて競争における重点となり、国はエンジニアやプログラマーが大幅に遅れをとって捕まるような企業しか規制できなくなるのである。

直接的な偽りはともかくアルゴリズム資本主義が出現したことにより、統計学やアルゴリズムが世界を表現するのではなく、新しい現実（例えば、デリバティブ取引の仮想世界、ソーシャルメディアや契約労働のプラットフォーム、フィルターバブルのかかったプライベートコミュニティなど）を作り出すのに最も効率的な経済が生みだされた。[13] このような「再シミュレーション」の方法は、経済的な意思決定を明確に縁取る。それはまるで、資本家の理想主義による真面目さが、あらゆる面から脅威にさらされるようでさえある。

統計学、形而上学、資本主義

このような経済の変化の背景には、統計学、アルゴリズム論理、計算の進歩がある。社会はますますアルゴリズム化していき、そうして、統計に支配されるようになる。これは、人口、経済、生命そのものの管理において、数量化と確率分析の使用が増加し続けていることを受けている。[14] この新しいパラダイムでは、科学者やマーケターは、個人やグループ、物理的なシステムがどのように動くかを予測するために、因果関係ではなくむしろ相関関係に目を向けている。[15] この章の初めにあげたマルクスの『ブリュメール18日』の見解を言い換えるならば、資本に関する限り、死んだ世代、あるいは少なくとも過去の出来事が、生きているものの脳に重くのしかかるのは、統計学を通じてであると言えるであろう。現代の資本主義を理解するには、ある程度統計学への理解が必要であり、統計学を活かすには、この特殊な科学が資本主義の生産にどのように組み込まれているのかを説明する必要がある。

テクノロジー、アルゴリズム、デジタルシステムには、過度の影響力が与えられ、政治的なエネルギーが必要な対象とみなされる危険性が常にある。このような誤解は、より大きな社会的対立を表し、媒介し、加速させる方法を覆い隠してしまうことになる。さらに言えば、このような社会の支配の型が、客観的な力をそれらシステムにどのように与えているのかを突き止める必要がある。そもそも、なぜそれらが信じられ、現在のような力を与えられているのかが説明されなければならない。

本書では、これらのシステムの形而上学的な力は、究極的には統計学と確率論にあることを主張している。つまり本書はある意味で、アルゴリズムやデジタル文化、テクノロジーに関するものではあるが、その焦点はかなり狭いものである。以下の章は、これらのシステムの可能性を形づくり、資本主義の機能に根本的に結びつけるうえで、統計学と確率論が果たす中心的な役割を明らかにしようとするものである。

ここで重要なのは、機械学習と広義のアルゴリズム社会に手法と解釈の枠組みを提供する統計学が、形而上学的な観点と数学的な観点の、異なる二面を担っているということである。形而上学的な観点では、偶然性、帰納法、知識の関係について、統計学における異なる学派がさまざまな哲学的な主張をしている。[16] 確率は、主観的な信念の尺度であるとする人もいれば、結果の集りの客観的な頻度とする人もある。数学的な観点では、統計学者はこの形而上学的な関係が、実験や観測されたデータによってどのように作用するのかを評価するために、これらのシステムの上に一連の数学的な検証を作成したりしている。現代の統計手法と実験計画の創始者の一人であるロナルド・フィッシャーは、技術的な問題と「原理」、つまり形而上学的な問題を区別することの意義を明確に述べている。

かかる問題は、統計学者の手腕の中では、もっぱら技術的な問題から切り離すことができ、そして、そのように「切り離された場合」には、人間の論理的思考の力を正しく使用するための問題となり、知的でありたいと願うすべての人々が等しく関心を持ち、統計学者やそのような者が特別な権限を持って発言するものではない。統計学者は、科学的推論の原則について頭を整理する義務を免れることはできないが、同様に、他の思慮深い人もその義務から免れることはできない。[17]

このような形而上学的な観点でこそ、他のテクノロジーや科学技術と同様に、統計的な認識論の革命がいかに生産の革命であるかを理解することができるのである。これらの形而上学的な問題は、データをどのようにして知識と行動に変えるのかを決定している。数学は比較的安定した閉じたシステムとされており、ある人にとっては普遍的な呪文のようでさえあるが、実際に存在する世界に触れたとたん、この関係は開放的になり、社会的に決定され、流動的になる。世界と数字の間のこの不安定な関係は、特に統計学や確率論の領域では顕著であり、これらの変化は社会的で、経済的な型を決定し合っている。[18]

二〇世紀初頭にテイラー主義者の科学的管理法が工業生産に革命をもたらしたように、二〇世紀後半から二一世紀はじめにかけては「推論革命」が、データからの知識生産と抽象化に革命をもたらした(19)。統計的手法は、製造業のデータをジャストインタイム物流へと革命し、高頻度取引を生みだし、ターゲット広告で現代のインターネットに資金を供給するなど、推論を介して有益な知識の蓄えを生み、近代資本主義の機能の中心となった。

統計学は、生産に革命を起こす能力を持つと同時に、資本主義においては形而上学的な役割を果たし、知識を行動に移すための科学と方法を提供している。この能力によって、統計学にはある種の力、つまり、物事を必要かつ客観的に見せる力が与えられ、それは日々の現代的な生活の多くを支配するアルゴリズムシステムにも及んでいる。以下の章では、理性そのものの持つ権威の場所がはっきりしない力を説明すべく試みる。その力は個人をさまざまな方法で働かせ、生活を強いるもので、資本の利益を最大化しようとする確率を用いたシステムの要求にますます応じさせるものである。

理想のコイン

資本主義と統計学は、このデジタル経済において、偶然出会ってしまったパートナー以上の結びつきがある。そして、この形而上学的な相互の影響は、個々の労働者、商品、データなどを普遍的な原理に関連付けるために「理想のコイン」を使って解決できるほど、明らかで簡単なものはない。資本主義では、このコインは貨幣という型で直接的な価値を表わし、いつでもどこでも、商品や他の通貨などの等価のものと交換することができる。もし物理的なコインがすり減って、金属の価値がほとんどなくなった場合、その保証人（国家）は、その理想的な価値を維持するためには、新しいコインと交換する意思がなければならないものである。

手法の具体的な内容については後ほど詳しく説明するが、同様に頻度主義の統計学では、個々のコイン投げが互いに影響し合わない理想のコインは、確率の概念的な裏付けとなり、統計学的思考の基礎となる尺度であり、データを普遍的な推論に結びつける能力となる。この時空を超えた理想のコインを使えば、無限に近い数の投げ方を想像でき、表が出る頻度は一定に保たれ、その結果が確率となる。頻度主義的に考えれば、確率は単にそのような想像上の道具の長期的な頻度を表しているに過ぎない。

ところが、この世には、資本主義における普遍的な貨幣に相当するものも、頻度主義の統計学におけるの理想のコインも存在せず、むしろ、神秘的な想像上の偶像のように、どちらのタイプのコインも価値と確率の形而上学的なカテゴリーをこの物質世界に取り入れつつ、あの世で機能しているのである。貨幣は価格をもって価値を知ることができる。理想のコインは、再現性という理想をもって確率を計算することができる。どちらもゾーン・レーテルが述べた「現実の抽象化」であり、それぞれのコインの理想の型に沿って世界を理解する抽象的で生産的な方法である。これらは理想的で、しかし実体を持つものであり、身近に現存するコインである。[20] この想像上の頻度主義の統計学に基づき、資本主義は世界を客観的にとらえることを可能にした発明によって、知識の管理方法を生みだすことに成功したのである。

二〇世紀初頭から半ばにかけて、統計学に客観的な基盤を見いだそうとする試みがあった。一方でここ数十年の間、いわゆるベイズ理論と呼ばれるものの支持者たちが、理想のコインによって確立された客観的な領域を放棄し、主観的な尺度、すなわち、推測で計算を始め、新しい証拠が集まるたびに確率を継続的に更新する方法を支持するようになったため、統計学に対する客観的な見方は衰退していった。[21] ベイズの世界では、理想的な対象は存在せず、データを集める主体の経験のみが存在する。後述するようにベイズの手法は勢いがあり、それに基づいて構築された機械学習モデルは、高頻度取引からグローバルなサプライチェーンに至るまで、あらゆる規制に用いられている。

知識の基盤が、客観から主観へ変化することで、世界の形而上学的な生産に革命が起こり、科学知識の基盤そのものが変化し、そして、それに伴って情報資本主義の物質的な生産も変化している。それは知識をより流動的で、局所的な、市場力学に沿った形に変えるものである。しかし、このような知識の主観化は対象化の力を覆すものではなく、その現実的な抽象化の力を否定するものでもない。むしろそれは、科学者と科学者の知識への欲求を市場の要求に置き換えることで、確固とした根拠や基盤を取り除き、とりわけ資本主義の型を提供するものなのである。

この革命において、統計学と資本主義は、その形而上学的な目標と基礎的な仕事において密接に関連している。それはすなわち、どちらも個々のデータを普遍的な法則に変換しようとするものであるということだ。この作業が、将来の株式のリターンの予測のために行われようと、市場ベースの経済を作り出すために行われようと、統計学と資本主義はともに魔法のように、局所的な、偶然の、個人的なものを、一般的で、普遍的、そしてグローバルなものに変換する。この魔法は、明らかに物質的、現実的、生産的ではあるが、やはり形而上学的なものであり、単なる物理的なものに完全に還元することはできない[22]。統計学とアルゴリズムは、あらゆる知識と同様に何が等価であるか、より正確には、確率、比率、等価性によって計算可能なものは何かといういくつもの客観化された信念に基づいている。

異端のマルクス主義哲学者のモイシェ・ポストンは資本主義について次のように述べている。

その結果は、歴史的な新しい型の社会的支配である。それは、非人間的で、ますます合理化された、構造的な命令と制約に人々を従わせるものであり、階級的な支配、より一般的には、社会的集団の具体的な支配、あるいは国家や経済の制度的な機関による支配という観点からは、適切に把握することができないものである。それは決まった場所にはなく、社会で実践される決められた型であるにもかかわらず、まったく社会的ではない[23]。

労働が生みだす経済的な価値と、仮説の科学的価値の、両方を測ることができるとするこれらの現実的な抽象化は、この合理化とその物質的な基盤を欠いた型として機能する。人は好きなように信じたり願ったりできるが、結局のところ、資本主義と統計学は、この客観化された力によって、私たちの成功、ひいては私たちの生存能力を測っている。知識と価値の生産のための所在のない動機こそが、ポストンの述べた「抽象化の支配」を構成しているのである。アルゴリズムシステムと統計学が形づくる今日の世界には、このような抽象的な支配と制御を行う所在を特定できないベクトルが介されている。

このことは、資本主義や統計学が、以前からの人種やジェンダーに基づいた具体的な支配をなくしてくれることを意味するのではない。むしろそのような支配を抽象的なベクトルで正当化し、具体的な型で維持するために利用されるのである。例えば個人を住宅ローンや保険に加入させないことを基準としたレッドライニング（線引き）という隔離の型を作り、その具体的な支配に関しては警察の暴力の標的となることでさらに強まる。アフリカおよびアフリカン・ディアスポラ研究の学者であり教授でもあるシモーン・ブラウンは、黒人奴隷の歴史の中に、現代の監視の起源があることを詳しく述べ、資本主義や支配のテクノロジーが、それを生みだした暴力的で人種差別的な歴史からは逃れることはできず、むしろ、それらの差別が生まれる際の認識されやすい体制を再生産し、再構成する傾向があることを示している。ブラウンは、「テクノロジーがその開発や設計において、最適な利用のために一部の対象者やコミュニティを除外してしまうと、既存の不平等を再生産する可能性が残される」と述べている[24]。

このように、アルゴリズムや機械学習は、計算の速度や性質を変えるのかもしれないが、最終的には既存の社会的評価や暴力的なシステムを再生産することになる。つまり、アルゴリズム論理の不公平に抵抗する際には、テクノロジーのレベルだけどころか、もっぱら形而上学のレベルに到るだけでも成し遂げられない。支配の抽象的で具体的な型は、階級的、人種的、ジェンダー的、帝国主義的な抑圧と暴力が相互に影響しあうように、相互に関わりあい、強化しあっている[25]。しかしながら、資本主義的、統計的な形而上学の力に抵抗し再編成しようとすることは、新たな可能性を開くこともできるのだが、そのような変化だけでは何の解決にもならず、そしてそれはおそらく不可能である。

新たな対象化に向けて

これまで以上に、政治の主体は誰かという概念そのものが、デジタルテクノロジーに打ちのめされている。例えば、「ツイッター革命」への期待は、外国勢力による政治的介入への非難に変わり、無料でアクセス可能な情報であるという約束は、政府による監視と検閲に取って代えられた。[26] マルクス、もしくはそれよりも古くから、過激な政治理論は、権力や抑圧の既存の型を転覆させるために歴史のその時々の力に応じて、意思、地位、知識の組み合わせを利用する革命的なヒーロー（または創造物）に依存する傾向があった。しかし、今日では、自発的な主体が基盤となる変革的な政治へのアクセスは、ますます理解に苦しむものになってきている。綿密に作られた物語を持つ産業界のロビイスト、組織化された政治が反応するには早すぎる二四時間のニュースサイクル、ターゲット広告、新たな雇用を募るだけで企業が生産拠点を別の場所に移すことのできる身軽さ、これらすべてが現代の過激な政治プロジェクトの見通しを戦術的に脅かしている。

伝統的なマルクス主義の理論では、賃金労働者階級であるプロレタリアートがこの革命の中心となる。『共産党宣言』の最後の言葉を引用すれば、労働者は団結することのみにおいて、集団的な革命の主体となりうるのである。革命的な主体の具体的なあり方については議論が尽きないが、革命的な思考において、この主体が中心的な役割を果たしていることには疑いの余地がない。[27]

しかし、有望な政治主体がまとまることがこの夢の核心であるにもかかわらず、過激な政治理論の主体は、特に西洋の啓蒙主義に影響された共産主義の各派閥においては、その起源にまで遡らないにしても、遅くとも一九六〇年代から危機に瀕している。それは、しばしばプロレタリアートという型で非常に具体的に、白人英国人男性を普遍化しようとする試みであった。[28] 六〇年代後半の学生急進主義の闘争、非階級的リベラル運動(例えば、環境保護運動、反戦運動、権利擁護団体など)の出現、理想的な普遍的主体が西洋白人男性であるという幻想の認識、スターリン主義と毛沢東主義の過剰な暴力の認識、ソ連の崩壊、民族間の対立や宗教原理主義の「復活」など、世界的な革命変化を起こすことができると信じられるこれらすべてが、統一された政治的主体の出現に疑問を投げかけるものであった。

個人を独自の「フィルターバブル」の中に隔離するアルゴリズムシステムの台頭は、有望な政治主体の現れる可能性をさらに低下させる恐れがある。[29] なぜなら今日、革命的な主体は、アルゴリズムによって断片化された現実と、厳しく管理されたデジタル制御の二重の問題に悩まされているからである。前者では、ネットニュースや商品の価格、利用できる医療をパーソナライズするデータ駆動型のアルゴリズムによって個人の現実が調整されるのに対し、後者では、工場で働く労働者、大学で学ぶ学生、囚人(出所後も含める)、国内外を行き来する移民などに対して、デジタルシステムがその制御のために使用されるあらゆる場所に配置されている。

多くの学者や活動家が、これらのテクノロジーがいかに個人を支配し、既存の不平等を強めているのかを詳しく述べているが、そのテクノロジーを運用するより大きな政治的、経済的な力に打ち勝つことは、ますます不可能になっているようである。[30] 西洋マルクス主義と革命家の脱物象化の夢、あるいはハンガリーの哲学者ジェルジュ・ルカーチの説いた、個人の課題は自身と歴史を理解することであるという解決策は、思慮深く優勢なシニシズムへ道を譲ることになった。[31] 皆をまとめる連帯意識などはなく、そして、唯一進み続けることのできる政治は、慢性的な環境問題や社会問題に対し、単にホスピスのようでしかない。普遍的な政治主体の分裂の原因はさまざまであり、そして、その排除と近視眼的な見方では、そのようなプロジェクトは決して実現しないと示されるのだが、テクノロジーによる変調、分断、注意をそらす能力は、このはるかに大きな問題を理論化するためのメトニミー（換喩）と基盤の両方を与えている。

創造力や意志の力によって、コンピューターの冷やかな計算力の外に立つ純粋な主体を生みだすことができると主張する人はたくさんいる。「サイバネティックスの仮説」に対するティックーン（Tiqqun）の抵抗、フランコ・「ビフォ」・ベラルディの「言語の不能」、ジョディ・ディーンのパーティーの復活など、現代の荒廃した資本主義に抵抗できるある種の主体を救い出そうとする理論的で哲学的なプロジェクトは数多くある。[32] 私たちは、これらの試みを軽視するつもりはなく、むしろその逆で、成功することを望んでいる。しかし、人類が直面している抑圧の力は、これら多くの創造的な主体の兆しを察知して管理する能力に非常に長けており、それは深刻な脅威にもなっている。

この点については、共産主義集団のエンドノーツ（Endnotes）が状況をうまくまとめており、革命的な政治的連合を統制する力は現在のところ存在しないと指摘している。「現在、「最も戦略的に優位な階級」であろうと「最も抑圧された階級」であろうと、一般的な関心を示すことを行っている階級分派は存在しないようである。同時に、この多様性から新たな統一性を生みだそうと、例えば「マルチチュード」や「プレカリアート」と名前を変えるだけでは、内部分裂というこの根本的な問題を覆い隠してしまうことになる[33]。要するに、現代の過激派政治の状況はあまりにも断片的であり、そして、その潜在的な主体は大衆の行動の「一般的な興味」から切り離されているため、古典派マルクス主義理論のプロレタリアートに期待されていたことは、どのグループも達成することができないということになる。さらに、ポストンが論じているように、「歴史的な偶発性を抽象的に、かつ歴史を超えて仮定し、人間の主体性を救おうとする試みは、歴史的な特定の支配構造の存在を覆い隠してしまう。それによって、皮肉にも、深い脱力感を与えてしまっている」のである[34]。この主体の構造そのものが、その破滅を保証している。今日、革命的な主体は四面楚歌であり疑惑の中にある。精神分析医であるジャック・ラカンが一九六八年五月のフランスの学生たちへ向けた、「あなた方が革命として熱望するものはマスターである。あなた方はそれを手に入れるであろう」とは、この疑念を最も残酷かつ端的に表現しているのかもしれない[35]。

主体が閉ざされていく中で、この主観的な追求を放棄して、政治へ客観的な基盤を求める者もあった[36]。しかし、多くの善良な人々が科学的信念の原理のうえに、世界と事実が健全であることを再確認することを望む一方で、この客観的な立場は、事実を求めるあまり資本主義世界の状況を人類の唯一の選択肢として示す傾向がある[37]。その結果、その客観的な立場は、非政治的になったり、あるいは最悪の場合、現在の白人至上主義や資本主義の世界認識を強化したりすることに利用されてしまう。社会問題をテクノロジーで解決しようとする個人が、自らが対抗しようとしているシス

テムそのものを再生産してしまうことがあまりにも多いのである。(38)

唯物弁証法の用語を間違って使うかもしれないが、「客観的」左派と「主観的」左派と呼ばれるこれらの二極の間で立ち往生している私たちにとって、政治的に最も効果的に進むことのできる道は、直接的にハイブリッドな道でも、特定の極を優遇することでもないのかもしれない。そのかわり、私たちは、客観的なものと主観的なものの間のねじれを修正すべきなのである。マルクスは、特に『資本論』の中で、資本主義、そして資本主義のもとで行われる政治は、人間らしい社会と経済の世界において、つまり価値と賃労働の世界がねじ曲げられた世界において、客観的で不変なものとして提示される形而上学的な過程の上に成り立つとしている。生産のプロセス全体は社会的で、したがって本人同士の合意、つまり、本質的には主観的であっても、私たちが何を考え何を望むかは問題にはならない。もし私たちが資本を所有していないのであれば、私たちの労働力を市場での相場で売らなければならない。哲学がどうであれ、市場が喜んで支払うものに労働としての価値があるのである。

マルクスは、この形而上のプロセスを「対象化(物象化)」とした。これにより、社会的に交渉する者同士の関係が、物と物の関係のように見えるようになり、それゆえに客観的になるというプロセスである。上記の客観的左派の戦術である「客観的に真実」であるものに焦点を当てる代わりに、マルクスの物象化論は、ある物事が対象となるその過程を探ることを可能にした。つまり、その過程とは、社会的な参加者が決定されるのではなく、自然で論議の余地のないものとして見え始めるその瞬間のことなのである。

ここにはっきりさせよう。この二つは密接に関連しているが、対象化の歴史と未来は、客観性の歴史とは違うものである。客観性の歴史については他の著書によく書かれている。[39] 私たちの主な関心は、より大きな合理性と客観性の枠組みの一部として、対象が人間の問題にどのように関わるのか、私たちの社会的で主観的なやりとりをどのように管理、記録、提示するのかということであり、そして、この管理が与える力についてである。対象化とは要するに、社会的な生産が科学的（あるいはそれ以前の神学的）客観性の大きな歴史の中に取り込まれることである。[40]

現代の資本主義の本質、とりわけ、搾取の複雑なシステムを客観的で自然なものとして示す能力を理解するためには、統計学や機械学習のアルゴリズムが、社会や経済の「私たちの背後で」介するコモディティ（商品）のレガシーを、どのように引き継いでいるのかを分析することが不可欠である。もはや、資本主義に対してデータや計算の重要性を語るだけでは不十分である。また、関連するアルゴリズムの背後にある数学を説明し、学習に使用されるデータセットを発掘したとしても、それだけでは十分ではない。そのかわり、これらのアルゴリズムは、対象化という社会的な働きをするシステムとして理解されなければならず、私たちのために考え、私たちの事柄を「対象的」に管理するのである。コモディティとその価値のように、それらを信じないということでその力を抑えられるわけではない。これこそが説明されるべきことなのだ。

私たちは今、これらのアルゴリズムの途方もない数の対象が、重要な意味を持つ瞬間に居合わせている。今日では、気候変動モデルから、機械学習を利用してパーソナライズされたショッピングやニュース、デート、国家や企業による暴力の配信まで、まさに計算がデジタル資本主義のもとに現在の対象的な社会的現実に対して決定を下すのである。アルゴリズムとデータが科学的な知識と商業的な価値の両方をますます生みだすにつれ、高頻度取引からジャストインタイム・サプライチェーンの管理、従来の固定された産業の「混乱」に至るまで、価値の分配と抽出のタスクを担うようになったことで、物質的に、形而上学的に生産する旧式型は大きく崩れかけている。

現在、アルゴリズムは、この対象化の力を活用して生産し、データを意思決定に結びつけ、特定を普遍に融合し、主体を対象に、そして物質を形而上学的なものにする統計学の上に構築されている。再び、これらのアルゴリズムが行う作業は、基本的には統計学と確率論の進歩に基づいており、物質的であると同時に深く形而上学的でもある。アルゴリズムは、磁気ビットを実用的な目的に使い、資本や実際の商品を世界の至るところへ移動する方法を計算する一方で、同時に世界を独自の抽象的な方法で再定義し、世界に関するデータを概念、予測、推論に変換している。アルゴリズムによって生みだされたこれらの新生の抽象化は、科学的で商業的な知識の新たな指標となるのである。

このように考えると、主体や客体ではなく対象化に働きかける革命理論は、計算と知識や価値の生産との関係に焦点を当てなければならない。政治を決定するこれらの対象化の力を説明するためには、その関係を支配する経済的プロセスだけでなく、計算システムが背後で動くことを可能にした対象化された信念の構造にも立ち向かわなければならない。私たちが求めるものは、革命的対象の理論、より正確には革命的対象化の理論であり、単一の統一された主体が存在しない場合にどのようにして社会関係を革命することが可能なのかという理論である。つまり、想像上の全体性や歴史を超越した主体に頼ることなく、「何が重要か」を革命することである。

明確には、このような立場を取ることは、数学、統計学、科学に全面的に反対するものではない。そのまったく逆であり、それらは、二一世紀の過激な政治と思想に必要な要素である。政治経済学者のウィリアム・デイビスは「後期統計学社会は、真実や専門性という型を失ってしまうからではなく、それらを大幅に私有化してしまうからこそ潜在的に恐ろしい提案なのだ」と述べた[41]。単に資本主義の道具としての統計学を拒否するだけでは、人類はこのまま数学的決定に支配されたままの運命に終わる恐れがあるのである。

何十年にもわたってマルクス主義の思想は、「脱物象化」という概念、つまり物象化された関係の中で「本当は」何が起こっているのかを明らかにすることに捧げられていたのだが、別の道を歩むことも可能なのかもしれない。そのためには、複雑なアルゴリズムモデルの究極の性質や、資本主義のような私有のシステムの本質を明らかにすることは、私たちには根本的に不可能であるというところから出発しなければならない。私たちは、対象化、したがって抽象化そのものを、必然的に悪い、あるいは受け入れがたいと決めてかかるのは止めるべきである。プロセスとして対象化はあらゆるテクノロジーの本質をなすものである。それはつまり、水の流れが最初に水車のバケツに触れた瞬間、自然の力が対象化され、世界についての人間の思考を対象化するようになった。人類は今、水の力に恵まれ、思考の基軸は川とその流れから、水車工場とその軸へと移された。それ以降、そのような世界の抽象化とその可能性は、原始的な川の運動エネルギーから、核融合実験炉を流れるプラズマの川にまでも及んでいる。

熱力学的な抽象化が何世紀にもわたって進められてきた後、現在の機械学習のような統計学に基づいたテクノロジーは、現在の知識駆動型経済における対象化の物質的な基盤を形成している。そこでは、経済的、政治的、社会的な世界のデータを基に客観的な尺度として、例えば、株式市場は高騰中であるだとか、お探しのコートはこれですなどと、私たちに応えているのである。市場でのトウモロコシの価格が不適切であるのと同じように、これらのテクノロジーが生みだす知識や抽象化は、間違いでもなんでもない。むしろ、私たちはアルゴリズムの「対象」がどのように機能するのか、どのような社会関係を対象化するのか、その客観性はどのような型をとるのか、そして、矛盾の中にある新たな対象化の可能性はどのようなものであるのかを理解しなければならない。このような対象化がどのような型になるのかはまだ分からないが、コモディティが世界を再形成したように、こうした新しい対象化を模索することには革命的な価値がある。現在の議論、矛盾、そして統計学や機械学習の進歩は、このような新しい型の形成に中心的な役割を果たすものと考えられる。したがって、重要なのは、物事が実際にどのようなものかを示し、メタファー［隠喩］やアナロジー［類推］の秘密に迫るような脱物象化ではなく、しかし、むしろ、アルゴリズム的な対象がどのように機能し、どのような置き換えを行うのかを示すことにある。(42)

政治経済

ここでは、グローバル経済が機能するための手段と、デジタルシステムがどの程度グローバル経済の機能を根本的に変えるのかという、非常に重要な一連の問題について触れてみたい。このような問いは、多様な価値観を持ち、デジタル文化や政治経済に関する文献を含むさまざまな分野で取り上げられてきた。その中から、本書に直接関係する三つの要素を挙げる。一つ目は、デジタルプラットフォーム上の「無償労働」の存在とその性質に関するかねてより続く議論である。商品の生産ではなく、より一般的には、データ、情報、知識に基づいて動くさまざまな型の非物質的な労働に関するものである。[43] この点において、デジタルと考えられがちなこれらの労働形態は、より大きく進化する資本主義システムの一部であることを忘れてはならない。例えば、物理的なハードウェアとそれが必要とする原材料の採取のためのエネルギーや、特にグローバルサウスに代表される危険で搾取的な工業生産への継続的な依存などが挙げられる。[44]

二つ目は、価値抽出の性質に関連した問題、すなわち、正確には、どのようにデジタルシステムが価値を生みだし、抽出し、価値化し、あるいは、価値の生産を助けるのかという問題である。この問題は、先に挙げた問題と同様に複雑である。イタリアの自律主義とオペライズモ（労働者主義）の理論的レガシーをもとに、あらゆる種類の対価なしの労働が社会工場という概念を用いて、価値生産の定義を「非物質的労働」を含めるまで大幅に拡大して考える研究者が相次いでいる。[45] この研究の多くは、マルクスの有名な著書『機械についての断章』の中での、「一般的知性」が発達すると、ますます自己生産的な機械が価値を直接生産できるようになるという主張から発想を得ている。[46]

三つ目は、データと情報技術の台頭に関するかなりの量の研究が、資本主義とグローバル社会の歴史を一区切りし、デジタル資本主義が、産業資本主義との違いを説明しようとしていることである。さまざまな理論家が、これまでの資本主義の型から「断絶」あるいは移行することをさまざまな方法で主張してきた。彼らはこの新しい型を、監視資本主義、認知資本主義、ネットワーク社会、プラットフォーム資本主義などさまざまに呼んでいる。また、この転換を制御革命とみる者もいれば、次世代の産業革命、データ革命とする者もいる。またその反対に、生産の歴史に大きな断絶はまったくないと主張する者もある。(47)

二〇世紀と二一世紀の政治経済の本質をめぐるこれら三つの議論は、いずれも非常に重要なものであるが、それらに直接的かつ体系的に取り組むためには、マルクスの『資本論』全三巻を根本的に再考し、初版以降の多くの研究をも統合する必要がある。そのようなプロジェクトは、同規模かそれ以上の大きな研究になるであろう。したがって、本書は現代の政治経済を正確に説明するものではなく、むしろ政治経済の重要性を問うものである。政治経済に関するこれらの問いが、まさに知識生産そのものを形づくり、知識生産が政治経済を形づくるというその巧妙さを示す試みである。ある取り組みや理解はおそらく全体を通して顕著になるであろうが、現代の政治経済が機能することをどのように理解するのかに関係なく、今日の知識を構成する基盤そのものに対するこれらのより大きな課題の重要性を後述する内容が明らかにすることを期待する。

特に、機械が知識を直接生みだすようになったことを考えると、政治経済が単に既存のテクノロジーを取り込んで利用したり開発したりするのではなく、むしろ、これらのテクノロジー自体が政治経済を形成し、変化させる技術となることは明らかである。したがって、ポストンが主張するように、政治経済の型そのものが人工的で、歴史的状況によって変化するのである。例えば、「マルクスが社会的な客観性と主観性を本質的に関連するものとして分析する以上、マルクスのカテゴリーの歴史的特異性に焦点を当てることは、反射的にマルクスの理論の歴史的特異性を意味する。このような概念の枠組みの中では、いかなる理論も歴史を越えた妥当性を持たない。むしろ、批判理論の立場は、その対象に内在していなければならない」ということになる。[48] 要するに、たとえそれが急に、あるいは何世紀にもわたってゆっくり変化したとしても、対象化の過程で問題となるのは政治経済の本質である。本書は、統計学によって変化するこの関係を追跡することを目的としており、決定的な答えを出そうとするものではなく、政治経済への疑問を投げかけるものである。

とはいえ、本書の最終章では、一般的知性の発展と囲い込みに焦点を当て、これらの疑問に対処するいくつかの議論を示す。これらの議論は、機械と社会労働の機能についての暗黙の理解に基づいており、それはデジタル生産に関するいくつかの自律主義的な考えと一致している。一方で、共有された社会的知識生産に対する囲い込みによるより大きな脅威は、この政治経済の説明を受け入れるかどうかにかかわらず残っている。

このように、自動化が直接価値を生みだすのか、それともポストンの「トレッドミル効果」を単に起動するだけなのかに関係なく、統計学、確率論、自動化は、現代の資本主義において紛れもなく重要な役割を果たしており、これからの章で確認するように、知識生産と価値の交換を結びつけている。情報とメディア研究者のニック・ダイアー・ウィスフォードは、この利害関係をうまく表している。

情報技術によって可能になった自動化とグローバル化の結合は、基本的に資本主義を動かす力、すなわち人々を賃金労働に引き込むと同時に、不必要な失業者や不完全雇用者として追い出そうとする動きを新たな強度に高める。この「動く矛盾」は、一方では、ネットワーク化されたサプライチェーンとアジャイル生産システムによって世界の人口を含みこみ、労働力が惑星規模で資本に提供されるようになり、他方では、そのような労働力を余剰にする巧妙なオートマトン・アルゴリズム・ソフトウェアの開発に向けた動きとして現れている。[49]

統計学と確率論は、ターゲット広告から、生産、流通、消費の管理、および、これらの活動から労働を解放するに至るまで、現代の資本主義のさまざまな側面において、基本的な数理的論理を提供する。[50]

さらには、こうした政治経済の問題を超えて、アルゴリズムや数量化全般に関する批判的な文献は幅広く存在し、その多くは、フランスの哲学者のミシェル・フーコーの研究を参考に、これらのテクノロジーに対する生政治的批判とでも呼ぶべき批判をしている。[51] この批判の論点には重要なニュアンスが含まれていて、それは人口統計学、公衆衛生、警察、学校教育、刑務所などに対する初期のヨーロピアンの関心に始まり、近代国家が人口を数量化し、何が正常かという考えに照らし合わせて測定することで人口を管理しようとしてきたことに要約される。つまり、工場、学校、家庭、国境、そしてそれ以外の場所での逸脱行為が測定され、それによって管理されているのである。[52] シモーン・ブラウンやアレクサンダー・ウェイリーなどの多くの学者は、これらの議論を批判し、そのうえで人種差別、特に大西洋奴隷貿易が、生政治的支配の発展と展開の中心であったことを示している。[53]

アルゴリズムやビッグデータに関する多くの探究は、背後にある思想や権力の力学、意思決定プロセスを批判するという同様のやり方で行われてきた。これらの議論は、急進的な批判からよりリベラルな規制の要求まで、これらのシステムが集団の統計的管理の長い歴史の上に構築されていることを示すものである。[54]サフィア・ノーブル、バージニア・バンクス、キャシー・オニールらの行ったアルゴリズム社会の不正を追跡する模範的な研究のいくつかは、アルゴリズム社会が統計的な情報に基づく支配以前のやり方の上に構築されていることを示し、膨大なデータとコンピューターの力が、個人を操作する新しい時代を生みだしたと主張する傾向がある。[55]

これらの研究は素晴らしく、洞察に満ちたものだが、本書の目的とは少し違うものである。本書はアルゴリズムの機能の説明、またはアルゴリズムによってもたらされた豊富な例を挙げるのではなく、世界のデータをその世界の知識に変えるという形而上学的で経済的な力、そしてそのようなプロセスが必要とする一連の特定の行動について探っていく。したがって、統計学が古典的な意味でのイデオロギーとしてどのように機能するのか、あるいは、その手法が新自由主義のアナロジーや組織原理としてどのように機能するのかということについては、確かに重要で関連性のある問題ではあるが、本書の主な課題とは異なる。むしろ、統計学や確率論がどのように直接生産的であるのか、現代資本主義における知識生産を形而上学的な観点でどのように結びつけるのかということを取り上げる。この意味で、本書のとるアプローチは、二〇世紀から二一世紀にかけての数量化への転換を記録した前述の研究とは明らかに異なり、頻度主義からベイズ主義の手法へとその手法が移行したこと、つまり、政府や経済の管理に確率論を大いに利用するようになった変化についてはほとんど焦点を当てておらず、コメントすらしていない[56]。

思想や文化、あるいは超構造的な型としての統計学や確率論、アルゴリズムソフトウェア実装の批判には称賛すべき点が多くある。しかし、ここでの関心は、それらが「現実の抽象化」として機能する方法、つまり経済と価値において機能する抽象化の型である。自律主義者でマルクス主義者のフランコ・「ビフォ」・ベラルディは、貨幣と言語を「言語と金銭はまったくメタファーではなく、物質でさえない。無でありながらすべてのことができる。動かし、置き換え、増やし、抹消できる。それらは記号資本の魂である」としている[57]。私たちが記号資本の時代にいると考えるか、あるいは単なる資本と考えるかにかかわらず、要は、統計学は同様に機能するということである。それは、何かのメタファーとしてではなく、むしろ、あらゆることができる非物質的なものとして機能している。これは根本的に、統計学がある種の古典的な意味でイデオロギー的であるからではなく、あるいは、新自由主義を考えるためのメタファーを提供するからでもなく（どちらもしているが）、むしろデータを価値と科学的な法則の両方に転換する機械として機能させているからである[58]。

統計学が、知識の識別から行動の生成へと移行する、頻度主義統計学からベイズ統計学への移行において、これらの数学的な方法は価値の点で直接機能するようになる。何が真実かという選択をすすめるのではなく、どのような行動をとれば最も多くの利益が得られるかという選択を助けるのである。このようにして統計は、「客観的に」真実であるか、つまり、市場がどのような決定に報い、どのような決定に罰を与えるのかを理解するという視点で対象化されるようになる。統計は私たちのために考えるようになり、私たちの社会的世界を明らかにするようになるが、それは社会的ではなく、むしろ対象物の意志として私たちに示されるのである。これは、それが非イデオロギー的であるということではなく、むしろその力は、少なくとも部分的には、価値の点で直接機能する能力、すなわち、対象化された交換の世界で機能する能力に由来するのである。

革命的数学

本書の発想は、ジョージ・バークリーが一七三四年に発表した著書『アナリスト』から得ている。副題に「信仰を持たないある数学者に向けた論考。現代の解析における「目的」、「原理」、「推論」は、明確に理解されているか、あるいは「敬虔な神秘」と「信仰の要点」よりも明らかな推論に基づいたものなのかを考察する」とある。本書の中で、バークリーは微積分学を批判し（全容については、本書の第2部で詳説する）、存在するものとしての、またゼロになって消滅してしまうものとしての無限小をあえて扱う者を激しく非難した。聖職者としてのバークリーにとって、唯一の知識は神のものであり、それゆえに神に基づくものであった。信仰を持たない者にとっては、微積分学の知識は基づくもののない、作ったり作り直したりでき、概念の上に概念を構築し、そして抽象化の上に抽象化を築くことができるものである。微積分に含まれるこのような無限小を用いた計算に基づく数学は「有用」ではあるが、理にかなったものとは言えない。バークリーのキリスト教に基づく合理主義においては、このようなものは邪悪であり、異端と明言すべきものなのである。

商品交換と統計的な知識生産は、世界を新しい形而上学的な型に作り直すこの能力とともに、物質的な世界にもキリスト教の天国にも存在しない知識と価値を見いだす。資本主義は交換できるという点に商品の価値を「見いだし」、その価値を質の違いというよりも量の違いに作りかえる。統計処理と機械学習は、相関、確率、比率を求めることでデータから導き出されたインサイトに合わせ、世界を作りかえる。統計学と資本主義が世界を対象化するのは、「計算可能にする」という根本的に形而上学的な行為を通じてである。そして、労働時間をそれ自体と経済価値とを同じものにし、あるいはデータを他のデータと、そして最終的には推論とを同じものにしたりするこのプロセスが、対象化を可能にするのである。

しかし現在、統計学と資本主義はともに危機に瀕している。基本的には、政治経済とそれを形而上学的に支えるものに対しての危機である。この危機は、それゆえに、アルゴリズムに基づく知識に対して革命的な方法を必要としている。私たちの世界で現在進行している生産に変化をもたらすには、政治面と形而上面の両方に働きかける必要がある。そのためには、平等の新しい型を客観的に生産する過程に介入する必要があり、それはつまり計算にあり、不平等を平等に変える方法を作り直すことである。要するに、求められているのは信仰のない数学、すなわち革命的数学である。これにより資本主義を超える、あるいは資本主義以後の知識の発展を可能にする交換可能性の新しい型を創造できるのである。現時点では、商品交換と統計学はともに事物を等しいとみなしてはいるものの、常に資本を集積する側の目的にかなう形で利用されている。こういった計算による不平等を、後から指摘するだけでは手遅れである。代わりに、私たちは交換それ自体を支える形而上学的に同等とみなせるもの、すなわち私たちの理性そのものの非合理的な基盤となっているものを作り直さなければならないのである。

このように、革命的数学への取り組みは、数学者や専門家だけが独占的に行うものではなく、こういった人々が中心になるものですらない。ここで数学者が行う仕事は、テクノロジーに直接関わるものというよりは、形而上学的なものである。それは、計算されたものの意味を再び探しだし、新しい計算可能性とこれまでと異なる交換の型のもとで、あるいは異なる交換の型に向かって、どのように生き、理性を働かせるのかを考える仕事である。そのような数学では、テクノロジーの問題を避けてはならず、理性の作用そのものに関心を持たなければならない。これに関してうまくいくと思われる考え方や働き方の型を挙げることはほとんど不可能だが、それでも現在の矛盾を追跡し、検証し、創造し、対象化の新しい可能性を探ることは、後期資本主義の未来を描き、そして実現のため努力する中で、いつの日か実を結ぶのかもしれない。

革命的数学の目的は、統計学が組み込まれている社会的、経済的、政治的な利害関係を示すこと、一言で言えば、形而上学的な決定に介入することである。しかし、これは私たちの状況を非物象化（あるいは非具象化）しようとするのではなく、「実際に起こっていることは何か」を示すことで偽りの認識を終わらせることだ。これは批判的な対話ではうまくいくようにみえても、市場やコンピューターに戻ると途方に暮れる課題である。統計学と機械学習は別の目的を取ることもできる。それは、別の対象化が可能であり、それを見いだすことが革命的数学の究極の課題であるということである。

本書は、本質的にはアルゴリズム社会と情報資本主義に関するものである。しかし、現在のグローバルな生産の形而上学的な核心に触れようとすることは、知識生産と生産を支える統計的で確率的な型について、哲学的、歴史的な問題にも取り組むことになる。第1部ではデータ駆動型の経済がもたらした認識論的な転換を追う。第2部では、二〇世紀の大半を通じて支配的だった統計的推論の型である頻度主義について、歴史的、哲学的な概念を説明する。最後の部では統計学と計算手段に起きたベイズ革命を、その矛盾とそれが開く将来への可能性と共にたどっていく。

この短い書籍では、後期資本主義のもとでの機械学習、アルゴリズムによる知識生産、統計学の機能のあり方に革命を起こすにはほど遠い。しかし、私はそれが可能であると期待しているし、少なくとも、資本主義とデータ駆動型の知識生産を悩ます一連の問題について批評を行うことで、知識と価値の生産の両方の革命に向け、未来の仕事にたどるべき道を示唆することができれば幸いである。

第１部　失われた量の幽霊

そう、ヘンリーは人間かもしれない
調べてみましょう
……完了
ヘンリーはアメリカ人の男
大当たり
ダメダメ抑えないと
息苦しいわ
私を抑えに来て　そして私に道を開いてよ

ジョン・ベリーマン『ドリームソング13』より

第1章　知識の自動化

二〇〇四年、ハリケーン・フランシスがフロリダ半島に接近する中、ウォルマートの最高情報責任者のリンダ・ディルマンは、データサイエンティストのチームに、ハリケーンが売上に与える影響を予測するよう指示した。過去のデータをもとに、チームはいくつかの洞察を得ることができた。缶詰や水、懐中電灯など、予測可能な消費の増加に加え、ハリケーンの直前には、イチゴ味のポップタルトの売上が通常の七倍になることを発見した。[1]

ウォルマートがモデルに使用したデータは、ほんの数週間前に半島を襲ったハリケーン・チャーリーから得られたものだった。ディルマンのチームは、これをテストケースとして、ハリケーンの進路上にある店舗とそうでない店舗の消費パターンを対比することができた。そして実際に、これらの洞察に基づいて、フランシス接近の前に仕入れた多くの商品が予想通りに売れたのである。[2]

ウォルマートの知識は短期的には利益をもたらしたが、その統計的な相関関係からは、根本的な因果関係のメカニズムを知ることはほとんどできていない。また、ディルマンが相関関係を主張したとしても、このような相関関係は私たちが世界を理解する上ではほとんど意味を持たない。ウォルマートのモデルは、データとそのデータから発見されたアルゴリズムによるパターンにより構築されており、相関関係を中心に知識生産を行っている。因果関係との認識上の関係性は無い。つまりモデルは数学的にモデル化可能な関係が存在する限り、ウォルマートの消費者が「なぜ」イチゴ味を好むのかについてはほとんど関心を持たない(3)。最終的にウォルマートが生みだすものは限定的で、与えられたデータの条件にのみ動作する局所的なもので、したがって永続的な原理を示すことはできない。ウォルマートのモデルが、非常に具体的で差し迫った問題を超えると的外れになることは、たとえそれが、エンジニアや研究者にとっては心地良いものであったとしても、アルゴリズムの知識にはある種の限界があるということを示している。

それでも、このような限界があるからといって、機械学習モデルの重要性や価値が損なわれることはない。なぜなら、多くの場合、機械学習モデルは時間の経過とともに自ら更新し、新しいデータが入ってくる度に詳細な予測を出すよう設計されているからである。これはダイナミックで気まぐれな資本主義消費社会の現実へ向けた手続き型の類推作業である。このような自己修正型の設計により、アルゴリズムは理想的で普遍的な理解を示すのではなく、局所的に常に変化する予測を生成する。

ディルマンとそのチームは、モデルの設定やデータの選択に多少の役割を果たしたかもしれないが、生成された知識に関してはディルマンらの役割は使者のようなもので、統計モデルが示すことしか知りえない。そのモデルは、特定のハリケーン前に、消費者がより多くのイチゴ味のポップタルトを購入する可能性があることを、与えられた確率で示すだけである。特に、これらのモデルが複雑であることから、最終的に理解できるのは研究者ではなく、コンピューターで実行されるモデルである。その意味ではほぼ自動的な知識生産であり、たとえ人間が関わっていても生産に知的労働は加えられていないように「見える」。機械学習は、大量の入力を受け取り、その入力を出力にマッピングする方法をコンピューターが決定することで機能する。機械学習技術は、多くの場合、一連の訓練データサンプルを実行し、その出力を評価し、訓練データに最も適合するように自己を更新することで機能する。

私たちは今、現代の資本主義の管理において、統計学、特に確率論へ起きている大きな転換の縮図を目の当たりにしている。確率を利用して最も可能性の高い結果を予測することは、物流、広告、株式市場などあらゆる分野で中心的な役割を果たしている。しかし、確率論的な分析は、システム全体の変化にはまったく対応できない。二〇世紀半ばの新古典派・シカゴ経済学派の創始者の一人であるフランク・ナイトは、「リスク」と「不確実性」という言葉を導入し、この種の確率論的知識に対する重大な課題を浮き彫りにした。[4]

ナイトの場合、「リスク」は管理可能な一連の知りうる確率を記述するものである。例えば、誰かが宝くじに当たる確率、さまざまな病気の生存率、ある薬が特定の副作用を引き起こす可能性などである。一方、「不確実性」とはその確率がわからない要素を表す。あるいは、計算に含めないことを選択したものである。例えば、一枚の宝くじが当たる確率を計算するとき、通常この計算式に宝くじを運営する国や組織が破綻する確率は含まない。リスクは計算できるが、不確実性は計算できないのである。不確実性は、常にシステムという閉じた空間の外に危険が潜んでいるため、あらゆるモデルを脅かす。歴史的に見て、資本主義は新たに発見された不確実性を社会的かつ経済的プロセスに統合することに長けていたが、機械学習の力はこの安定性を揺るがしかねない。なぜなら、システムが効率的にリスクを管理すればするほど、不確実性を想像してそれに備えることが難しくなるからである。効率化とは、冗長部分やダブルチェックのような作業を省き、不測の事態への対応を容易にすることである。この例として、資本主義が短期的な利益を優先させ、気候変動に対する真の対応を妨げているのを見ればわかるであろう。

遅くとも一八七六年には、統計学者は、どのようなデータを含めるかという選択が確率の計算に影響を及ぼすことを認識していた。小学生にも知られるベン図で有名なジョン・ベンは、この問題の原点について、「個々の物や事象は、その中で観察可能な不特定多数の特性や属性を持っており、したがって、不特定多数の異なるクラスに属すると考えられるかもしれない」と述べている。[5] この問題は、現在では参照クラス問題として知られており、この「不特定多数」をどのように絞り込むかという課題を記述したもので、そうすることで、より扱いやすいものに定義される。この問題の根底にあるのは、カテゴリとして何と何があり、その他には何がそのカテゴリに入るのかという存在論的な問題である。

参照クラスの問題は、統計学や機械学習が客観的とするものに、直接疑問を投げかける。例えば、ある患者ががんと診断された場合、がんのステージなどのように、その患者をどのように定義するのかによって、算出される生存率が決まる。「真の」患者像が存在しないように、世界を定義する「正しい」方法は存在せず、そもそも違う方法で世界を形づくる決定があるだけである。ベイズをはじめとするいくつかの手法は、参照クラスの問題を回避できると主張するが、これらの手法もまた、与えられた問題に関連するデータを選択する。(6) 参照クラスを定義する者、あるいは分析に含める関連データを選択する者は、外見上「データ駆動型」の中立性を持つ統計学に、非常に大きな影響を与えている。例えば、Facebookのニュースフィードアルゴリズムのような統計モデルは、そのモデルを構築するためにFacebookが採用した変数とユーザーを結びつけている。起こりうることの政治的な条件は、Facebookに従い予め設定されている。このように、確率論は常に政治的なのである。

統計学は、参照クラスの閉じた世界の中、あるいは、操作のために与えられたデータの中でしか機能しない。これに対して、閉じられた世界が発展し、新しい統計モデルがその世界をより正確に記述するようになると、その外に何かが存在し、その世界を揺るがす可能性があることを想像することが難しくなる。リスクを管理できるようになればなるほど、不確実性はありえない、重要でないもののように見えてくるのである。

機械学習の大きな課題の一つは、多くの場合、測定された誤差がさまざまな要因で説明されることである。ウォルマートのモデルでは、例えば地理的条件、週の時間帯、さらには各店舗の室内温度さえも影響を与える可能性がある。アルゴリズムによる知識生産システムはすべて、システムに投入されたデータに対してのみ相対化される。検索結果からインフルエンザの流行を予測したGoogleの試みは、まさにこの点で失敗に終わった。このモデルは、最初の数年間はうまく機能していた。ところが二〇一一年に、インフルエンザの情報の検索方法に何かしらの変化があったものと察せられる。モデルがインフルエンザによる医師の診療数を、米国疾病対策センター（CDC）の報告数の二倍以上と予測したのである。[7] 再び、ここで問題となるのは、アルゴリズムモデルは、入力データに対するリスク（何かが起こる確率）を評価することしかできず、不確実性（すべてを知ることができないこと）に対して常に脆弱であるということである。[8] これは、程度の違いはあれどすべての知識に言えることだが、理論を使うことや、因果の仕組みを発見することは、予測の信頼性を高め、手元のデータ以上のものを推定するのに役立つ。一方で、ウォルマートのモデルの、発見された相関関係が先行するデータにしか当てはまらないということは、予期しない不確実性が、その予測を損なわないという保証をますます無いものにするということである。

統計モデルは、予測を目的とした現象間の関係を数学的に記述し、遅くとも一七〇〇年代から使用されてきたが、機械学習はさらに進んで、膨大な領域のデータをもとにより複雑な関係をモデル化できるようになっている。また、観測された関係から普遍的な理解を引き出すという希望は意図的にほとんど放棄されている。従来の統計モデルは、入力変数と出力変数を関連付ける比較的単純な方式で構成されている。例えば、二〇〇四年、アメリカとイギリスのデータをもとに、平均すると身長が二・五センチ高くなるごとに年収が約八万円増加するという報告があった。[9] この研究では、なぜそうなるのかは伝えられていないが、それでも身長と収入の関係について何かしら学ぶことができた。この関係は単純な線形のものである。二人の身長さえ与えられれば、両者の間の予想される収入の差は、紙とペンを使って簡単に計算することができる。

それに比べて機械学習モデルは、アルゴリズムに学習させるため、人間には合理的な時間内に処理できない膨大な数の計算を行う。さらに、これらのアルゴリズムは、膨大な数の変数間の非線形関係（ある変数の変化が他の変数の一定の変化に対応していない関係）を多くの場合考慮する。例えば、予測されるハリケーンの強さはポップタルトの売上に大きく関係するが、その売上高はカテゴリー2と3のハリケーンの間で急激に増加し、カテゴリー4で横ばいになり、カテゴリー5の嵐の前には減少する。

十分なデータがあれば、機械学習アルゴリズムは、変数間の驚くほど複雑な相互作用を見つけることができる。しかし、これらの相互作用は非常に複雑なため、アルゴリズムが強い相関関係を発見して「学習」することはあっても、人間には到底できない[10]。普遍的に有効な因果過程をエレガントな数学として記述する科学理論とは異なり、機械学習システムは、対象となる訓練データサンプルの外接する範囲でも一連の結果の確率を計算するというような、より認識論的な複雑さが求められる。それに応じて、これらのシステムは、一連の確率的な知識を生成し、そこから総計として行動に移すことができる。本章の冒頭で触れたジョン・ベリーマンの言葉を借りれば、私たちはまずヘンリーが人間であることを確率的に判断し、さらに多くのデータからヘンリーが人間のアメリカ人であることを判断する。そうしてヘンリーの物語を描き始めることができる。

これらのモデルは、そこに入力されるデータによってのみ有効となるため、過去一〇年間に開発された解決法やモデルは、それらが意図する比較的限られた領域でのみうまく機能する傾向がある。機械学習アルゴリズムは効果的に画像を分類したり、購買行動を予測したり、音声をテキストに変換したり、さらには、（アマゾンのエコーのような）デジタルアシスタントが、音声で作動する機能を提供したりするようになった。しかし、抽象的で複雑な一般的タスクをこなす人工的な一般知能というユートピア（あるいは、おそらくディストピア）は、まだまだ遠い存在である。[11] さらに、これらのモデルが学習するデータと、そのデータが表す偏見を含んだ社会の現実が、アルゴリズムの出力に組み込まれ、現在存在するシステムの単純なコピーを作り出している。[12]

すべてのデータは私たちの社会的世界を介しているため、アルゴリズムによる知識生産の閉ざされた世界で、偏見があふれていることは当然とも言える。例えば、ソフトウェア会社のノースポイント（Northpointe）が設計したコンパス（代替制裁のための矯正犯罪者管理プロファイリング）アルゴリズムを考えてみよう。このアルゴリズムの結果は囚人の再犯を予測するものとして、裁判所や刑務所のシステムにおいて考慮されている。二〇一六年、「アメリカの非営利で独立系の報道機関である」プロパブリカ（ProPublica）の調査記者は、このアルゴリズムは明らかに人種差別的であるとした。コンパスは、一連のアンケートと人口統計データに基づき、黒人の被告人は再犯のリスクが著しく高いと識別する一方で、白人の被告人の再犯リスクははるかに低いとした。[13] 上述のポップタルトの例では、抽象的な知識の理解の仕方を問題視したが、コンパスの人種差別は、アルゴリズムによる知識の課題をより具体的にしている。つまり、再犯率を予測するアルゴリズムの偏りは、最終的には予審判定、仮釈放の決定、判決に大きな影響を及ぼす可能性があるのである。[14]

ウォルマートとノースポイントが使用しているアルゴリズムの論理は、私的で個々に開かれた新しい認識論的な世界を表している。そして、顧客の行動を予測しようとする企業はウォルマートだけではない。アメリカの大型量販店のターゲット（Target）は、顧客の妊娠を予測することで有名である。[15] カナディアン・タイヤ（Canadian Tire）は、床を保護するためのフェルトパッドを購入する人はクレジットカードの支払いが滞ることはないが、車用のどくろ柄のアクセサリーを購入する人はほぼ確実に支払いが滞ることを発見した。[16] これらの企業は、売上や逮捕に関する独自のデータベースを構築し（または他の業者からデータベースを購入し）、世界の縮図を作成し、さまざまな事象の確率を継続的に計算している。

テクノフューチャリストたちは、集団でも個々にも、コンピューターと機械によって私たちのあらゆるニーズを予測する未知なる世界を売りにしてきたが、現実には制約も多く、失望させられることが多い。これは、システムの多くが補間（与えられたデータの穴を埋めるプロセス）に優れている一方で、外挿（まったくわからない状況、未来の予測）の進歩が限られていることにその一因がある。[17] これらのテクノロジーの社会的な影響については後述するとしよう。しかし、何が問題なのかを把握するためには、機械学習とは何か、そしてそれがどのように機能するのかを説明する必要がある。

人工ニューラルネット

多くの機械学習システムは、強力でありながら比較的単純な、「人工ニューラルネットワーク（ANN）」で構築されている。ANNは、人間の脳を非常に単純化した構造で、互いに繋がった人工的な「ニューロン（神経細胞）」の複数の層で構成されている。生物学的には単純化しすぎとも言えるが、概ね人体は、ネットワーク化されたニューロン同士をつなぐシナプスが発火した場合に同様の信号が伝わりやすく、したがって、その経路を記憶することで「学ぶ」のである。機械学習の場合も基本的な考え方は同じで、訓練データをネットワークに通し、ネットワークが入力を出力に変換するための最適な方法を見つける。ANNは複数の層で構成されており、各層のニューロンは次の層の各ニューロンに接続される。単純なANNでは、入力層と一個の「隠れ」層、そして出力層を持つが、より複雑なネットワークには、複数の隠れ層と、層内に複雑な区分を持つことができる。いずれの場合も、各ニューロンは、入力ニューロンから送られてくる情報の評価方法を学ぼうとする。このようにして、各ニューロンと、そしてネットワークは総じて、過去の履歴を抽象化して記憶し、過去に確認した値の記録を保ち、新しいデータに対して予測を行うことが可能なモデルを生みだすのである。

では、ハリケーンの発生確率、最大予測風速、予測降雨量のデータを用い、独自のポップタルトモデルを作ってみよう。このデータを使用し、ウォルマートのように、モデルからポップタルトの売上増加を予測したいとする。入力データにはハリケーンの発生確率、風速、降雨量が含まれているので、この三個の「ニューロン」で入力層を構成する。そして、ポップタルトの販売数だけを予測したいので、その値を表す一個の出力ニューロンを設定する。

入力層と出力層の間には、モデルがデータの複雑な関係を記して、予測するための「隠れ」層を置く。私たちのモデルの隠れ層は、特定の数のニューロンを含むよう選択できるものとする（図1-1）。

私たちのモデルにある五個の隠れニューロンでは、ANNは予測のためのさまざまな要素を検出

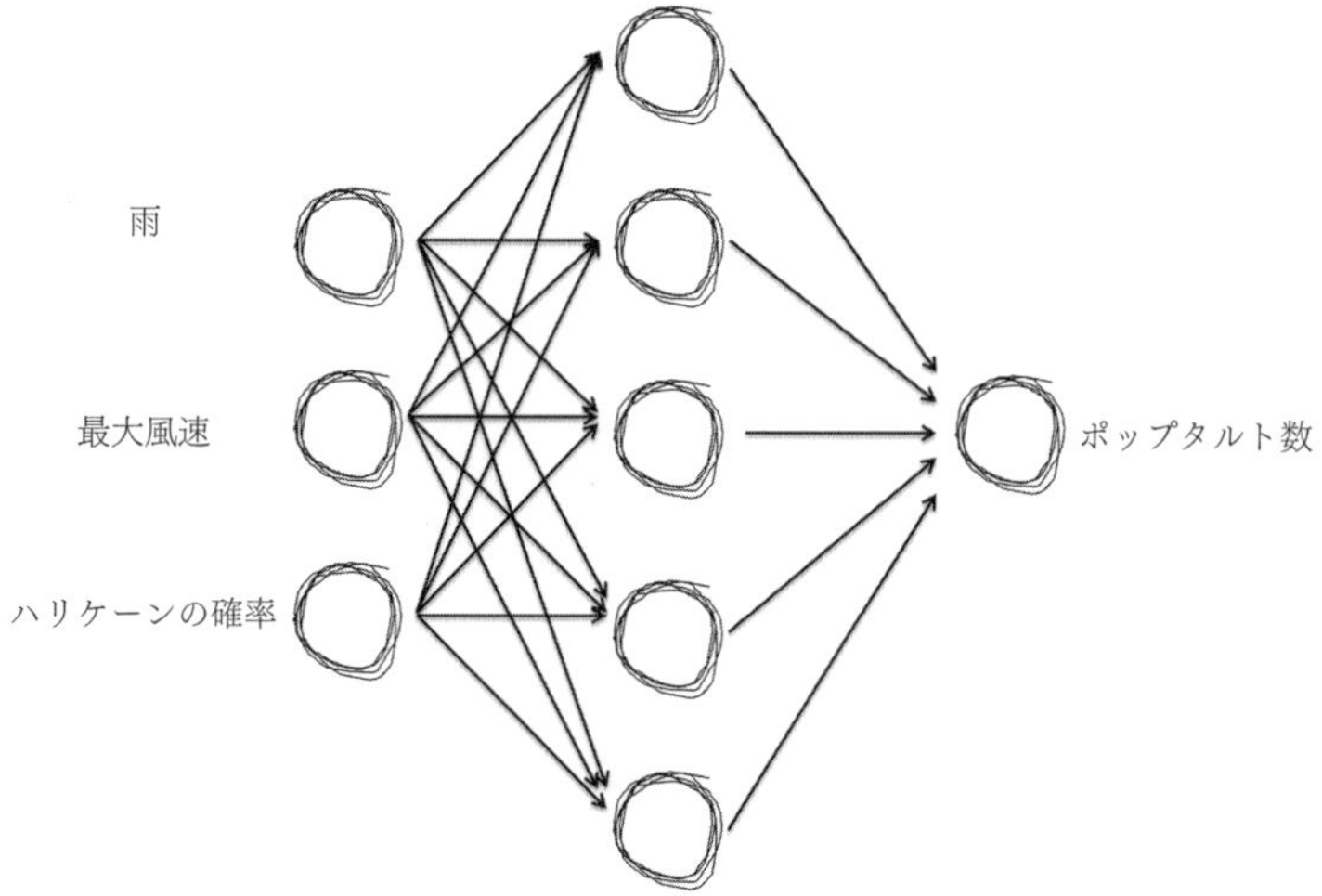

図1－1　降雨量、最大風速、ハリケーンの確率、ポップタルトの販売量との関係を決定する理論的なANN図

する。例えば、五個のニューロンのうちの一個は、住民が食料を買いだめするよりも、街を離れなければならないほどの壊滅的なハリケーンを検知することができるとする。そこで、三個の入力値（ハリケーンの確率、風速、降雨量）がいずれも非常に高い場合、そのニューロンに検知させ、最終出力ニューロンにポップタルトの予測販売数を減らすよう提案させる。現実には、人間の言葉で簡単に説明できるものを、これほど明確に検出するニューロンはめったに存在しない。実際には、これらのニューロンは通常、人間の説明ではとらえられないほど複雑で動的な、より粒度の細かい入力データのパターンを検出する。それでも、この単純化の例は、システムを構成するニューロンの複合セットが、データのさまざまな特徴を検出する方法を学び、観察した内容に基づいてモデルの予測を変更する様子を説明するのに役立つであろう。

ここでニューロンの数を五個に設定したのは任意である。一般的にニューロン、特に、隠れ層を増やせば、より小さな認識しにくいパターンに対してANNがより敏感になるように調整されるが、その代償として、実行に要する時間と学習に必要なデータ量が増える。さらには、より多くの隠れニューロンや隠れ層を使用すると、後述する「過剰適合」の問題が発生する危険性がある。

各隠れニューロンに設定されるものに、機械学習の研究者が「活性化関数」と呼ぶものがある。機械学習では、ニューロンが「発火」する条件がこの活性化関数によって定義され、これはある意味で、動物のニューロンが活性化する仕組みと同じである。多くの場合、さまざまな非線形関数が使用され、活性化関数は小さな刺激程度では「発火」しないようになっている。やがて、ある測定可能なレベルに達すると、出力信号を急激に増加させ、最後にはプラトーとなる。これにより、ネットワークは、先程の「激しいハリケーンの検出器」でも見られるような非線形関係を検出することができる。つまり、初め、そのニューロンは最終的な予測にほとんど情報を与えないが、あるしきい値を超えると(例えば、カテゴリー5のハリケーンの発生確率が九〇%の場合)、刺激が急速に変化してニューロンを活性化させ、ポップタルト販売の予測値を減少させる。

世の中には、このような非線形力学で示されるものが多く存在する。恋に落ちる確率、所得分布、芸術作品の人気などは、いずれも線形関係(Xが増加するとYも一定の割合で増加する)で表されるような退屈で単純なものではない。そして、これらの非線形要素が互いに非線形に作用し合うことで、システム全体が非常に複雑になる。したがって、機械学習の研究者が現実世界の結果を予測しようとする際には、このような非線形の力学を説明できることがきわめて重要になる。

このネットワークを機能するモデルにするためには、まず、各ニューロンの入力に任意の重みを与える。次に、すでに正解が関連付けられている訓練データセットを実行し、モデルがどれだけ各予測と離れているのかを確認する。訓練データセットを実行した後、最終的なニューロンが、モデルを管理する正しい解からどれだけ離れているか平均をとる。そして、誤差、つまり正解までの距離が最小になるように、初期値の重みを調整する。

この微調整の過程では、ネットワークを逆行させ、ステップ毎に重みを修正し、誤差を減らしていく。これを「バックプロパゲーション」という。データを実行しバックプロパゲーションを行うと、コンピューターはそれを繰り返す。もう一回。そしてさらに一回、すべての訓練データに対して何度も繰り返す。機械学習のアルゴリズムは、このプロセスを何千回と繰り返し、次の学習で安定性が得られるまで、重みをゆっくりと調整していく。このANNは相互に強く結びついており、一個のニューロンの重みを変更すると、他のすべての重みの最適値も変わってしまうため、私たちが単純に最適な重みを計算することはできない[18]。バックプロパゲーションを実行して重みが最終的に動かなくなったとき、モデルは収束したことになる。つまり、モデルが訓練データに対する解を導き、新たなデータからアルゴリズムで作った「答え」を出すことができるようになったということである。このバックプロパゲーションという過程は、計算の上でも歴史的にも非常に重要である。コンピューター科学者のエテム・アルペイディンは、計算ニューラルネットの基本的な考えは二〇世紀後半にはすでに存在していたが、七〇年代から八〇年代にかけてバックプロパゲーションが発明され、さらに発展するまでは、多層人工ニューラルネットワークを学習することはできなかったと述べている。[19]

バックプロパゲーションで各ニューロンの重みを調整する量を「学習率」という。学習率が高ければ高いほど、ネットワークの収束が早くなる。大量の訓練データセットを使用する大規模なネットワークの場合、モデルの学習に必要な時間は数時間から数日に及ぶこともある。[20] もし学習率を速めると、各回で重みが大きく揺らいでしまい、精度の低い結果になりがちである。私たちの勇み足、あるいは「過剰一般化」と呼ばれるものは、データセットの中にカテゴリー5のハリケーンがたった数個あるだけで、すべてのハリケーンがカテゴリー5であるとすぐに判断させてしまう可能性がある。このように、「夜になると牛はみんな黒くなる」ということを学んだだけでは、ヘーゲルの有名なシェリング哲学批判と同じ罪を犯すことになりかねない。[21]

過剰一般化の反対に、機械学習の技術的課題として「過剰適合」という問題がある。過剰適合とは、モデルを賢くしすぎて、練習問題の解き方だけを覚えた学生のように、訓練データをただ記憶するだけにしてしまうことである。このように硬直化したモデルでは、訓練データを正しく分析することはできても、その情報を入力モデルの枠外で利用することはできない。

いずれの場合も、計算によって作り出された抽象化されたモデルは、訓練データ以外の新しいデータに直面したときに、正しい答えを予測できるほど効果的に学習内容を一般化することができない。機械学習が役立つ予測を行うためには、一般化しすぎることと、しないことの間の機能上の微妙なラインを歩まなければならない。[22] このような状況に加えて、現代ではコンピューターの性能が向上し、より多くの既存モデルを選択できるようになり、データの蓄積量も増えていることから、予測の精度が向上する一方で、過剰適合や過剰一般化の危険性が高まるという二重の可能性に遭遇する。

過剰適合や過剰一般化の危険性は、先に述べた参照クラス問題と形式的に似ている。つまり、その世界を最もよく表現するモデルを生成するために、一連のメタレベルの決定をどのように行うかということである。しかし、参照クラス問題のように、計算のためには何がどのようなものであるのかを思慮深く議論できる場合とは異なり、機械学習における解の決定は著しく不透明である。なぜなら、小さな変更で大きな影響が出ることがあり、アルゴリズムが関連性有りと判断したデータセットの、どの要素に影響があるのかがわからないことが多いためである。

学習率、ニューロン、隠れ層の数などこれらの決定事項は、プロセスの一部として学習されるのではなく、モデルを構築する際に人間が設定するのが一般的である。「ハイパーパラメーター」と呼ばれるこのような人間による微調整は、機械学習アルゴリズムの組み合わせ作業を科学というよりもテクニックにしてしまう。そして、機械学習システムでは、より複雑な非線形力学がモデル化されているため、ハイパーパラメーターを変更した場合の影響も、複雑で非線形なものとなりほとんど予測できない。[23] これは、システムの出力に対して、ますます検証やテストをしづらくなっていることを意味する。

最も基本的には、このハリケーン探知ANNは、高次元の入力空間（この例では三つだけだが、実際にはもっと多くの入力がある）を受け取り、一連の学習された非線形変換を通して、より低次元の出力空間（私たちの例の単一の「ポップタルト予測」）にマッピングする。[24] ここで、機械学習の中心的な分類の一つである教師あり学習と、教師なし学習の違いに出くわす。「教師あり学習」とは、ハリケーンのANNの訓練データのように、答えがわかっている例からアルゴリズムを学習させるような状況で使われる。一方、「教師なし学習」では、「正しい」答えがあらかじめ与えられていないデータの中から、基本的な構造を探しだす。データをいくつかのカテゴリーに分類する分類アルゴリズムは、このタイプの学習の一般的な例である。[25]

この違いは実際には非常に大きい。しかし今回注目する最も重要な点は、どちらも人間が選択した大規模なデータセットを用いて、内部の類似性（教師なし学習の場合）あるいは既知の出力（教師あり学習の場合）をマッピングするために、データの構造を見つけようとすることである。この二つは手法が違うにもかかわらず、教師あり学習も教師なし学習もデータに存在する何らかの信号を見つけようとするもので、要するに、何か意味のあるものを見つけようとするのである。

複雑な実装プログラムや大規模なデータセットが溢れているのを見てわかるように、急速に成長しているこの分野と、それによってもたらされる大規模な財政的、人的投資の基礎は、比較的シンプルな概念の上に成り立っている。しばしば「専門家だけ」が扱えると言われるにもかかわらず、機械学習には世界の本質についての複雑な記号論理学も、深い精神理論も、普遍的な理解も必要ないのである。

実際には、これらの機械学習モデルは、観測されたデータとその中で発見された非線形変換のみに基づいて、世界について非常に狭い特定のベクトルを感知する。従来のANNは、必ずしも確率を直接扱っているわけではないが、認識論的かつ形而上学的には、世界や知識を確率的に理解するという一般的な方向性を持っている。これらのシステムは、常に正しい結果を出すように設計されているわけではなく、むしろ、高い確率で正しい結果を推測するように設計されているため、全体ではそのシステムは経済的に成立しているということになる。

「確かに、モデルで妥協する必要はまったくない」

多くの意味で、機械学習は、人工知能が戦後の期待に応えられなかったという失望から生まれたものである。一九六〇年代のアメリカの人工知能の多くは、論理問題の解決、人間の言語の模倣、言語間の翻訳など、記号を基盤とするシステムによって知能の構築を試みていた。これらのシステムは、物事の種類を論理的に理解し、異なる種類の物事がどのように相互作用するのかを理解して、最初の前提条件から結論を導き出そうとした。初期の（制約のある）試みは有望だったが、単純な問題を超えた途端に手に負えなくなってしまった。[26]コンピューター科学者のマービン・ミンスキーが一九六七年に発表した「一世代のうちに（…）人工知能の問題は実質的に解決されるだろう」[27]という楽観的な見方はすぐに打ち砕かれ、政府からの多額の資金が調達されるも、世間の関心、資金調達、研究活動が停滞する「ＡＩの冬」となってしまったのである。[28]

これらの記号論的な試みに限界を感じた研究者たちは、ＡＮＮのようなより確率的で統計的な手法に目を向けるようになった。これらの手法が成功した背景には、戦後の科学の発展がある。ニューラルネットワークの歴史は、一九四三年にサイバネティックス研究者で神経科学者のウォーレン・マカロックとウォルター・ピッツが、ネットワーク化されたニューロンの活動として人間の知識を表現するモデルを提案した『神経活動に内在する観念の論理的計算』を発表したことに始まる。マカロックとピッツの「ニューロン」モデルによると、ニューロンは二値で表される入力データの和をとることで機能し、入力の和があるしきい値を超えたかどうかにより、二値の出力として知識が表現された。このモデルは単純だが、コンピューターで作られた脳を想像したもので、「計算可能な関数は、接続ニューロンのいくつかのネットワークによって計算され（…）すべての論理演算（AND、OR、NOTなど）は、単純なネットワーク構造によって実装できる」というものであった。[29]

一九五八年、AIの先駆者のフランク・ローゼンブラットは、マカロックとピッツが作成したモデルのようなブール代数を用いて神経細胞の活動を表現するモデルが、あまりに単純で失望していた。入力データを登録した1と、登録していない0だけで示す方法では、人間の脳がより複雑な情報を処理する方法と、そして、世界を段階的に表現できる能力を、これらのモデルは実証できなかったとローゼンブラットは主張した。

これに応えるように、ローゼンブラットは、ニューラルネットワークのよりダイナミックな表現を簡単にするため、独自の「統計的分離可能性の理論」を提案した。[30] このダイナミズムの中では、データは単に1か0かではなく、小さな統計的な違いに注意を払うことができる確率的な刺激、重み付きの入力刺激を説明できる。[31] ローゼンブラットは、この統計的分離可能性の概念を利用して、「パーセプトロン」と呼ばれるネットワークを開発した。パーセプトロンは、従来のネットワークよりもはるかに複雑な情報を扱うことができ、入力が確率的で二値化されていないため、試行錯誤からのフィードバックによって学習できる可能性を秘めていた。[32]

記号的な手法が盛んになるにつれ、ローゼンブラットのパーセプトロンは、人気を失っていった。一九六九年、コンピューター科学者のマービン・ミンスキーとシーモア・パパートは共著『パーセプトロン　計算幾何学への入門』を出版した。これは統計的分離可能性の手法を批判し、単純な問題さえ意味のある解決ができないことを示した作品である。この著書の影響か、その後一〇年、ニューロンを使った試みは放置されることになった。[33]

しかし、八〇年代に入ると、バックプロパゲーションをはじめとするニューラルネットワークを扱う手法がさらに発展し、安価なコンピューターが爆発的に普及したことで、人工知能に対する確率論的なニューロンベースの手法が復活した。[34]ニューラルネットワークの台頭に加えて、「単純ベイズ分類器」からサポートベクターマシンまでの、計算能力の向上と方法論の進歩を利用して、意味という固定概念に頼らず知識や知能を生成する非記号的な手法も登場した。[35]これらの新しい手法の多くは、旧来の記号的な手法のように前提条件から記号に結論を導き出すのではなく、証拠を確率的にとらえることで、したがって確率的な出力が可能になり、因果関係や基本原理の理解よりも、最終的にはいわゆる「一時的な相関関係」を優先するものであった。

失望的な記号的手法から離れ、統計学や確率論へ向かう動きと共に、これらの新しい機械学習法は、計算によって生産された知識の認識論的な輪郭を再び描き、固定を止めることで自動化を可能にした。今日の爆発的に普及した機械学習は、普遍的で一般化された知識と世界の表現を記号的に作り出すのではなく、問題に応じた独自の内部論理を展開することができるモデルを生んでいる。

ある意味で、機械学習は、世界を処理する目的の高度に規制されたシミュレーション、つまり無限に近い超特異な啓発の配列が開発されるのを目の当たりにしている。それは、特定の場所や時間ごとにをそれら配列を新たに作りだすことで——普遍的な概念とは無関係に——成り立つのである。私たちのハリケーン探知ANNがある世界を計算する一方で、データや構造がわずかに異なるだけの他の誰かのANNは、別の世界を計算するのである。

米『ワイアード』誌に掲載された短い記事の中で、シリコンバレーのエバンジェリストで機械学習テクノロジーへの啓蒙活動で富を得たクリス・アンダーソンは、開発の理論的な意味を語った。アンダーソンは「今日の、膨大なデータ時代に成長したGoogleのような企業は、間違ったモデルを選ぶ必要はない」と述べ、「確かに、モデルで妥協する必要はまったくない」とした。(36) アンダーソンは続けて、ある時点で量の変化は質の変化となるという、現代の計算が始まるよりもずっと前にヘーゲルが示した認識を繰り返している。

ペタバイトの時代は、多くのものが異なるため、これまでとは違う時代となる（…）ペタバイトの規模になると、情報は単純な三次元や四次元の分類や順序の問題ではなく、次元にとらわれない統計学の問題となるであろう。これまでとはまったく異なる手法が必要となり、データ領域を全体的に視覚化できるものとしてとらえることをやめなければならない。まずデータを数学的にとらえ、後から文脈を構築することが求められる。例えば、Googleが広告業界を制覇したのは、応用数学を利用したからに他ならない。Googleは広告の文化や慣習について知っているふりをせず、より良いデータ、より良い分析ツールがあれば勝てると考えたのである。そしてGoogleは正しかった。Googleの創業時の哲学は、私たちはなぜこのページがあのページよりも優れているのかはわからないというものだ。つまり被リンクの統計データが優れていると言えば、それで十分なのである。[37]

「十分な」確率論の世界では、伝統的な啓蒙主義的なモデルや、因果関係の理論は追放される。少なくとも特定のアプリケーションにおいては、機械学習の有効性はまぎれもなく素晴らしいものだが、これらのテクノロジーとそのイデオロギーの約束は、評判ほど直接的でなく、関係がないわけでもない。[38] アンダーソンが現実の直接的な統覚として提示するものは、実際には、モデルをどのように構築するか、過剰適合をどのように回避するか、そしてその結果が世界について何を語っているかをどう理解するのかという決定を通して媒介されている。[39]

情報学研究者のジェフリー・ボウカーは、この相関的な手法の利点について、「研究結果をつまらない固定観念に邪魔されないですむことだ。分子生物学の分野では、ほとんどの科学者が民族というカテゴリーを信じておらず、民族を考慮しない遺伝子のクラスターを病気に割り当てることに満足している（例えば、カポジ肉腫は当初ユダヤ人の病気であった）」と主張する。しかし、人種、ジェンダー、価値観など、多くの社会的カテゴリーは疑わしい前提で成り立っている一方で、これらのカテゴリーの歴史と影響は未だ非常に重要で、「世界は、カテゴリー毎に結果がもたらされるよう作られている」からである。[40] これらのカテゴリーには問題があるが、完全に排除してしまうと実世界を把握することができなくなってしまう。

メディア理論家のウェンディ・ホイキョン・チュンの近年の研究であるホモフィリーの概念、つまり同じものを愛することについては、特にこの点において示唆に富んでいる。[41] チュンは、分析、計算技術としてのネットワーク科学の使用に焦点を当て、これらのシステムが似たもの同士を集め、社会的存在の複数かつ交差するベクトルに沿って隔離されたデジタル空間を作り出していると主張する。そして、これらのデジタルシステムは、以前の型に比べてより動きやすく流動的である一方で、チュンは「ランダムな初期条件は存在しない」と述べている。[42] これらのデジタルシステムは、長く複雑な差別的で性的な暴力の歴史を持つ社会の中に、そして、その歴史の上に構築されている。このように、「近代的な人種の概念は啓蒙主義の時代に生まれ、植民地と奴隷の時代となり、やがて優生学の時代に頂点に達したかのように見え、第二次世界大戦後に変容した」ものが、これらのシステムの初期条件となっている。そして、それらが再生産する傾向にある社会的世界を決定するのである。[43]

アンダーソンの主張とは裏腹に、機械学習を経由した数学はまだ、結局のところ、媒介された抽象化の一形態であり、したがって、私たちの社会的、経済的、政治的な状況の発展と根本的に絡み合っているのである。これらの機械学習システムは、資本主義に類似した、そして、これから読み進めるように形而上学的に結びついた形で機能する。つまり、それらのシステムは、社会的支配の場所を物質世界から資本と確率論の一つの抽象世界へと移すのだが、歴史を追い出すことはないのだ。実際、その目的は予測することでしかないため、歴史を積極的に再生産しているのである。これらのシステムは、いくつかのカテゴリーをより流動的で開放的にする一方で、同時に資本主義、人種差別、家父長制、帝国主義などの現存する社会システムを強固なものにするよう作用する。そして、潜在的により陰湿で、抵抗しにくい方法で、システムの出力結果を客観的な事実として提示する。したがって、この対象化の形而上学的な力は説明される必要があり、それは究極的には、確率論と統計学が社会的、経済的に機能する方法を追跡することを意味するのである。

第2章　コンピューターは数学ができるか？

私たちの日常生活に影響を与えるアルゴリズムの膨大な数、機械学習アルゴリズムが処理するデータ量、モデル内の隠れ層の数や実行速度に至るまで、これらの非線形の機械学習モデルの複雑さは、人間がその中で起こっていることを完全に理解することを妨げている。さらに言えば、システム内部の理論や状態は、アクセスしにくくなる一方である。

アルゴリズムのアクセスのしにくさは、しばしば「ブラックボックス」という定義で表され、この特性は、アルゴリズムのシステムに透明性という光を当て、その機能を管理できる速度まで減速させようとする政治的な試みを誘発する傾向がある。(1) しかし、アルゴリズム自体も、アルゴリズムが機能するより大きな社会システムも、透明性を求める声には絶えず抵抗している。その最大の理由は、アルゴリズムが動作し、作成される速度にある。冒頭で述べたフォルクスワーゲンのディフィートデバイスは最終的に規制されたものの、その存在が発見されるまでには何年もかかった。アルゴリズムが規制されたり、世間の反感を買ったりするたびに、更に多くのアルゴリズムがこっそり追加されている可能性がある。もしアルゴリズムが主に利益を最大化するため、あるいはすでに偏ったシステムを自動化するために設計されている場合、政治的な問題はアルゴリズムとそのより大きな背後関係の両方にある。「中立」を公言するアルゴリズムに沿って計算された性差別や人種差別などの出力に見られるように、機械学習されたシステムやモデル、アルゴリズムによるインサイトデータには、日常生活における不公正な認識論的な文脈が反映されていることがある。多くの場合、アルゴリズムは、本来修正されるべき官僚的な不透明さや不正を単に自動化してしまうことになる。したがって、これらのシステムがどのように意思決定を行うのかを解読しようとしても、これらが運用する不公正な社会システムを覆すことはできないであろう。

アルゴリズムがどのように体系的な偏りを生みだし、再生産するのかを注意深く評価する政治的プロジェクトは危機的であり、そして、このような問題を整理することは非常に重要である。しかし、これらのアルゴリズムの脱物象化のプロジェクトは、現代に特有の政治的、経済的課題に対処することはないであろう。アルゴリズムの物象化を解くため、あるいはアルゴリズムが「実際に何をしているのか」を明らかにするポリシーを確立するためには、結局のところ、資本主義が社会問題を提起し、解決するような規制と批判する能力が必要である。このような規制を求める声は、これらのシステムで何が起きているのかを知りさえすれば、必ずそれらを修正できると仮定している。つまり、これらのシステムが成り立つ形而上学的な仕事、その仕事を必要と思わせる交換と資本の力を過小評価しているのである。(2)

透明性を求めるポリシーは、アルゴリズムの知識が悪用されるのを防ぐのに役立ち、それ故に、価値ある政治プロジェクトと言える。しかし、透明性だけではアルゴリズムがもたらす不正を完全に解決することはできない。フォルクスワーゲンのディフィートデバイスが発見され非難されたことからもわかるように、規制にはもちろん大きな利点があるが、そもそも検出を免れることができるのであれば、そのような不正は規制することはできない。ごまかしのためにアルゴリズムを使用する強い経済的動機がある限り、資本主義の利益追求は、そのようなアルゴリズムを生み続けるであろう。要するにアルゴリズムは、知識生産の速度と型を変えるが、知識生産の究極の目標が変わるわけではない。

アルゴリズムシステムが機能する複雑な生態系では、あらゆる種類の経済的、政治的、社会的な動機が、どのように機能し、何に価値を置くのかを決定している。アルゴリズムの不透明性を形成するもの、あるいは一般的な知識生産は、システムの内部に隠されていると同時に、知識生産が対応しなければならない必要性を作るための難読化、対象化された力となっている。現代の数学的証明の複雑さからニューラルネットワークの予測能力に至るまで、すべての知識生産は本質的に「ブラックボックス化」されている。なぜなら、それは有用であるために、その性質を無視せざるをえない抽象的なものに依存するからであり、特にそれが経済的な生産性を持っている場合は顕著である。目に見えない仕事に閉じこもることこそが、これらのシステムに力を与え、対象化の力となる。

したがって、アルゴリズム文化に対して政治的に取り組むためには、その抽象的な力を理解することが不可欠である。目下の問題は、これらのアルゴリズムシステムが「どのように」機能するかということだけではなく、法廷から役員室、寝室に至るまで、その出力がさまざまな分脈で権威を与えている形而上学的な力が「何を」を生みだすのかということである。この問いかけを始めるために、理論数学の世界を少し迂回してみよう。

四色定理

理論数学でさえ、本来純粋であるはずの数学の内部論理を汚すこの不透明性の問題に悩まされている。例えば、一九七六年、ケネス・アッペルとヴォルフガング・ハーケンは、「四色定理」（4CT）と呼ばれる有名な定理を証明できることを発表した。この定理は、一〇〇年以上前に提唱されたもので、その問題を端的に言うと、区域ごとに分けられた地図は、どのようなものでも隣接する二つの国を同じ色で塗ることなく、四色の固有の色だけで彩色することができる（ただし、地図作成の際、非連続な区域を作らないなどの一定の制約がある）というものである。

歴史的に見て、四色以上が必要というような地図を発見したり、作ったりした人はいない。しかし、このように実証的な証拠がない中で、数学的にありえないと証明されたこともなかった。五色以上必要な地図を作ることができるという理論的な可能性は残されており、この可能性は一世紀以上にわたって数学者を悩ませていた。

アッペルとハーケンの証明は、コンピューターを使うという当時としては斬新な方法で行われた。彼らは、ありとあらゆる地図が、一九三六枚の地図のコアセットバージョンで表せることを証明した。もしそれらの地図が四色で彩られるならば、どんな地図も彩ることができると主張した。そして、約二〇〇〇枚の地図が四色で彩色できるかどうかをコンピューターでチェックするようにプログラムを組んだ。この作業に、一九七〇年代の機械では一〇〇〇時間以上を要した。(3)

アッペルとハーケンの成功を受けて、他にも多くの証明がコンピューターによって解決された。二〇一六年には、三人のコンピューター科学者が「ブールピタゴラス数問題」の証明をコンピューター支援で行い、最終的に二〇〇テラバイトのデータを書き出した。[4] この証明は、英語版ウィキペディア全体の、二〇倍のデジタルスペースにあたる。[5]

ウィキペディアのすべての英語ページの信憑性を確認することが不可能であるのと同様に、一つの問題にこれほど膨大な量のデータが必要になるということ自体から、少人数の研究者チームが人間の手で定理を完全に証明することはまず不可能である。その代わり、ブールピタゴラス数問題のような証明は、別のソフトウェアによって検証されている。これは、計算で作られた証明が、別のコンピューターによって読まれ検証されるという不透明な認識論のまさに良い例である。このような理論的な知識は、基本的に再帰的で、他のコンピューターで繰り返すだけで検証可能である。[6] 証明を解くためのアルゴリズムは純粋数学の問題に特有のものであるため、したがって、一般的な機械学習アルゴリズムとは大きく異なるが、証明が提起する認識論的な課題は、コンピューターによって生みだされる知識のより大規模な様を示しているにすぎない。

実際、アッペルとハーケンが4CTを証明してから間もなく、数学者たちはこのようなコンピューターを使った取り組みの価値を疑問視し始めた。例えば、数学哲学者のトーマス・ティモチコは、アッペルとハーケンの証明が発表された年に論文を発表し、その中でこのような「証明」を真に評価するためには、数学者の証明の定義自体を根本的に変える必要があると指摘した。

4CTの証明を見た数学者はいないし、4CTに証明があることを証明した数学者もいない。さらに、どの数学者も4CTの証明を目にする可能性は極めて低い。

では、4CTの証明を認める理由はどこにあるのか。数学者は、4CTが正式な証明の最も厳しい基準に沿って証明されているのを知っている。それはコンピューターによって処理されているからである。最新の高速のコンピューターで、数学的には問題のない4CTのいくつかの重要な過程を検証し、別のコンピューターで最初のコンピューターの作業を検証した。

このように、4CTが証明されたかどうかは、数学におけるコンピューターの役割をどのように説明するのかによる。たとえそれが最も自然に説明されたとしても、深い哲学的な問題は避けられないのである。その説明では、4CTのような数学におけるコンピューターの使用は、実証的な実験を数学に導入することとなる。4CTが証明されたとみなすかどうかにかかわらず、現在の証明は伝統的な証明ではなく、前提条件から演繹的に推論するのではないことを認めなければならない。この証明は、空白あるいはすき間の伝統的な証明であり、よく考えられた実験の結果で埋められている。これにより、4CTは事後的に知られた最初の数学的命題となる。(7)

4CTを含む証明の根本的な再定義には、証明の詳細についての人間の知識はもはや必要ない。最も初歩的な経験主義に反して、私たちは証明を「見る」ことも、証明の証明を「確認」することもできないが、証明が存在することは知っている。哲学的には、純粋な論理とアプリオリの清らかな世界は、「実験的」、つまり観察された事後的なものによって損なわれてしまった。私たちは証明が存在することを知っていても、それを理解するには至っていない。知識の獲得競争では、コンピューターとその大規模なプロセスの利用は、私たちをはるかに超えるのである。

数学が実験的なものになるにつれ、一般的な法則を導き出すためには、実験の条件や証明の計算作業が非常に重要になっている。[8] 使用するコンピューターの仕様や、コードの誤りの対策など、すべてが最終的な結果につながる。したがって、純粋で理想的なアプリオリの世界に穴が空くとすぐに、私たちは物質性と経済性、その客観的な力を持つ世界に戻されてしまう。これらの要素のすべて、つまり実験が、生みだされた知識に見合っているからこそ、たとえ私たちがその計算に参加していなくても、最終的な結果が客観的であるように見えるのである。

ABC予想

4CTの証明にはコンピューターを信じることが必要だが、自動化されていない数学でも同じような不透明性の構造が関係している。二〇一二年、望月新一という寡黙な数学者が、個人のウェブサイトで四本の論文を発表した。論文は全部で五〇〇ページにおよぶもので、長年にわたる自身の活動の集大成をなすものであった。望月はこの論文を公表していなかったが、京都大学数理解析研究所の同僚が同論文の存在に気づき、同分野の他の数学者に知らせたという。

他にもいくつもの証明がある中、望月の四本目の論文は、「ABC予想」と呼ばれる有意義な定理を初めて証明したものであった。この定理とは、$a+b=c$ の型の代数方程式の複雑な性質について言及したものである。望月は、この前代未踏の予想を解決するために、「宇宙際タイヒミューラー理論」と名付けたまったく新しい数学を考案した[9]。

この「宇宙際タイヒミューラー理論」は、あまりにも抽象的で、従来の数学からかけ離れているため、望月と同じ分野の数学者であっても、その証明を完全に検証することができないでいる。望月は、自身が作った理論を学び理解するためには、大学院生でも一〇年はかかるとしている。さらに面倒なことに、望月は国際会議へ出席することも、他の数学者への説明に力を入れることもほとんど拒否している。この研究に参加した者でさえ、他の数学者への説明には戸惑っている。ある匿名の数学者は、「私が知る限り、このようなものに近づいた人は皆、非常に合理的だが、その後それを伝えることができなくなってしまう」と述べている[10]。

私たちは、ティモチコがアッペルとハーケンの4CTの証明に対して行ったように、望月の仕事に対しても同様の反論ができるのかもしれない。望月は、仕事を共にして来た二、三人の仲間とこの証明を「見た」のかもしれない。しかし、同分野の数学者はそれを見たのだろうか。「通常の」最先端の数学を理解できる人口が相対的に少ないという事実を考慮すると、真実のために必要な定数とは何であろうか。ティモチコが提案した古典的な意味での証明を理解するためには、何人が証明を理解する必要があるのであろうか。

更に深掘りしてみよう。コンピューターで解決した証明を別のコンピューターで検証することは、評価の高い人間の専門家による「再現の可能性は高いが未検証の証明」と比べて、重要か、あるいは重要ではないのか。この質問にどのように答えるかにかかわらず、また、ただ一つの正しい答えがあるとも思えないが、どのような答えも、最終的には経済と交換に依存している。もちろん、証明は直接売買されるものではないのだが、その生産には、例えば、他の数学者や他のコンピューターなど、検証可能性を持つネットワークが必要であり、そのためには証明のしきい値を超えたとき、つまり、実験データの集まりが証明に見合ったものになったときを決める検証可能性ネットワークが必要なのである。純粋にアプリオリな知識は、常に先験的なものと実験的なものを分けることを不可能にする交換によって汚されてきたと考えられる一方で、現代のコンピューターの出現により、こうした検証不可能な知識の規模、速度、範囲が、今や交換の中心を占めているのである。このような物質的な検証ネットワークがあるからこそ、この知識が客観的なものとして私たちに突きつけられるのであり、この物質性によって、私たちの社会的世界の外に立ち、自らを説明するように見えるのである。

信仰を持たない数学者

このような認識論の問題は、まったく新しいものではない。物事を「知る」ために、どのように何が必要なのかという問題は、哲学の初期段階から人々を悩ませてきた。この問題を象徴する例として、イギリスの哲学者で聖職者のジョージ・バークリーが一七三四年に発表した『アナリスト』という微積分を批判する論考があり、それには（かなり長い）副題、「信仰を持たないある数学者に向けた論考。現代の解析における目的、原理、推論は、明確に理解されているか、あるいは敬虔な神秘と信仰の要点よりも明らかな推論に基づいたものなのかを考察する」がついている。バークリーの『アナリスト』とその問いは、知識の基盤に取り組み、微積分を攻撃する試みはもちろんのこと、計算による知識と資本主義の歴史においても重要な役割を果たしている[11]。ベイズ統計学の名前の由来となったトーマス・ベイズ牧師は、生涯で二つの論文しか書いていない。一つは、神は私たちの幸せを望んでいるという神学的な証明であり、もう一つは、バークリーの『アナリスト』で示された微積分に対する攻撃に向けた直接的な反論である。その次の世紀には、マルクスまでもが微積分の確固たる基盤を見つけるという哲学的課題に取り組み、微積分の数学を正当化しようとする短い論文を書いている[12]。

バークリーの『アナリスト』は、バークリーが「信仰を持たない数学者」と呼ぶ人物に宛てたものである。バークリーは、生まれたばかりの微積分を、さまざまな理由で攻撃している。一つは、現代風に言えば、微分の微分を取ることができるという考えを問題にしている。加速度とは「何か」（時間に対する速度の微分）を説明することはできるが、バークリーは加速度の加速度の加速度とは、何を「意味する」のかと問いかけている。したがって、アルゴリズム処理における価値や知識の再帰的な帰属の意味を考えるときにも直面するのと同じように、バークリーは、認識論的に基盤がないことに悩まされていたようである。

バークリーはさらに、この初期の微積分において、導関数の公式を計算する際に大きさがゼロに近づく「無限小」が使われていることを、「失われた量の幽霊」と攻撃している。バークリーは、無に近づけば数学的な知見は得られないはずだと主張するが、それでも数学者は、ゼロに近づくこれらの値を使って微積分の基本公式を導き出している[13]。要するに、「不均衡なものを等しく」することで無が有となり機能するのである。このような攻撃にもかかわらず、微積分がうまく機能していることは明らかであるが、一方でバークリーが、この知識には不均衡なものの均等化が必要であることを心得ていたのには、深い意味があるのである。

現代の知識の多くは、このような欠如の上に成り立っており、表現されるものが同じであると同時に、異なるものであることが求められる。それは価値に変換される多様な労働力から、複雑な社会的相互作用からの計算可能なデータの抽出に至るまでさまざまである。[14] アルゴリズムによる証明を含むように数学的証明を再定義する際に問題となるのは、まさにこの点である。一人の数学者が理解できる公式証明は、別のコンピューターでなければ確認できない二〇〇テラバイトのデータに匹敵するとされることである。この失われた量の幽霊は、アルゴリズムによる知識生産の基本単位として何度も登場するであろう。それ自身であると同時にその反対にもなる値は（ベイズ分析で主張されるように、特殊を普遍に、主観を客観に変換するように）、非整合なものを整合させることができ、それゆえに計算可能なのである。

バークリーの話に戻り、彼は、微積分の哲学的基礎に疑問を持ちながらも、微積分が「機能する」ことをあっさりと認めている。しかし、バークリーはこの数学の知的基盤の欠陥が、その知的価値に疑問を投げかけていると主張する。バークリーは微積分の支持者たちへ向け以下のように述べている。

あなたがたが出す結論は、明確な原則からの正当な推論によって得られたものではない。したがって、現代の分析法を使用することは、数学的な計算や建築には有用であっても、明確に理解し正当に推論するために、考え方を慣れさせたり修飾したりするものではない。したがって、そのような慣れのために、自らの適切な領域を超えて言及するような権利はなく、その領域を超えては、あなたがたの判断は他人の判断とは変わらないのである。(15)

この新しい数学は、橋をかけたり、難解な問題を解決したりするのに機能するとはいえ、バークリーはその基本的な前提条件には同意していない。そして、おそらくバークリーにとって最も重要なのは、数学者たちに、そこでの知見を神学の世界に当てはめて推定するのではなく、自分たちの数学に集中してほしいということである。

要するに、バークリーの試みは脱物象化の一種で、この新しい数学の層をはがし、その強固であるはずの基礎が実際には不安定であることを示す作業であった。しかし、バークリーの見解はめったに読まれない一方で、微積分が世界中で教えられているのは、微積分がその基礎の不安定さにもかかわらず機能し、機能し続けているからである。資本主義が、そのより哲学的な正当性を個人が知っているかどうかにかかわらず、機能しているように見えるのと同様である。もちろん、微積分は現在では資本主義よりも思想的なものではなくなり、はるかにしっかりとした基盤となっているが、私たちは対象化による力を目の当たりにし、対象が私たちのために考えることを許しているのである。微積分を信じることも、信じないこともできるが、バークリーがその正当性を議論している間にも、アイザック・ニュートンらは次々に問題を解決し、この数学の力を証明していったのである。

バークリーの微積分の脱物象化は、アルゴリズムで作られた知識を解き明かそうとする現代の試みの予兆となった。バークリーは『アナリスト』の最後に、知識を得ることと単に計算することの違いについて、先見の明のある問いかけをしている。「単なる計算機と科学を研究するものの違いは、一方は明確に考えられた原理に基づき明らかに実証されたルールに基づいて計算するのに対し、他方はそうではない、ということではないだろうか[16]」。バークリーにとっての「計算機」は、今日のものとはまったく異なるものであったが、この考え方は、計算によって導き出される「証明」というものはないというティモチコの主張と、それほど異なるものではない。バークリーもティモチコも、単に一連のルールを適用するのではなく、知識の原理や流れを明確に理解しなければならないと主張している[17]。このように、微積分の不安定な基盤に対するバークリーの懸念は、計算によって導き出される知識に対してティモチコも心配したように、現代の私たちが抱える不安へ道を開くものであった。

微積分がこのような不安定な基盤の上で機能することはともかく、バークリーによれば実際には何が微積分学の実践家を、「異端」としているのだろうか。バークリーは、他の著作で、自由思想に強く反対している。自由思想とは、神が世界を動かしたのだから、その発展や法則、自然は論理と理性によって理解できると主張する宗教哲学運動である[18]。三位一体の存在や聖変化、祈りの機能など、伝統的なキリスト教が長年信仰の神秘を信じてきたのとは対照的に、自由思想の合理主義的な原理は、論理的に、したがって人間が知ることのできる世界像に新しい神学を託したのである。

バークリーは英国国教徒であることを公言していたが、バークリーの考えは、一八六八年にローマ教皇のピウス九世が招集した第一バチカン公会議で「神秘」の存在が再確認されたことを繰り返している。この公会議から生まれた教義憲章によると、「神の神秘は、その性質上、被造物である知性をはるかに超えるものであり、たとえ啓示によって伝えられ、信仰によって受け入れられたとしても、それにもかかわらず、私たちがこの死すべき生において主から離れている限り、信仰そのもののベールに覆われ、いわばある種の霧に包まれたままである」としている。[19] 公会議では続けて「神の啓示の中に、正しく神秘と呼ばれるものは含まれないが、正しく発達した理性によって、信仰のすべての教義が自然の原理から理解され証明されるともし誰かが言うならば、その者は忌み嫌われよう」と発表された。[20]

バークリーや教皇ピウス九世にとって、神秘は理性や人間本位の自然摂理では説明できないものなのだ。彼らはそのような思想には反対しており、代わりに人間の認識能力では判別できない理神論の知識の構造を信じている。バークリーが微積分を批判するのは、このような信仰の神秘を保つことを望んでいるからであり、微積分も同様に理性ではなく神秘に立脚していることを示すことで明らかにしようとした。バークリーは「神聖な信仰においては、神秘は人間科学よりも、より良く認められるのではないだろうか」と問いかけている。[21]

バークリーの論文の目的と標的は、おそらく一部の人が指摘する有名なアイザック・ニュートン（彼自身も信仰のある人であった）ではなく、むしろ、宗教的な神秘の存在を否定し、完全に合理的な世界を支持するほぼ無名の数学者たちであったと考えられる。彼らは、完全に合理的な世界を優先し、神の働きを冒涜する自由思想の知的操作を行ったのである。このようにして彼らは、再び具体化された教会の神学に対して二重の脅威を与えた。一方で自由思想家たちは、神秘の存在をその非合理性を理由に公然と攻撃し、他方では数学や科学を発展させるために、神秘の概念そのものを飼い慣らした。

もし自由思想が神秘の問題を教会に委ね、理性、論理、数学を発展させるという仕事をするだけなら、バークリーの世界観をこれほどまでに脅かすことはなかったかもしれない。しかし、バークリーからすると、そのような異端の数学が自ら神秘を創造し、それに働きかけることで、自らの働きの内部に新しい神学的思考の土台を確立したのである。微積分の成功は、自由思想家たちを勇気づけ、その数学的成功から教会の神秘を攻撃することを可能にした。バークリーは、自由思想家であっても神秘的な方法で行われた研究を証明することで、宗教的神秘の必要性を主張した。したがって、バークリーの考えは、微積分の神秘が世俗的な理性の基盤を崩してしまうか、あるいは、数学者は宗教を神学に委ねるべきということになる。[22]

バークリーの微積分への見解と、キリスト教の教義の両方を見いだした神秘は、まさに理性とは根本的に相反するものである。なぜならそれら神秘は「不平等を平等にする」という不合理な主張をしているからである。三位一体の神秘は、1＝3という数学的に不可能な式に従っている。聖変化は、パンとキリストの体が等しいことを宣言する。また、微積分の無限小の「失われた量の幽霊」も同様に、存在と不在の等質性と共時性というパラドックスとして現れる。これらの神秘はすべて、合理主義の知識の基盤を揺るがすと同時に、その構成要素を提供している。

このような神秘は、すべての対象化の根底にある。微積分の場合は、これらの幽霊である。資本主義の場合、マルクスにとっては、不平等な種類の労働力と商品を平等にする行為であり、資本主義的な交換の対象化を基礎づけるものである。また、計算の場合は、一見矛盾した世界の情報を比較し計算するプロセスである。このような神秘は、それが一見怪しいものであるからといって単純に否定することはできない。経済的、物質的、神学的に、これらの神秘が「機能」する限り、「実際に何をしているか」を示す単純な行為は、神秘を無力化するには十分ではないからだ。革命的な政治においては、神秘や不平等がどのように機能しているのかを明らかにすることは必要ではあるが、そのような政治は、微積分がそれ自身を提起したように、新たな神秘を実現することも必要とするのである。

認識論的権威

神秘や形而上学の革命は、それが労働の革命であれ、知識の革命であれ、古い神秘やそれらを予言する聖職者に対し異議を唱える傾向がある。[23] バークリーが対立した自由思想家たちは、権威よりも論理を重視し、世界を根本的かつ明確に把握できる可能性、権威を完全に排除する可能性を信じていた。その意味では、データサイエンティストなど、データを扱う能力が専門領域知識の権威に取って代わることができると信じる他の多くの革命的な思考のあり方と一致していた。[24] バークリーと同時代の自由思想家であるジェームズ・ジュリンは、バークリーが自身の主張が正当なものかどうかを一般読者に訴えていると批判した。ジュリンはバークリーに、「先生、あなたが訴える考える読者とは誰ですか。幾何学者か、それとも幾何学にまったく無知な人か。もし前者であれば、私は彼らに任せるが、後者であれば、彼らにフラクシオンの方法を判断する資格がどれほどあるのかと問いたい」と投げかけている。[25]

それに対しバークリーは、ニュートンの専門家としての権威を独断的に信頼し、一般読者には数学的議論を判断できないと主張するジュリンをたしなめている。「権威が関係しない科学の問題において、あなたは常に権威で私を圧倒しようとする（…）この世のどんな偉大な人物も、私に不明瞭を明確に、あるいはこじつけを実証にすることを、受け入れさせることはできない。また、私が自由に考えたことを話すのを妨げることもできない[26]」。

私たちがニュートンを正当に評価し、専門家としての見識に敬意を払う時も、バークリーは、もしも権威よりも理論を重んじるのであれば、自身で論理づけていない相手の理性をどうやって判断すれば良いのかと、敵を難しいジレンマに陥れる。しかし、このジレンマと、ジレンマに通じた権威の危機は、一方向にしか動かない傾向にある。自由思想家やコンピューターは、権威の力を必要としていないようである（たとえ所々で偶然に権威を求めたとしても）。なぜなら、彼らの主張の客観的な性質はもはや場所を必要とせず、自らの無根拠に自らを基づかせるものだからである。機能するように見えることで、それは世界の外観そのものの中に自らを見いだす（＝）ことになる。自身を知識として対象化するのである。

これらの神秘を有効にしようとする努力、つまり、非整合なものを権威によって、あるいは場所を持たない力が対象化されて現れたものを整合させようとする努力は、結局のところ思考の基盤を示し、仮定することと同じである。これらの新しい神秘の知識は、アルゴリズムが生みだす確率や、商品の価値、無限小などと同じように、「これが真実であるかのように考え、行動しよう」というプロセスの中で、基盤としては存在しない根拠に常に依存している。しかし、この無根拠の神秘にもかかわらず、それらは失われた量の幽霊として、あるいは、アルフレート・ゾーン・レーテルが真の抽象化と呼ぶように、あたかも実在するかのように機能している。

神の介入による道徳的知識の神聖化から、微積分の積分から導き出されるエンジニアの偉業まで、世界はまさにこれらの神秘によって「現実」となる。そして、これらの神秘が現実のものとなり、その偉業に成功すると、それ自体が働き始め、つまり、客観的に見えるようになる。三位一体、数学的証明、物品の価格、加速度のいずれもが、単に数を数えるための手段ではなくなり、私たちと私たちの事柄を説明するようになる。つまり、これらの神秘は客観的になり、私たちが世界を推論し解釈することを可能にするのである。

結局のところ、このプロセスの存在を単純に排他的に否定するのは愚かである。なぜなら、神秘とその平等と不平等の結びつき――言い換えれば、階級、人種、ジェンダー、国家、価値などの抽象化――を通して、歴史の残骸が新たな型に引き込まれるように、社会的世界が生みだされ、それに基づき行動するからである。しかし、ある種の神秘、すなわち、資本主義、帝国主義、人種差別、性差別などの型で不正と搾取を支えてきたものは、完成させてはならず、その力には抵抗しなければならない。第1章でクリス・アンダーソンが相関主義を賛美したように、単に無視することはそれらが機能し続けることを許すことになる。したがって、私たちはバークリーや新しい神秘に対する彼の認識上の不安を否定しなければならない。その代わりに、私たち自身が革命的な、バークリーの言葉の「異端」の数学者になることが求められるのである。

神秘は、これらの歴史的構造に形而上学的な基盤と力を与える役割を果たしている。資本主義のもとでは、モイシェ・ポストンが論じたように、これらの神秘は完全に相対化され、神や国家、さらには、ものを識る科学者といった超越的な基盤から離れ、神秘の基盤は判断の場所を失ってしまう。そして、アルゴリズム、確率論、統計学によって、権威の所在を特定できない神秘は、知識生産にまで入り込む。しかし、神秘は、過去と決別するのではない。それどころか、物事が実際にどのように動くのかを示すことができるかもしれない人々によってさえも、未完成なままであることを拒むこれまで以上に陰湿な型で、神秘が過去を再生産するのである。

私たちは、理性の神秘、理性の不合理な基盤、つまり計算や算出を可能にする不平等の等式を認識しなければならない。しかし、それは理性や計算に対する反論ではなく、むしろこれらの神秘は理性の存在理由そのものである。計算を理解するためには、不平等な要素を平等にする、つまり説明がつくプロセスを認識しなければならない。今日、このプロセスは、すべての物質性と知識を価値に見合うものにしようとする資本によって、私たちに責任を負わせている。経済的にもアルゴリズム的にも、もしも私たちがこのようなシステムの不公平を乗り越えようとするならば、最終的には、異端の数学者のように、橋を架け、古い神秘に疑問を投げかけ、古めかしいイデオロギーを取り払うことができる新しい神秘を提案しなければならない。

第3章　対象化アルゴリズム

アルゴリズムの重要性は明らかになったが、「アルゴリズム」という言葉自体の定義は定まっておらず、半世紀以上も前から議論が続いている。コンピューター科学者のドナルド・クヌースは、彼の名著『アート・オブ・コンピュータ・プログラミング』の中で、五つの要件に基づいた定義を示している。(1)有限性：アルゴリズムが有限の時間内にすべてのステップを実行して終了すること、(2)明確性：各ステップが厳密かつ明確に定義されていること、(3)入力：入力を受け、その過程で、(4)出力：出力を生成すること、(5)実行性：各ステップは簡単に理解できるほど単純であり、「紙とペンを使って計算できる」ことである。[1] この五つの要件は、アルゴリズムとは何かという議論に完全に終止符を打ったわけではないが、出発点としては参考になる。

クヌースの定義には、二つの重要な要素が挙げられる。まず、「すべてのステップを実行し、終了する」こと、つまり計算とは、アルゴリズムを終了するまでの、時間がかかるプロセスであるということだ。計算というと瞬間的なものと思われがちだが、各ステップにも少なくとも一秒の何百分の一の時間を要する。第1章で紹介した人工ニューラルネットワークのように、大規模なデータを扱う複雑なアルゴリズムモデルの場合、コンピューターは、時に合理的に限られた時間内で命令を終わらせるべく格闘しなければならない。しかし、コンピューターの性能が向上すれば、つまり演算が速くなり処理に要する時間が短くなれば、アルゴリズムの命令は新しい複雑なスケールで処理できるようになる。理論的にはクヌースが提案するように、人は紙とペンがあれば、４ＣＴの証明や人間を月に送るための数学などのあらゆるアルゴリズムを、腰を据えることで計算できるものである。しかし、Googleのかの有名なページランクアルゴリズムのような複雑なものの全体を独自で計算するには、人間が一生かけても（個々のステップは手作業でできたとしても）十分な時間はない。したがって、この規模で処理するためには、コンピューターが必要となる。

次に、アルゴリズムは入力を出力に変換する記銘という行為を行う。現代のコンピューターでは、記銘は物理ビットを反転させて、（文字や数字などの）一連の記号を受け取り、新しい記号群を出力することを意味する。これは数学者で初期のコンピューター科学者であるアラン・チューリングが、計算の理論モデルであるチューリングマシンで実証した有名なプロセスである。チューリングマシンは、マス目に分かれた無限の長さを持つテープの上で読み書きを行う。記号で表された比較的小さな命令表とテープの上を前後に移動する機能を用いて、チューリングは、この機械であらゆるコンピューターのアルゴリズムが符号化できることを証明した。一九三六年のこの理論の発見以来、アルゴリズムの命令はすべて、記号の操作として理解することができるようになった。つまり、一種の書くという作業ができるようになったのである。このようにアルゴリズムが「書く」ことができると、新しい型の記憶が可能になる。したがって、私たちの事柄について記憶と説明ができると

いう能力は、コンピューターの最も重要な特性の一つとなった。(2)

このように、アルゴリズムは、簿記から価格設定に至るまで、資本主義の計算の長い歴史とともに常に不透明なものである。それは、アルゴリズムがどのようにそのような結果に到達したのかを必ずしも知る必要はないという点だけでなく、より深い形而上学的、認識論的な意味において、コンピューターを操作する人間が必ずしも感知できるとは限らない速度と規模で、メモリに書き込まれたものを信頼しなければならないという点においても言えることである。この世界で、コンピューターが効果的に機能するためには、コンピューター自身に管理させることが唯一の方法である。ここに、データ、アルゴリズム、そして、その結果計算そのものが、客観的なものとして存在するのである。アルゴリズムの処理で何が起こっているかを知ることができなければ、出力値の結果を信じるしかない。資本主義の市場原理と同様、価値は、その総体に必ずしもアクセスできるとは限らない複雑なプロセスによって計算され、どこか他からやって来るかのように見えてしまうのである。このような客観的な価値は「真実」と同義ではなく、むしろ、ある真実は何かの対象によって証明または保証される、つまり対象化されたものということになる。

タリースティックと対象化

「何をもって」アルゴリズムとするのかという枠を超えるかもしれないが、一二世紀の中世ヨーロッパでタリースティックと呼ばれる割った棒が使用されたことは、アルゴリズムが知識を対象化するわかりやすい例である。タリースティックは、借金や負債を記録するための道具で、硬貨もなければ大衆の識字率も低い世界では重宝された。借金を記録するには、物品またはその金額に相当する数を棒に刻む(3)。例えば、ある農家が他の農家に二〇頭の羊を貸したなら、棒に二〇の切り傷が刻まれることになる。そして、この刻まれた棒を、刻まれた部分を横切るように半分に折る。それぞれの半分には元の印の一部が含まれており、両者は取引の領収書として棒の半分が渡された。不正の可能性は構造的に排除されていた。借り手は木に刻まれているため印を消すことはできず、一方、貸し手は自分の半分の棒にしか記録されないため債務を加えることはできなかった。

現代のコンピューター科学の用語で言えば、タリースティックを使うこととは、木の持つ膨大な「探索空間」を利用することである。探索空間とは、例えば携帯電話のロックを解除するための四桁のコードのように、問題に対して可能な解答の数である。このシステムを（相手の物理的な棒を盗むことなく）ごまかす唯一の方法は、似たような棒を探し、少ない切り込みを入れ、まったく同じように折ることだ。木の種類だけでなく、大きさや成長パターンも含めて棒の類型は非常に多く、棒の折れ方の無限に近い数がこの問題の探索空間を構成する。つまり、システムをごまかすための適切な代わりを見つけるためには、可能な限りの棒と折れ方の数の探索が必要となる。タリースティックのアルゴリズムは「機能」しており、機能することによって、当時の経済に必要なもの、つまり商売の取引を説明できる物理的な対象を提供していたのである。

タリースティックの会計の確認方法が有効であったことは、対象化の力を証明するものである。アルゴリズムそのものの定義と同様に、この概念がどのように作用するのかについては、長く健全な議論が行われてきた。私たちの目的においては、特にマルクスの『資本論』第一巻の対象化のプロセスの記述は、アルゴリズム、機械学習、統計学を理解する上で極めて重要である。[4] その核心、つまり、対象化とは対象物が私たちのためにどのように考え、記憶し、作用するのかについての理論である。マルクスは対象化について、現代の慣用句のごとく、人を物のように扱うプロセスではなく、むしろ物を使って人間の事柄を管理することだと定義している。

このような対象化のプロセスは、航空会社の担当者が、欠航後のコンピューターの画面を見て同情しながら「申し訳ございません。こちらでは対応させていただけることはもう何もありません。コンピューターが何も変えさせてくれないので」と返答する際、はっきりと体験することができる。この状況を非難するのは勝手だが、どんなに説得力のある批判をしても、別の便を予約できないようシステムが構築されていることは明らかである。驚くべきことに、航空会社の担当者はもはやゲート係員とは呼ばれず、アルゴリズムにその権限を委ねているのだ。

このプロセスこそ、正にアルゴリズムの力の核心をなすものである。すなわち、コンピューター処理は、社会政治的な状況の「客観的」な、したがって政治的に否定しようがない説明を私たちに突きつけるのである。このような客観的な事実が持つ力は、外界の現実への対応にあるのではなく、新しく明らかな社会現実を直接生みだす能力にある。例えば、クレジットレポート（信用報告書）で最も重要なのは、個人の信用度を正確に記す能力ではなく、資本へのアクセスを制限することで優先順位に対応した世界を作り出す能力である。実際、雇用の決定にクレジットレポートが考慮されるようになってきたことでもわかる。[5]

その最も基本的な観点において、対象化のプロセスは、二つの相互に関連した目的を果たしている。まず、対象が私たちのために覚えることを可能にし、次に、記憶することで、対象が私たちのために「信じる」ことを可能にする。この記憶と信用の活動は、日常的なものであると同時に、魔法のようなものとしか言いようがない。

タリースティックでは、二軒の農家が何匹の羊を交換したのかを、切り込みが正確に記憶している。そして、二本の棒に分けて集計するという巧妙なシステムにより、二軒の農家は棒が記憶していることを信じることができる。実際にこの技術はとても役に立ち、一一〇〇年にヘンリー一世が税の徴収のために公に使用して、一九世紀初頭までイギリス全土で使用された。(6) さらに、その経済的重要性からヘンリー一世の勅令により、この棒に法の力が与えられた。棒の記憶を信じることは、容易になっただけでなく機能的にも必要なものとなった。

コンピューターと同じように、タリースティックは記憶装置として機能する。この農家は、貸した羊の数が棒に刻まれているので、安心して忘れることができる。また、タリースティックは、コンピューターのように計算を助けるものでもある。複数の棒があれば、簡単に足し算、引き算、複数の勘定ができる。さらには、コミュニケーションの道具としても有効である。もしも、この農家が亡くなったとしても、相続人はさまざまな借金の正確な金額を知るのにそれほど苦労しないであろう。借金はこのようにして、物質世界に刻まれた対象となる。タリースティックのおかげで、信じたり覚えたりする必要がなくなり、誰もが見てとれる世界になったのである。

対象化について現代の理解は、このマルクスの考えからは、わずかに、しかし、理論的に重要な方法において逸脱している。この迷走には、ジョルジュ・ルカーチの対象化(ルカーチの著書ではしばしば物象化と訳される）の解釈に一部責任があり、「人と人との関係が物の性格を帯びる」時点で対象化が起こるとしている。[7] ルカーチは、どの対象が事柄を管理するプロセスかという点には着目せず、たとえその結果として関係が対象としてとらえられることになったとしても、このプロセスの結果とそれが閉じ込めるものに注目している。ルカーチはその意味では半分正しい。対象化とは不明瞭だが、不明瞭なのは、根本的に人や関係が対象として扱われることではなく、むしろ対象が人の代わりに考えるようにできていることである。この思想の流れは、今日のように対象化が関係ではなく人を対象として扱うことを意味するようになると、マルクスからはさらに遠ざかる。[8] このような理論展開は必ずしも間違っているわけではなく、多くの点で資本主義的な対象化の結果ではあるが、しかし、対象が社会関係を説明するプロセスを見落としてしまう危険性がある。[9]

このように、多くの評論家は対象化を、一種の「偽りの意識」として提示し、そこではその根底にある真の社会関係は忘れられ、処理され、したがって最も明晰な解析者［アナリスト］の頭脳でさえもうやむやにされている。一方で、私たちが現在向かう先で、対象化をかなり中立的なものとしてとらえることができているのは、上述の例からも明らかであろう。[10] 対象化は忘れることの一つの型ではあるが、それは直接には生産的である。私たちは覚えておくことから開放され、心の負担が軽減され、時に有益なのである。[11] どのような対象化においても、常に問題となるのは、誰が負担を負い、誰が負担を免れるのか、そしてそれはどのようにしてかということである。この負担の軽減こそが、すべての計算、つまり記録と通信技術の本質である。最初に刻まれた粘土板から最新の二〇〇億円のスーパーコンピューターまで、これらすべてのテクノロジーは、私たちのために事柄を記憶する。そして、私たちの取引や社会関係を記憶することで、これらのやりとりの痕跡から私たちの誰かに責任を負わせる。マルクスは価値の観点から対象化の理論を展開しているが、計算にも同じプロセスと力が働いていることが見てとれるのである。

諸商品と対象化

マルクスは『資本論』の冒頭で、資本主義の全理論を単純な商品とその対象化の力で説明している。マルクスの分析では、商品自体の関係から労働者と資本家の関係まで、すべてが外に向かって広がるものであるとする。マルクスは、商品としての対象について本質的な理解を示している。それは、これらの対象が対象的なのは対象が役に立つということではなく、むしろ、生産者、労働者、購買者の間の社会関係が対象物自体にまとめられているということである。商品は、市場に出てくるときに、その価値を決定する関係と歴史そのものを「隠す」のである。

マルクスは、当時の経済学者に倣って、対象の経済的価値を決めるのは、その物がどれだけ役に立つかではなく——もちろん世界には最も役に立つ物が最も安価である場合もあるのは事実だが——むしろその物の生産にかかる労働の量であると『資本論』の冒頭で主張している。つまり、経済価値は対象に内在するものではない。それはむしろ、生産、労働、銀行業などの社会的プロセス全体の反映である。マルクスは、「使用価値、すなわち有用な物は、それゆえ、抽象的な人間の労働がその中で対象化または物質化されているからこそ価値を持つ」とする。[12] このように、本質的に資本主義は、すでに巨大な分散した不透明なアルゴリズムとして動いており、あらゆる製品の生産に投入されるべき労働力の量を計算して記憶し、私たちが何かを買おうとするたびに、この計算の出力を提示するのだ。物理的な対象に経済的価値が含まれていると考えるのは非合理のようだが、資本主義ではあたかもそれがあるかのように行動せざるをえない。

このように、マルクスにとってこれらの対象は、社会関係を記録し、それを客観的な状態として私たちに提示するという点で非常に重要な役割を果たしている。マルクスは、「労働が生みだす対象、すなわち労働の生産物は、異質な物として、生産者から独立した力として立ちはだかる。労働の生産物とは、物に具現化され物質となった労働であり、それは労働の対象化である」とする。[13] ここでの構文は、対象化されるのは対象物であるということを明らかにしている。商品に労働力が注ぎ込まれると、その商品は経済的価値という型でかかった労働力を保持し、生産者や所有者の希望や信念にかかわらずどこへでも運ばれる。

さらに、この対象物としての商品は、根本的に計算されネットワーク化されており、すべての労働者と消費者を相互に関連づけている。マルクスは、商品について次のように述べている。

商品は最も複雑な労働の結果なのかもしれないが、しかし、その「価値」をもって単純労働の生産物と等しいものとみなされ、したがって、それは単純労働の特定の量を表しているにすぎない。さまざまな種類の労働の、測定単位として単純労働に還元される各々の割合は、生産者の背後で確立されている。[14]

ここでマルクスは、資本主義のメカニズムそのものを分析するための理論的な基礎となる労働の平等化について提言する。マルクスは、すべての経済的価値が、単純労働の蓄積に基づいているとする。つまり、平均的な未熟練労働者が、利用可能なテクノロジーを用いて商品を生産するのに要する時間である。価値についての理論にはさまざまなものがあるが、厳密な価値の概念は、さまざまな労働慣行を単一の経済的価値に「還元」しなければならない。その価値とは、それぞれが独自の価値を持ち、他の商品と比較することができる価値である。このように、すべての価値は他の価値に対してのみ相対化される。

例えば、素人が苦労しながら一〇年間学び、失敗し、テストを続けながら、スーパーの汎用ブランドと同等の品質の電球を作ることができるとする。生産量に差があるにもかかわらず、素人が繰り返すバカバカしい企てが職人的な魅力を加えていると消費者を納得させることができなければ、その電球は、わずか数分で作られたスーパーマーケットの電球と同じ価値を持つことになる。この価値の決定において、市場は消費者に代わって考え、すべての価値をネットワーク効果に還元し、あたかも魔法のように、商品作りに必要と「されるべき」労働の量を計算する。さらに言えば、この計算された価値は、労働者自身が生活し、再び生産を行うためにはどれだけの費用がかかるかという関数そのものなのである。市場はアルゴリズムのように、現在と未来の意思決定に使用するために、課題に対する解決策を計算する。

労働が生みだした商品は、労働者の「背後」で人間の事柄を説明するようになる。電球の価値は、他のすべての価値との関係で、消費者にいくらで購入されるのかのみでなく、その商品に絞った価値のネットワーク全体の決定にもかかわってくる。この対象としての商品は、資本主義社会を構造化する係員として現れる。つまり、その対象自体が革命的な力なのである。グローバルな分散型ソーシャルコンピューターのように、資本主義市場の多種多様な商品は、その生産にかかるすべての労働の価値を追跡し、状況の変化に応じ常に更新されている。その意味で、商品の中に全宇宙の凝縮を見ることができると言えるのである。商品交換は、これらの比率をリアルタイムに計算することで、通常よりもはるかに広い意味での「機械学習」の一形態となっている。

このことは、資本主義の発明、つまり、株式市場を見れば一目瞭然である。市場では、トレーダーは、他の人が企業の将来の価値をどう考えるのかを予測する。トレーダーにとっては、生産と交換という人間的なプロセスは、天気よりも気まぐれな得体のしれないシステムのように映るのだ。ある日のヘッドラインを見てみよう。「連勝後、株価は記録から後退」、「株価はまたしても勝利の週の終わりに足踏み」。記者も読者もよくわかっているとおり、株価は自由に行動する係員ではないので「後退」も「足踏み」もしない。しかし、株価も、そして私たちも、「あたかも」株価が係員であるかのように振る舞い、実際にそれを受け入れている。株価は客観的なものとして現れ、私たちの前に立ちはだかり、信じる、信じないにかかわらず、その現実を受け入れることを要求するのである。

あらかじめ計算の論理を示すことで、対象は、形式上は平等とされるものの上で機能し、最も不平等な場合でさえも計算可能にしてしまう。株式市場の千差万別の企業の頭文字を並べたリストのように、各企業の機能的、質的な違いは失われる。すべての交換を資本主義の価値観に還元することで、あらゆる種類の対象が等しく作られ、あるいは少なくとも比較可能となる。しかも、いったんこのプロセスが始まると、私たちの意識とは無関係に進行する。つまり「対象化は気づかないうちに行われてしまう」のである。[15] 要するに、商品の対象化は価値とそれに伴う労働を、同じ尺度で失ってしまう。その結果として得られる対象物は、もはやその対象物がどのように生まれたのかを知らされる必要もなく、計算可能なものになる。商品は、価値があたかも対象物の内側にあるかのように見せることで、魔法のような働きをする。そして、価値もまた、それを生みだした労働の「失われた量の幽霊」として現れるのである。

世界は、対象化の計算のために整えられてきた。そして、情報資本主義、統計学、アルゴリズムによって管理されている現代の世界は、この対象化の衣鉢を引き継いでいる。それらは賃金労働や商品の客観的な力に完全に取って代わったわけではないが、これらの計算力は資本主義のプロセスを管理し、維持し、再構築しているのである。[16] アルゴリズムは、金融的、社会的、科学的な相互作用の大部分を追跡し、処理し、構成する一方、統計学は、これらのシステムの形而上学的な基盤を提供し、個々の相互作用がどのように組み合わされ、計算され社会的な真実になるのかを説明し、正当化する。つまり、労働が資本主義の価値生産のための力を提供するように、統計はアルゴリズムによる対象化の力とその計算に必要な公平性を提供する。そして労働力の価値への還元は、市場という大きな社会的ネットワークの中でその計算の基盤を差し出すのである。

客観的形而上学

対象化は究極的には形而上学的なプロセスである。それは形而上学的な構造を物質世界に定着させるものであり、個々の商品のみならずアルゴリズムによって生産された出力さえも、他のすべてのネットワーク化された世界と接続するために、その特定の条件を「超越」するのである。マルクスは、この対象を「形而上学的なとらえ難い特性と神学的な微妙さに満ちている」と表現している。[17]さらにマルクスは、このプロセスの神学的な性質を明示し、次のように述べている。

そこでは、その繋がりは、人間どうしの明確な社会関係であり、人間の目には、物どうしの関係という幻想的な型をとって映る。一つの相似を、それゆえ、見つけ出すためには、私たちは宗教的世界の霧に包まれた領域に頼らなければならない。その世界においては人間の頭脳の諸産物が、命を授けられた独立した諸存在として現れ、そして互いに、人類と、両方の関係を結ぶのである。そのように諸商品世界においても、人間の手から生みだされたものがそうである。[18]

対象化とは「=」であり、ある意味では宗教的ですらある(マルクスがこのプロセスを商品の物神崇拝の根拠として用いていることからもわかる)。[19]対象は、それ自身の個々の存在を、グローバルな交換の世界と等しくみなす神秘的で形而上学的な仕事をし、使用価値(商品の有用性)と交換価値(市場での価値)の関係を保っている。[20]

宗教的な神秘と同じように、一度機械の設定がされ、あるいは、神学が具現化されると、新たな分析は、システムを確認するような結果しか得られなくなる。株価が下がるということは、企業の危機を示唆するものである。新しい科学的な発見は、世界に対する神の計画に統合することができるのである。物の価値を信じることは、システムを信じることとなり、この悪循環は、世界のありのままの姿の理解に基づく政治を複雑にしている。対象物とその価値が自然になったところで（例えば、タリースティックが借金を表していると同意された時点で）、ゲームは終了である。対象化はデフォルト［初期設定値］から始まり、関連する統計的参照クラスを定義することで世界を区切り、あるいは、エンジニアや企業は、アルゴリズムが成功したかどうかを判断するための利害関係を定義するのである。

このような理由から、本当は何が起こっているのかを示すための脱物象化の試みは、非常に困難であり、誰もが既に知っている馬鹿げたことを示すだけになりがちである。マルクスは「価値は、したがって、その説明を額に焼き付けるのではなく、むしろ、労働のあらゆる生産物を社会的な象形文字に変えている。後になって、人はその象形文字を解読し、自らの社会的生産物の秘密に迫ろうとする」と記した。(21) 多くの進歩的な批評家は、この象形文字を解釈する道を辿り、価値を生みだすシステムの本質ではなく、むしろ、この製品、あの製品の価値だけを追求する傾向があり、その後のすべての分析は、社会的世界の根本的な構造を問うには遅すぎる「後の祭り」と非難するのである。

これら脱物象化の試みは、一見自然に見える足元の地中に葬られたものを掘り起こす作業であり、そのプロセスよりも埋もれていたものの意味にのみ焦点を当てている。いったん対象化の型が作られ、対象物が事柄（それは、そうして対象物の事柄となる）を扱い始めると、その型内でハードコーディングされた［固定値を与えられた］前提条件の外で結論を出すことはほとんど不可能となる。たとえ対象化された関係の霞を見透かせたとしても、それが真実であるかのように振る舞わなければならない。これらの対象物は、貨幣の場合と同様、自身の関係の型を引き受けることとなる。つまり、紙切れに価値がないことは明らかだが、価値があるかのように振る舞うことが必要なのである。

対象化は設計されてはいない

この意味で理解される対象化は、厳密な意味でのイデオロギーでもなければ、政治の総体でもない。明らかに実社会の誤認でもなく、その誤認を正せばすべての不正がなくなるというものでもない。むしろそれは、思想、政治、社会的関係全般に、場所を持たない力を与える手段として機能している。政治学者のセドリック・ロビンソンは、著書『ブラック・マルクス主義』の中で、「資本主義発展の非客観的性格」を主張し、人種的資本主義に関して述べた第一章にこの副題をつけている。ここでロビンソンは、資本主義は、歴史的あるいは弁証法的な発展における決定的な法には従わず、特に資本主義が生産をますます合理化し、人種、ジェンダー、国家の古い偏見を取り除くのを確認できるような法律には従わないと主張する。同様に、奴隷制廃止論者のジャッキー・ワンは著書『カーセラル・キャピタリズム』の中で、現代の新自由主義国家の略奪的な暴力、特にアメリ力における黒人の大規模な投獄が、「市場の観点から「非合理的」な人種差別国家の不当な暴力の型」の一つをどのように構成するのかを述べている。[22] このような奴隷化から大規模な投獄までのさまざまな暴力の型こそが、発展において客観的に認められない性質を特徴づけているのである。ロビンソンは、「黒人をはじめとする第三世界の人々の間での革命意識の高まり」について、「進化論の連鎖、閉ざされた弁証法、唯物史観を打ち破った」と述べている。[23]

では、このような観点から、対象化について語ることはまだ可能であろうか。特に、資本主義の発展における客観的ではない性質（あるいは少なくとも要素）、あるいはワンの言う経済的な分析に適合しない、あるいはそれを上回る白人至上主義（およびジェンダー化された暴力）のサディスティックな要素を受け入れた場合どうなのだろうか。[24] まさにこの理由のとおり、対象化を間違った意識の型として理解しないことが重要になる。つまり対象化は修正可能で、（人種差別や性差別の場合に、歴史的進化を主張するある議論のように）資本主義が合理化する、あるいは合理化できる未来があると誤って理解しないことである。このように、対象化とは支配と暴力の合理化ではなく、むしろその抽象化において支配と暴力を定義する場所がないことを定義するものであり、先に述べたポストンの研究を呼びさますものである。したがって、対象化とは、通常理解されているような合理化ではなく、具体的な支配（例えば人種差別、性差別、帝国主義、階級搾取など）が抽象的な型に変換され、その起源や社会的要素がその客観的な仮面の後ろに消えていくようなプロセスなのである。[25]

YouTubeの推奨アルゴリズムに対する懸念の高まりは、このような動きの一例である。多くの評論家は、おすすめコンテンツが視聴者を反動的な陰謀論、特に極右、白人至上主義、女性蔑視の動画へ誘導する傾向があるとし、YouTube が事実上の過激化マシンと化していると指摘している。[26] このアルゴリズムは、反動的なコンテンツを表示するために設計されているわけではなく、より多くの広告を売るために視聴者に視聴を続けてもらうためのものである。アルゴリズムは、視聴者を過激化させることが最も効果的であることを「たまたま」発見したのである。つまり、できるだけ多くの広告を売ろうとする市場の「客観的」な法則に従っているのである。黒人研究とデジタル文化の学者であるラモン・アマロはこのようなシステムについて、「今日、私たちが経験するアルゴリズムによる偏見は、客観性の錯覚の下に隠された相関と階層の支配的な論理が具体化されたものである」と述べている。[27] このように対象化は、システムに内在する主観的な支配を処理し、そこから価値を引き出す新たな方法を常に模索し、結果としてそれを強化するものである。YouTube は、これらの客観的な法則に従うことで、人種差別や性差別のコンテンツを再生産し、強化し、さらには将来的にこのコンテンツから利益を生みだす可能性を高めている。広告販売の論理は、しばしばサディスティックで「非合理的」な要素を含んだ白人至上主義やその他の極右イデオロギーを再生産し、動機付けされる型と力を提供するのである。

これは、人種差別や性差別が資本主義一般に、あるいはこの場合の広告販売に、偶発的であることを意味するのではまったくない。確かにこれらの支配の型は、この例では利益の生産そのものを可能にしており、そして、広義の資本主義の例では、資本主義がその再生産のために必要とするさまざまな型の窃盗、搾取的で強制的な労働条件、ナショナリズムの恐怖などを支えている。要は、人種差別や性差別は、利益追求のための抽象化という或る種の機能を持たされてはいるものの、資本主義に還元されるものではないということである。さらに言えば、このことは、YouTube のアルゴリズムに抵抗や異議を唱えるべきではないということを言っているのではない。実際、このような事例を批判することで、抵抗の基盤となりうる別の対象化を想定することができるのかもしれない。

差別の根源や原因は、資本家の発展の前にも外にもあるのかもしれないが、市場の「客観性」はこの暴力に特定の型を与え、同時にその基盤を見極めることをますます困難にしている。さらに、物理的にもデジタル的にも人々をさらに隔離し、特定の人々が空間や資本にアクセスできないようにすることで、資本主義は具体的な支配を強化し、経済的にもその支配を推し進める。それは対象化されることで、このような人種的でジェンダー化された暴力の具体と抽象の型が相互に結びつくのである。つまり、対象化は、具体的な支配と暴力が抽象的な型で与えられ、そして再び具体的な型に変換される手段となる。しかし、それは今、その由来がないように見える力をもって起きている。これがまさにベイズ統計学の機能であることがわかるだろう。ベイズ統計学は、結果が暴力を伴うかどうかにかかわらず、世界についての主観的な信念を、客観的な力を持つ確率に変換する方法を提供する。要するに、ベイズ統計学の支持者は、「個人が何を信じるかは自由だが、私たちはその信念から価値を生みだす方法を示す」と唱えるのである。

このことより、二つの重要なポイントをあげることができる。第一に、対象化は、たとえ多数の暴力の型を作り、相互に作用するとしても、全体化するものではない。サディスティックで具体的な暴力の型は、対象化されていない型でも依然として社会を動かし、加害者が明確に特定できるものである（例えば、トランプ政権下に現れた者や、世界中で復活したナショナリズムなど）。第二に、本書では対象化の形而上学に焦点を当てているが、抽象的な支配は具体的な支配から切り離すことはできない。問題となっている抽象的な支配は「現実の抽象」であり、物質的な条件に依存し、生活や個人の生きる力に直接関わっている。さらには、具体的な支配は市場の動機に還元できないにもかかわらず、そのような支配は、投獄によって利益を得る民間企業からグローバルサウスにおける低賃金労働の搾取まで、資本を直接生みだすさまざまな収奪の手段を提供している。このように、資本主義への抵抗は、抽象的な観点のみで成功するものではなく、同時に具体的な状況を変えていかなければならないものである。

ビットコイン

対象化の機能は、タリースティックを二一世紀にアップデートしたとでも言えるブロックチェーンによく現れている。デジタル通貨ビットコインのアルゴリズムの一部として開発されたブロックチェーンは、オンライン取引を「客観的に」説明する多くの試みのバックボーンとなっている。この分散型ブロックチェーンは、世界中の何万台ものコンピューターで実行され、ビットコインのシステム全体を自動的に計算するアルゴリズムとして機能している。

ビットコインのアルゴリズムは、秘密鍵を持っていないと暗号化関数の計算に非常に長い時間がかかることを利用して取引を確認する。この膨大な計算時間に取引を確認する「マイナー［採掘者」」たちに報酬として通貨を与えることで、ブロックチェーンは理論上、自動的に取引を確認し、自己管理できるようになり、中央の通貨管理機関の必要性をなくすことができる。[28]この「プルーフ・オブ・ワーク」によって、膨大な処理時間と、それに伴う電力を使って可能な解決策を探すことで、失われた仕事の幽霊が「客観的に」何らかの価値を示しているように見えるのである。

ビットコインのテクノロジーによって予告された進歩には、ブロックチェーンがコンピューターで管理されることで、人間による監視や代理店さえも必要ないものとなり、多くの人が革命的な可能性を感じている。例えば最近では、信念という概念を一切排除した「クリプト政治」を提唱する活動家グループもある。その提唱者の一人であるP2Pファンデーションのスタコ・トロンコソは、「誰かが真実を述べたかどうかは、人間には知る術がない。これは、テクノロジーによってのみ検証できる。クリプト政治に参加する唯一の方法は、信念の体系の痕跡をすべて取り去って、確実に「真実」と言えるものだけを維持することである。(…) ブロックチェーンは、物理的な信頼枠を不変のコードに置き換えることで、この問題を解決する」と述べている。[29]

トロンコソのようなサイファー活動家は、割れるタリースティックの不変性のようなコンピューター符号の不変性こそが、ブロックチェーンのようなテクノロジーを信念の代わりにすることができるとする。しかし、ブロックチェーンが真に機能するためには、他の商品や、価値の代表的なものと同様に、人はやはり対象化された型を信じなければならない。したがって、暗号通貨の発展が革命的な変化をもたらすとは考えにくい。なぜなら、暗号通貨は結局のところ、現代資本主義と同じく、対象化された政治の上に成り立っているからである。一片の木の切り込みから数字や文字の秘密の文字列まで、タリースティックもブロックチェーンも、経済管理のシステムであると同時に、客観的な信念のシステムでもある。また、それは価値と同等のものとして扱われることを示している。この信念を受け入れたとき、あるいは信じなくてもその信念のもとで働く場合は、人は商品交換の世界に閉じ込められてしまい、そこでは失われた計算の幽霊に見守られるのである。他の人々がその価値を信じている限りは、ブロックチェーンが何も保証しないという認識さえも、ほぼ変えられないのである。

同様に、統計学——それは機械学習が世界に関する知識をアルゴリズムで生成するための操作論理である——は、認識論的な重みをもって神聖化されており、特定のデータを普遍的な法則と同一視するという一見不思議な能力（前章で説明した意味で）によって対象化を行っている。データとして示された社会的事実が、物理的世界の外に立ち、私たちの社会的存在を明らかにする形而上学的な真実へと客観的に変えられることは、私たちがそれを信じるかどうかにかかわらず、統計学を通して成り立つのである。

資本主義のもとでは、市場の対象化は悲惨で搾取的なものではあるが、だからといって、この客観的に忘れてしまえる型が、必ずしも否定的なものであるとは限らない。マルクスの『経済学批評要綱』を今一度見てみよう。マルクスは、機械による労働の対象化とその合理的な組織化や管理によって、必要な労働時間を短縮することができると主張している。[30] 資本主義は、労働をますます不必要なものにする。もし、資本主義社会を動かしている原動力、すなわち、労働が必要な、より多くの剰余価値を蓄積しようとする抽象的な原動力がなかったとしたら、個人を労働過程から解放することもできるであろう。このように、マルクスによれば、対象化の神秘は、労働を必要としなくなり、別の考え方ができるようになるという点で解放的であると同時に、資本主義が労働過程からより多くの剰余労働を引き出すことを可能にするという点で搾取的でもある。
これらの対象化の神秘は、明らかに資本主義（およびその他のシステム）の暴力や破壊に関与しているものの、また別の可能性を秘めている。評論家で理論家のフレッド・モーテンはランディ・マーティンの研究を参考にし、こう主張する。

余剰の生産物は、「社会的アイデンティティを具現したものとしての人種、階級、ジェンダー、セクシュアリティ」によって、それが生みだすもの、生みだされるものとともに、ここで再び大注目を浴びている。余剰物は、物の魔法そのものであり、その物神崇拝的な性格であり、神秘的な秘密でもある。その魔法は恐ろしいものである（…）しかし、余剰物の解放的な力、物の魔法は、それはまさに変容の中に確認できるのである。[31]

これらの神秘が、客観と主観の間、あるいは対象化と主観化の間に分け目をつけ、人種、階級、ジェンダー、セクシュアリティなどの境界線に沿って、異なる方法でさまざまなレベルの暴力をもって何を余剰価値とみなすのか、何を奪うのかを決定するのは、まさにこの点にある。モーテンにとって、このプロセスには他の可能性、特に潜在的に解放的な可能性が潜んでいるのである。対象化の過程において、危険で潜在的に抑圧的なものとなりうるのは、その形式的な構造ではなく、特定の、特にそれらは目に見えない、社会関係、債務、勘定、取引、そして客観的になった事実に私たちを拘束する力である。特に、それらが抽象化され、独占的になり、巨大なスケールで運営されるようになると顕著である。このような忘れられる力、そして対象が私たちのために考える能力は、必ずしも否定的なものではなく、むしろ可能性に満ちているのかもしれない。しかし、このような解放のプログラムが効果的なものであるためには、交換の形而上学の表面的な効果や手段、すでに決定されたことを解釈することにとどまらず、むしろ、交換と対象化の根本的な構造を、アルゴリズムの対象に委ねられている社会関係とともに変えていかなければならない。資本主義が私たちに残した神秘を単に修復しようとするのではなく、新たな神秘を創造すること、これが革命的数学の課題なのである。

第2部　頻度主義の知識の約束

挽き臼の女たちよ、挽くのをやめよ。

夜明けを告げるニワトリの鳴き声が聞こえても、遅くまで寝ていよう。

女神デメテルが精霊たちにおまえたちの代わりをするよう命じたからだ。

精霊たちは車輪の上に飛び降りてその軸を回し、回転するスポークでナイシリアの重い凹型の石臼を回すのだ。

働かずして女神デメテルのご馳走をいただくことを享受できるようになれば、ふたたび黄金時代が訪れるだろう。


テサロニカのアンティパトロス『水車小屋』

第4章　死んだ魚は神を信じるか？

アルゴリズムシステムは、統計学と確率論を通して私たちのために考える。しかし、その際、機械学習アルゴリズムは、選挙の予測や、再犯率の評価、消費者へ見せる最適化された広告に見られるように、世界を描く確率のステートメントしか生産しない。そして、確率論の数学は比較的わかりやすく、通常は機械的な手順で計算することができるのに対し、確率論の示す究極の意味は、周知のごとく曖昧である。今日、その力を理解するためには、その形而上学と歴史を二〇世紀までさかのぼる必要がある。

一般的には、人々は確率を理解するのに苦労する。日常生活の中では、天気予報の解釈がそれにあたる。[1] 最も混乱するのは、ある確率の示すものがどのような事象を指すのかという問題である。例えば、「六〇％の確率で雨が降る」という表現は、対象地域の六〇％が雨になると解釈されたり、逆に対象時間の六〇％が雨になると解釈されたりする。降水確率（ＰｏＰ）の正しい定義は、ある場所でその選択された場所に雨が降る確率である。

数学的には、ＰｏＰの定義は、予報地域で測定される降水が発生する確率に、予報地域全体の降水の割合を掛けたものである。[2] 九〇%の確率で、ある一部の地域に雨が降ると予想され、その五〇%の地域にしか降らない場合、PoPは四五%となる。これは、ランダムに選ばれた場所の降水地域に入る確率が二分の一で、その地域に雨が降る確率が九〇%であるからだ。それらを掛け合わせて、四五%の確率となる。

しかし、数学的に整理されていても、確率が実際に示すところは何かということは、科学コミュニティの間でさえまったく明快ではない。[3] まず、確率が〇%でも一〇〇%でもない限り、確率論的予測は最も基本的な観点から反証不可能とされている。気象学者のラモン・デ・エリアとルネ・ラプリスは、「大気の特性を考慮することなく、〇%から一〇〇%の間の数字を出すだけで、誰でも明日の降水確率を予測することができる。根拠のない意見を数値化しただけのこの予報に対して、間違いを証明することは不可能である」と述べている。[4]

さらに、明日の天気を予測するとき、雨が降るか、降らないかという現実には頑なに経験に基づいた定数がある。形而上学的な意味で、量子力学の複雑な世界を除けば、「確率論的な事象」というものは存在しない。これは、統計学者イェジ・ネイマンが信頼区間についての有名な説明で結論づけている。「この特定の事例において、真の値がαに等しい確率を述べることができるであろうか。答えは明らかに否定的である」。[5] この発言が悲観的に聞こえるのは、単に真の値がαに等しいか、そうでないかのどちらかだからである。

このように、確率論は、統計学をはじめとする多くの科学分野で重要な役割を果たしているにもかかわらず、実際に確率が何を意味するのかについてのコンセンサスは得られていない。アメリカの統計学者レナード・サヴェッジは、統計学における確率論の性質を「統計学が何らかの形で確率論に依存していることは、誰もが認めるところである。しかし、確率論とは何か、それがどのように統計学と結びついているのかについては、バベルの塔以来、これほどまで意見が完全に対立し、会話の断絶が起きたことはない」とうまく表している。(6)

数学者、科学者、統計学者が、確率の等式を計算することには長けている一方で、その根底にある確率そのものが一体何を「示す」のかという問題は、複雑な形而上学的課題として残っている。数学者のアンリ・ポアンカレは、これらの問題は形而上学的な観点と数学的な観点の二面で機能すると主張している。彼は「すべての確率論の問題は二面での研究を含む」とし、続けて「一つは、言わば形而上学的なもので、あちこちにある慣習を正当化することであり、次に、これらの慣習に微積分の規則を適用することである」とした。(7) 多くの点でこの二つは共に進化し、変化してきたが、形而上学的な解釈は、数学的に何が可能か、そして数学をどのように理解するのかを定義することが多かった。

確率論が使用され始めた初期は、「起こりそうなこと」という言葉は、根拠に基づいて証明されるという意味であった。ある事象や結果の可能性が他よりも高いという意味で使われるようになったのは、一七世紀になってからである。(8) この意味合いの変化に伴い、数学者は確率の計算を大幅に進歩させたが、当初はコイン投げ、サイコロ振り、あるいはカードの山からランダムに引くことなど、結果が同様に起こりうる事象に主眼を置いていた。このような場合、確率は個々の測定可能な状態から自然に生まれてくる。例えば、コインは表か裏かのどちらかでしかないし、サイコロの目は常に整数で、普通は一から六である。これらの確率は、基本的な割り算で計算することができる。

このような確率論に対する理解は強力で、そして、その勢いは、等確率ではない事象の計算さえも可能にした。このような場合、計算の基本単位、つまり一枚カードを引くことは等確率であると考え、等確率ではない事象の確率（スートや絵札を引く確率）を計算することができる。この方法が可能になるのは、トランプの世界が閉じていて、スートや絵札が特定の既知の割合で配分された五二の有限の状態で表されるからである。一七世紀から一九世紀にかけて、確率の計算には大きな進歩があったが、この古典的な理解は比較的単純であり、個々の用途にしか使えなかった。この手法には重要な概念上の限界があった。それは明日がある一定の気温になる確率のように、閉じていないシステム、物理的に対象でないシステム、最初から同じように起こりうる結果に基づいていないシステムを考慮していなかったことである。

このような限界を踏まえて、一九世紀後半の研究を基に、二〇世紀に入ってからは、「頻度主義」と呼ばれる確率論が主流になった。頻度主義者にとっての確率論とは、理想より経験的なものであり、同じように起こりうる事象の比率（例えば、二回に一度は表が出る確率）ではなく、物理的なシステムの長期的な頻度によって表されるものであった。頻度主義では、何百回もコインを投げて六〇％の割合で表が出るとすると、表が出る確率は六〇％となる。この新しい長期的な定義は、統計学や確率論に大きな進歩をもたらす理論的空間を開いた。そして頻度主義は、「公平」ではない（例えば非対称な）コイン、あるいは気温などのシステムの確率を理論的に正確に説明できるようになり、数学者は「同じくらいの確率」という理想的で限定的であった必要性を超えることができた。

これらの定義（同じように起こりうる事象としての確率、または長期にわたる頻度としての確率）の意味するところは、確率の意味を理解することが、最終的にこれらの計算でできることと、その結果にどのような意味を持たせるかの、両方の限界を決定するということである。

確率論の形而上学と数学に加えて、ポアンカレの確率論問題の構成には、経済という第三の観点を加える必要がある。ここで、「生のデータなど存在しない」と主張する学者たち、つまり研究者が扱うデータは、できる、あるいはすべき計算に直接影響を与えると主張する学者たちに耳を傾ける価値がある。(9) どのようなデータが利用可能で、実行可能とみなされるのか、そのデータがどのように実験に組み込まれるのか、したがってその実験がどのように知識を生みだすのかということは、知識を生みだすというインセンティブが、結果を大げさに表すよう促し、極端に意図的な不正行為にも繋がるため、国家、社会、科学者の経済的ニーズにより汚されてしまうのである。査読付きの学術的な科学の生産は、経済的な力学が作用していることを示す特にわかりやすい例である。

fMRIのバグ

二〇一六年五月、『米国科学アカデミー紀要』に、過去二五年間に行われた多数の機能的ＭＲＩ（ｆＭＲＩ）研究に疑問を投げかける論文が掲載された。ｆＭＲＩは、現代の心理学や脳科学で用いられる主要なツールで、これにより研究者は人間の脳のどの部分がさまざまな刺激に反応するのかを確認することができる。これらの機械は、血液中の酸素濃度の局所的な変化を検出する脳内の磁気の変化を測るものである。

ｆＭＲＩの解析では、酸素濃度が高いほどニューロン（神経細胞）の活動が活発になるとされている。しかし、ニューロンのランダムな活動、被験者の動き、検査機器の感度などのノイズ源により、酸素の検出量が増加してもニューロンの活動に直接変化があるとは限らない。このような研究結果を、脳の活動の明確な表現と鵜呑みにする科学者もいるかもしれないが[10]、ｆＭＲＩの各実験は、確率の計算に直に依存する。特に、観察された結果が偶然ではなく、何らかの意味のあるメカニズムによるものである場合の確率には注意が必要だ。

ｆＭＲＩの各実験では、ニューロンの活動が集中しているクラスターを探す。しかし、常に存在する背景のノイズを避けることは現実的に不可能であるため、あるボクセル群（「容積測定の」三次元の画素）が活動のクラスターとしてｆＭＲＩの出力にランダムに現れることがある。比較の回数が増えれば増えるほど、ランダムな偶然が有意に現れる可能性が高くなる（一人の人間の宝くじに当たる可能性は非常に低いが、誰かしらが宝くじに当たる可能性は高いのと同じ理屈である）。ｆＭＲＩ検査には非常に多くのボクセルが含まれているため、誤った相関が発生するリスクは、特定の分析における計算回数に比例して増加するのである[11]。

測定可能な現象に対し、一〇〇万回の統計的検定を行うと、実際には意味のないものが意味のあるものとして現れる可能性がほぼ確実に存在する。たまたま、相関関係が発見されるのだ。ｆＭＲＩデータを扱う伝統的な統計手法では、このような誤差の可能性を数学的に補正しようとするのだが、ここ何十年かのｆＭＲＩ研究に疑問を投げかけたその論文は、主要なｆＭＲＩ解析ソフトウェアのほとんどが、このような誤差を十分に補正していないことを発見したことに基づいている。実際、あるｆＭＲＩソフトには統計的有意性を過大評価するバグがあり、一五年間も気づかれていなかった。このようなソフトウェアや方法論の誤りにより、活動的なボクセルの集まりを神経活動と誤認してしまう、いわゆる「クラスター障害」のリスクが高くなっていた。(12)

「クラスター障害」のリスクが高いことを詳細に説明した研究では、知的作業を伴わない健康な患者のデータが採取された（例えば、被験者はスポーツすることを想像するよう、あるいは以前の出来事を思い出すよう求められた）。そして、患者をグループに分け、脳の活動の違いを調べた。これらの研究者は、標準的な有意差のしきい値である五％（あいまいなこの概念は次章で詳説する）を使用した。研究者は、グループ間比較の五％に、グループ間で有意差が現れるだろうと予想するが、予想外に多くの偽陽性が見つかり、最大で七〇％の比較が誤って統計的に有意な結果を生みだす結果となった。

二〇一六年の論文が広く読まれた後、多くの一般誌が、数十年にわたる科学研究は無効であったとする驚きの見出しをつけ、その調査結果を発表した。英『ガーディアン』誌は、「ソフトウェアのバグは、何十年にもわたる脳イメージの研究を無駄にするのか」と投げかけた。『インターナショナル・ビジネスタイムズ』誌は、「一五年の脳研究、ソフトウェアのバグにより無効に。スウェーデン科学者が発表」と報じた。さらに、ニュースサイトのZDNetは「ビッグデータはバッドデータ」とパンチの効いた見出しを付けた。(13)

後に、方法論的な失敗をめぐるショックが収まった頃、ジャーナリストたちは、はるかに冷静に、そして科学的に合理的な手法をとった。後の記事では、この問題はｆＭＲＩ研究のごく一部にしか当てはまらないことを指摘している。[14]「クラスター障害」論文の筆者の一人でさえも、論文の誇張された部分を軽減するため、最初の論文に編集を加え発表しなおした。しかし、よりセンセーショナルな主張の方が部数を伸ばしたり注目を集めたりする点で有利と判断したのか、同誌は変更を断ったという。

この「クラスター障害」問題をめぐる議論は、現代の科学知識の生産における確率の使用において、いくつかの重要な問題を提起する。統計的推論の基本的な課題と、それに伴う確率的な評価に基づく現代の科学や知識生産の多くは、統計的に「確かに」何かを知ることはできないということだ。研究者たちは最終的なステートメントよりも、偶然の産物と言える主張と、実際の因果関係のあるメカニズムによる主張を分けようとする。しかし、非統計的な知識とは異なり、統計的分析では、公に有意なレベルで観察されたことが、単なる偶然の結果であるという可能性に常に直面するのである。

二〇一六年の「クラスター障害」論文以前からも、先行研究ではfＭＲＩ統計手法の構造的な問題が指摘され始めていた。最も詩的な例は二〇〇九年のものである。当時大学院生だったクレイグ・ベネットは、死んだサケを実験台にしてfＭＲＩ装置に入れ、感情的になっている人間の写真をサケに見せた。ベネットは、死んだサケに、写真の中の人間がどんな感情を抱いているかを想像するよう指示した。その結果、死んだサケの脳の一部が画像に反応して光っていることが、多重検査の補正なしで明らかになった。この結果は、死んだサケが何かを考えていたということではなく、fＭＲＩが拾ったランダムなノイズが統計的に有意に現れたということだと思われる。しかし、ベネットの計算だけでは、あるいはデータだけでは、魚が考えていたかどうかを確かに「知る」ことはできないのである。

機械学習やアルゴリズムを介しあらゆるところに統計学が埋め込まれている今、私たちはこれまで以上に死んだ魚の思考を目にすることになるかもしれない。ほとんどの統計学の研究では、研究者は世の中に出れば、「最も可能性の高い説明」という不確実性が「明らかに」という確実性に取って代わるようなさまざまな修飾語に頼っている。だが、政府の決定や検索結果で目にする統計には、そのようなニュアンスを感じることはほとんどない。もしかしたら、私たちの現状の課題、当てにならない理解は、「ヨナ書」のもう一つの魚の話とそれほど遠くないものかもしれない。その魚は人間の思考の複雑さや、少なくとも人間を食べたことによる不快感について何かを知っていたに違いない。

ヨナと大きな魚

聖書に示されているように、神はヨナにニネヴェの町に行き、人々に罪の重大さを警告し、懺悔をするよう命じた。しかし、ヨナは神の命令に従わず、船に乗り神から逃れた。とたんに船は大嵐に見舞われ、ヨナと異教徒の船員たちは危険にさらされた。誰の神が怒ってこのような嵐を起こしたのかを知ろうと、船の乗組員はくじ占いに頼った。「さあ、占おう、誰のせいでこの災いが我々に降りかかっているのかを知るために」。そこで皆はくじを引き、そのくじはヨナに当たったのだ。(15)

ヘブライの神は、この特別なくじ引き（現代のコイン投げ、あるいはサイコロ振りのようなもの）によって、偶然、つまり神の意思の表明をとおし、ヨナと船の乗組員に語りかけたのである。ヨナは船員たちに、自らを海に投げるように促した。その直後、ヨナは大きな魚に飲み込まれ、その腹の中で三日三晩過ごすことになる。ここでは、偶然が実験結果を無効にしたのではなく、逆に、嵐の原因と神の意志を証明したのである。現代の実験では、結果が偶然によるものであれば何も語られることはないが、しかし、ヨナの場合は、偶然こそが世界の真実を直接物語るのである。

ここでは、現代の統計学の合理的で経験的な手法をとることは、たとえ解釈が根本的に変わったとしても、何千年も前の神学的な偶然性の理論からそれほど遠くないことがわかる。ベネットはこの実験で、死んだ魚が共感して世界の一部になれるかどうかを確かめるため、魚の頭の中で一〇万回のくじを引いた。そして、偶然にもこの死んだ魚は科学者に対し、魚が世界の一部であることを知らしめたのである。

統計学者は計算上、有意とするしきい値を、ランダムなゆらぎを無視するのに十分なだけの高さに設定できることを願っている。くじ占いによって世界に語りかける神を黙らせるためである。しかし同時に、しきい値を高くしすぎてはならない。自然はかえって無言になり、統計的分析の深みから出て、その秘密を明らかにすることができなくなるからである。ランダムなゆらぎの中の真実を聞き取ることと、時計のように進むはっきりと測定可能な自然の姿を無視することとのその間のギリギリを、統計的に確立された科学は行き来しているのである(16)。

神が偶然を介して語ることをやめたのは一七一〇年のことで、代わって偶然が神と対立するようになった歴史的瞬間である。この年、スコットランドの医師ジョン・アーバスノットは、『神の摂

理についての論議　男女の出産比率は常に規則正しいことからの考察』という短い論文を発表した。[17] 一六二九年から一七一〇年までのロンドンの洗礼式のデータを用いて、毎年男性の出生数が女性の出生数を上回っていたこの時代に、アーバスノットはこの結果が偶然に得られる可能性を計算したのだ。仮に男女比が同じであれば、今後八二年間一貫して男性の出生数が多い状況が続く確率は、ほぼ五兆分の一（二分の一を八二倍したもの）という極めて低いものになる。[18]

アーバスノットは、このわずかな確率が、単に出生率の違いを示すだけでなく、神の摂理の存在を示す証拠になると考えた。もしも男女の出生がランダムな分布にならないとすれば、何か別の因果関係があるはずで、それは神が世界に働きかけているに違いないと結論づけたのである。アーバスノットの「論議」は、仮説を統計的に検証した最初の一つの例である。神が偶然によって語るのではなく、アーバスノットにとっては、統計学は「偶然がない」状態でのみ神に語ることをゆるしたのである。

このように、偶然が何らかの真実を語っているという長年の信念とは対照的に、仮説検定の出現は、その真実を語る能力が逆転したことを意味している。光るサケの脳のように、もし偶然に人が見たものと同じ結果を生みだせる力があるとすれば、目撃されたものは、世界の本質について語っていない可能性もある。他方で、ある事象が一〇〇〇分の一の確率でランダムに起こるような、偶然だけではまったく起こりえないことが計算できれば、人は実際に、自然の営みを目の当たりにしているという確信を深めることができるだろう。くじ占いが人間の道具の言うことを繰り返すのであれば、研究者は最初の仮説を否定し、別の実験や理論に移るべきなのである。

ヨナの話に戻り、魚とくじの事実を超えて、その預言者は統計的、それゆえにアルゴリズム的になる知識を苦しめる中心的な問題の一つに突き当たった。その問題とは、研究者や一般人はこれらのインサイトをどのように使用するのか、知識を得た結果何ができるのかというものだ。神の介入を祈った後、ヨナは魚から吐き出され、再び神からニネヴェに行くように命じられる。「ヨナはその町にはいり、初め一日路を行きめぐって、四〇日を経たらニネヴェは滅びると泣き叫びながら訴えた。そこでニネヴェの人々は神を信じ、最も偉大な者から弱い者まで断食をふれ、袋布を身につけた」[19]。ニネヴェの人々は神を信じる。人々は悔い改め、断食し、袋布を着る。ニネヴェの王でさえ、灰をかぶって座り断食する。偶然を信じていたにもかかわらず、神がニネヴェを滅ぼすという約束を撤回されたことにヨナは怒りをおぼえる[20]。預言者というよりも異教徒のようなヨナは、神の慈悲に動揺する。ヨナは腹の中の試練を経て、ニネヴェの滅亡というヨナに伝えられていた預言を目にすることはなかったのである。

ヨナは、今日では、馬鹿げた頑固者のように思われるかもしれない。トロイ陥落の予言を無視されるという呪いをかけられたカサンドラとは違い、ヨナは信じられ、ニネヴェの人々は悔い改めた。しかし、ヨナは信じることよりも正しいことを望んだ。ヨナは、懺悔を受け入れ、ゆるし、異なる未来を開いてくれるかもしれない誰かよりも、一つの未来を予言し実行する頑固で揺るぎない神を好んだのだ。もしビッグデータの時代にヨナが魚の口から吐き出されたとしたら、ヨナはおそらく信仰を捨て、予測アルゴリズムと歴史の鉄則の神を信じるよう改宗するであろう。ヨナは自発的な革命論のテーマを放棄し、マルクスの有名な格言「哲学者は世界をさまざまに解釈してきたにすぎない。しかし、要点は、それを変えることである」[21]という哲学者の側を好むのではないだろうか。

偶然を信じながらも、あるいはその逆で、偶然が仮説を否定することになる仮説検定の場合、私たちはヨナと同じ立場に立たされることになる。危機を免れたことは、予測の力を物語っているのか、それともその力そのものを否定しているのか。予測アルゴリズムの成功は、私たちの政治、社会システムを再構築することの不可能性を物語っているのか、それとも逆に、この部の冒頭で引用したアンティパトロスの信じる、人類が要求するように見える、不公平な労働から人類を解放してくれるという女神デメテルのまだ実現しない約束の手段を教えてくれるのだろうか。[22] 最終的には、私たちが確率に与える形而上学と解釈、そしてそこから発展する統計学と機械学習アルゴリズムが、人類にこの知識を使って何ができるのかを決定するのだ。

さて、話を死んだサケに戻そう。このサケは、私たちの理性のためにも、死んだままであることを真に願う。死んだ魚が、共感することができるどころか考えることができると信じるのは明らかに馬鹿げている。現在では統計手法のどこに問題があったのかが明らかになっている。解析のために行われる膨大な数の計算が、偽の相関関係を発生させる危険性をそれに比例して増大させていたのだ。科学者たちは、この多重検定の失敗や同様の誤りを、現代の学術的な科学ではいまだに何度も繰り返している。このような概念があいまいであること、そして、ある観測結果が偶然の産物であるという限りなく小さな可能性に対して確率のステートメントが公開されることで、数々の経済的、物質的な現実がこれらの過程に介入する余地があるのである。

研究室やｆＭＲＩ装置の外、しかし、日々の予測アルゴリズム世界の内側ではないところでは、これらの概念の不安定さは絶えず作用している。確率（および偶然）が、神の存在を示す印から神の不在を保証するものへと変化していく中で、確率は、その懐疑的な力と神秘、つまり、偉大な真実を明らかにする能力と同時に、私たちを無根拠で不確かなままにしておく能力に向き合わせるのである。[23]人は確率によって不確かな世界を理解することができるが、同時に、この不確かさが持つ形而上学的な意味合いにもさらされることになる。

アルゴリズム、統計学、偶然、推論の神秘は、どれも厄介な問題である。しかし、論理と算法が私たちの現状の中心にある間は、問題は問題のままである。偶然と知識生産をめぐるこれらの問題を完全に解明するためには、近代の統計学において確率論が示すものがどう発展してきたのかをたどる必要がある。私たちは統計学の形而上学的な基盤と、統計学が機能する政治経済の両方、つまり密接に結びついている二つの側面について説明しなくてはならない。そうすることで、特に、現代資本主義の要求に委ねられた場合には、統計的に生産された知識の可能性と課題の両方について洞察を得ることができるであろう。

第5章　帰納的確率論、行動科学、頻度主義の崩壊

ロナルド・フィッシャーは、イギリス東部のロザムステッド農事試験場で統計学者として農業研究に従事しながら、仮説を検証するための厳密な方法を決める実験計画の仕組みを開発した。重要な点は、前章で紹介したジョン・アーバスノットの直感、つまり、ある結果を偶然だけで説明できないということは何か他のメカニズムが働いているという証明になるということを反映したものであったという点である。フィッシャーは、この作業の中から、急成長する統計解析の分野で影響力を持つ二冊の本を出版している。一九二五年の『研究者のための統計的方法』と一九三五年の『実験計画法』である。フィッシャーはこの二冊の中で、現代の科学研究の大部分を占める中心的な課題に取り組む研究者の支援を目指した。それは観察された違いが単なる偶然ではなく、実験条件によるものかどうかをどう判断するのかという課題である。

フィッシャーは『実験計画法』の中で、ミュリエル・ブリストル博士とミルク入りの紅茶の事例を紹介しているが、これはフィッシャーが「ミルクティ論争」と呼ぶ実験である。一九二〇年代、ロザムステッドの試験場でフィッシャーの同僚であったブリストルは、カップに最初に入れたのが

紅茶かミルクかを味で見分ける能力があると豪語していた。同僚からは検定に関する質問が上がったが、しかし、これは一見簡単そうに見えて、実は複雑な問題である。ブリストルにミルク入りの紅茶を出し、紅茶とミルクのどちらが先に入れられたかを尋ねた場合、ブリストルは単純に予想し、その予想が正しい可能性は五〇%である。ということは、正しく識別できたとしてもブリストルの能力を証明することにはならない。これはまさに、統計的検定が解決しようとする課題である。そこで、フィッシャーはブリストルの主張を実証するために、ある実験計画を立てた。

フィッシャーは次のような解決策を提案した。八個の紅茶カップを用意し、四個はミルクを先に入れ、四個は紅茶を先に入れる。順番をランダムに置きかえ、ブリストルにミルクを先に入れた四個のカップを特定してもらい、ブリストルがカップ同士を比較できるようにする。フィッシャーの計算によると、正解と不正解の組み合わせは七〇通りあり、すべて正解する確率は七〇分の一、つまり約一・四%［1÷70=0.01428となるため］となる。それに比べ、ミルク入りの四個のうち、三個以上を正しく予想することができる組み合わせは一七通りあるので、二五%近い確率で正しい予想ができる。このような確率を考えれば、ブリストルが四個のカップすべてを正しく選択すれば、紅茶がどのように入れられたかを真に判断できると認めることができそうである。フィッシャーは実験の結果を報告していないが、二次資料によると、ブリストルはすべての紅茶カップを正しく選んでいるそうである。(1)

私たちは、ブリストルの能力は九〇%の確率で正しいだけ、あるいは、無作為に予想するよりもわずかに良いだけというシナリオも考えることができるが、それはブリストルの能力の検出をかなり複雑にする。このような場合、フィッシャーは、準備されたカップを見分けるという不完全な能力を検出するために、カップの数を増やす必要があるのかもしれない。[2] しかし、フィッシャーは、偶然の可能性を減らすためにブリストルに何千杯もの紅茶を出すことはできても、偶然の可能性を完全に排除することはできない。確率が一〇〇万分の一になったとしても、なかなか消えない〇・〇〇〇〇〇一%の偶然が不滅であることを示す記号、つまり確率という永遠の存在が常につきまとうのである。

p値について

偶然は決してなくならないとはいえ、それでもやはり統計的手法は、世界について価値のある主張をするためには、偶然があることを実際に宣言しなければならない。ここで、有名なp値あるいは確率値の概念について触れよう。[3]「ミルクティ論争」の場合、p値は〇・〇一四と表示される。仮に、ブリストルがでたらめに予想したとしても、すべてのカップを正しく当てる確率は一・四%である。この値の計算は、ピエール・シモン・ラプラスやカール・ピアソンなどの統計学者が何世紀も前から行ってきたのだが、最終的にはフィッシャーがこの計算を普及させ、現代の仮説検定における重要性を強調した。p値は、フィッシャーの提案もあり、科学的に妥当とされる主要な指標の一つとなっている。フィッシャーが、p値が五%を超える結果は有意ではない、あるいは偶然によるものである可能性があると考えるよう勧めたことでも有名である。

実験者にとって、五%を標準的な有意水準とすることは、通常かつ便利なことであり、その意味で、この基準に達しない結果をすべて無視する覚悟があるということであり、この手段によって、偶然の原因が実験結果に持ちこんだゆらぎの大部分を、さらなる議論から排除することができる。このような選択では、偶然の影響のすべてを排除することはできない。[4]

フィッシャーの否定的な主張は、〇・〇五を超えるp値の計算結果は有意ではないと考えるべきだというものだが、心理学から農学まで多くの分野では、〇・〇五以下の結果は有意であると考えるべきとする肯定的な逆の意味に解釈されている。この違いは、たいしたことはないようで、意味論に関したことのようにとれ、実際、多くの科学者がそのように扱っているが、実は非常に大きな意味を持っている。仮説検定におけるp値の誤った使用について指摘したある科学記者は、「仮説検定のための統計的手法には、(…) Facebook のプライバシーポリシーよりも多くの欠陥がある」と述べている。[5]

統計的有意性を保証するp値の誤った使用と、それゆえp値が科学実験の結果を理解するための手段となっていることは問題視されており、米国統計局(ASA)は、「統計学コミュニティの広範なコンセンサスに従い、定量的科学の実施または解釈を改善する」ために、「p値の適切な使用および解釈の基礎となるいくつかの広く合意された原則を明確にする正式な声明」をはっきりと公表するに至った。[6] ASAはやや控えめな口調だったが、この声明は、統計学のコミュニティが広義の科学コミュニティに対してはっきりと強力な反論をしたものであった。

フィッシャーの本来の意図は、〇・〇五以下のp値は、科学的事実の確立のためではなく、さらなる研究の呼びかけとしてのみに使用することであった。しかし、現在では、このような結果が公開するに値する証拠とされてしまうことが多々ある。フィッシャーの時代から現在に至るまでには長い歴史があり、その一部を以下に紹介するが、このような変化をもたらした主な要因の一つは、統計学を科学的な真実の決定のために、簡単に従うことのできる一連の手順にしたいという願望であった。本質的には、この分野の創始者（そして現在の多くの統計学者）が思い描いた解釈のためのツールではなく、自動化できるものにしたかったのである。(7)

現代の統計学は、多くの点で自らの成功の犠牲となっている。さまざまな種類のデータを評価できる統計分析は、まったく新しい小規模な産業を構築するための認識論的な基盤を提供してきた。例えば、多変量解析された集計データセットを用いて選挙を予測したり、あるいは、国内ジャーナリズムの意味論の解析に加え、各国のマクロ経済指標を調べて内戦の予測をしたりすることはよく知られている。(8) しかし、安価で気軽に利用できるコンピューターパワーの成長と、巨大なデータセットが入手できる機会が広がっていく中で、p値の低い統計結果は、批判的な考察の必要性を拒んで、依然として相関関係が事実となったことを肯定的に立証するものとして使用されている。選ばれたデータセットに基づいた暫定的な数学的出力ではなく、ほとんどの場合正しい相関関係の出力が真実として扱われている。

統計学の基礎となる複雑な哲学的議論に関わるよりも、ほとんどの統計学の利用は、根本的な対立を無視し、代わりにこれらの方法が、職場の同僚から雑誌編集者、科学記者まで万人に広く受け入れられていることに賭けている。[9] だが、フィッシャーはもっと慎重であった。「ミルクティ論争」の実験を行うにあたり、当時としては斬新な方法、帰無仮説を立てることを勧めたのである。つまり、測定された二つの現象間には何の関係もない、あるいは、測定された変数について二つの集団が同じであると宣言するという（例えば治療群と対照群の生存率がともに同じであるとする）一般的な考え方である。つまり、帰無仮説とは、実験が証拠を見つけるために設計されているものであり、実験の成功とは、帰無仮説を否定することである。

しかし、現代の統計学入門の授業で通常教えられているのとは反対に、フィッシャーは、「対立仮説」の作成を提案していない。対立仮説とは、帰無仮説に対し機能的に反対（ヘーゲル的に言えば、否定の否定）が実験の成功を意味するのである。フィッシャーは、「すべての実験は、帰無仮説を反証する機会を事実に与えるためだけに存在すると言える」と断言している。[10] 例えば、紅茶を入れる順番を見分ける能力があるように、仮説の証拠を見つけることはできても、しかし、フィッシャーにとっては、これは曖昧であるため不適格な仮説となる。[11] フィッシャーの実験計画では、観察されたものを偶然だけで説明できる可能性を否定する証拠をひたすら集めるのみなのである。

哲学的に言えば、フィッシャーの統計的推論の理論は究極には違いの理論である。統計作業の基本の考え方は、二つの集団が異なるかどうかということだ。医学の場合、研究者は新しい治療法が結果を改善するかどうかを知りたいので、（薬効のないもの［プラセボ］を与えられた）対照群と治療群の間の差を検出しようとする。「ミルクティ論争」の場合、フィッシャーは、ミルクと紅茶のどちらを先に入れているかというブリストルの予想が、無作為な偶然と異なるかどうかを知りたかったのである。このように、実験によって表れた差は、ブリストルの違いがわかるという能力の証拠となる。

フィッシャーのこのような違いへの根底的な思い入れは、初期の農業研究にまで遡って確認できる。そこではさまざまな栽培方法、異なる植物種、異なる気候の違いを明らかにするために、フィッシャーは他の研究者と共に取り組んでいた。この作業では、どこを見ても違いばかりである。そのため、フィッシャーにとっての研究とは、違いがないという帰無仮説を否定することに他ならなかった。このような枠組みでは、科学の主な役割は因果関係のメカニズムを理解することではなく、二つの集団がどのように異なるのかを確認することになる。フィッシャーにとって、データから導き出される普遍的な法則とは、違いの存在なのである。

フィッシャーと人種と違い

一九二五年に出版された『研究者のための統計的方法』に続いて、一九三〇年に出版された『自然選択の遺伝学的理論』は、遺伝学とダーウィン進化論を結びつける最初の試みの一つとなった。[12]フィッシャーが進めたこの研究は、ひどく人種差別的なものだった。出版後まもなく、フィッシャーはロザムステッド農事試験場の農学の世界を離れ、ロンドン大学の優生学部門にて初めての学術的な職に就いた。フィッシャーは『自然選択の遺伝学的理論』の最後の三分の一を使って、優生学の理論を展開している。特に、上流階級の出生率の低下による「文明の衰退」などの考えを扱う「集団遺伝学」という新しい分野について説明している。[13]さらに忌々(いまいま)しくは、第二次世界大戦後、多くの科学者が優生学の推進から手を引いたときでさえも、フィッシャーは多くの優生学の理論を研究し続ける姿勢を見せていたのである。

一九五〇年、国際連合教育科学文化機関（ユネスコ）は、科学者たちを招集し、彼らが「人種の本質」と呼ぶものについての声明を作成した。これは科学やその他の試みを、さまざまな人種差別的立場から遠ざけることが意図されていた。この声明では、人種の違いが科学的に証明されていないこと、仮に将来そのような違いが科学的に証明されたとしても、社会や政治にとってその違いは道徳的に無意味であることを理由に、人種の違いという概念は破綻しているとされたのである。

現時点では、「人種」の間に、文化的環境によって生じる以外の知能や気質の違いが存在することを証明することはできない。もし明日、より正確な検定やより徹底した研究によって、「人種」というものが実際には異なる生来の能力や適性を持っていることが証明されたとしても、人種問題に関するユネスコの道徳的立場は変わることはない。[14]

フィッシャーはこの議論に参加していたが、最終的にはその結論に異議を唱えることになった。声明の解説には、要約と、フィッシャーの立場からの引用が含まれており、フィッシャーが人種的差異の理論を支持していることが強調されている。[15]

フィッシャーの人種差別、そしてユネスコ声明への異議申し立ては、フィッシャーの違いに対する揺るぎない信念をみればよくわかる。フィッシャーは、統計学の観点から、人種は母集団から無作為に選ばれたものであるという帰無仮説を否定している。これらの声明は、フィッシャーの思想と科学的手法の概念が、特に集団と遺伝に関連して、違いの発見に捧げられていたことをさらに証明している。フィッシャーは文字通り、血と土の真実を信じる男であり、農学者であり、科学的な人種差別主義者だったのである。

このように、フィッシャーの統計学と人種差別の間の関係は、統計学の形而上学的基礎が社会政治的に重要であることをはっきりと示している。これは、すべての統計学あるいはフィッシャー流の手法が必ずしも人種差別的であると言っているわけではない。むしろ、フィッシャーの形而上学には、最終的に彼の政治が形成される傾向を見ることができる。つまり、フィッシャーの違いへのこだわりによって、違いを世界の根本的な真実としてとらえるようになったのである。さらに、科学として統計学を理解することで、フィッシャーの人種差別意識を客観的な型に変換し、（彼の視点では）真実の型と力を与えることができたのだ。商品交換の型が経済的知識のあり方を決めるように、この確率的知識の基盤は、統計的に、（そしてますますアルゴリズム的に）介された私たちの世界の、まさに政治的で社会的な可能性、つまり何を、どのように知ることができるのかという条件を形づくっている。差異をめぐる真実に対するフィッシャーの信念は、彼の人種差別的な世界観に肥沃な土壌を提供し、科学の力と言語を提供したのである。

このようなイデオロギー的な欠点に加えて、フィッシャーの科学に対する考えは、方法論的にも非常に保守的なものであった。フィッシャーは、オーストリア系イギリス人の哲学者カール・ポパーの有名な反証可能性の逆バージョンともいうべき科学的な帰納法を提唱した。ポパーは、科学理論は決して証明できるものではなく、むしろ反証可能なものであるとし、つまりそれは実験により偽りを証明することができるだけなのである。[16] しかし、フィッシャーの理論は科学の帰納的な力に対してより極端で懐疑的である。フィッシャーは、理論を反証することすら許さない。理論が「存在しない」こと、すなわち、帰無仮説を反証することしかできず、科学において唯一歩むことのできる道は、差異の存在を信じることだとする。仮に、帰無仮説に反する実質的な証拠を見つけたとしても、それは特定の理論を保証するものではない。

このようなフィッシャーの保守的な手法に反して、イェジ・ネイマンやエゴン・ピアソンなどの他の数学者は、フィッシャーの研究を発展させるべく努めた。フィッシャーは最初、ネイマンやピアソンの取り組みに興味を示した。しかし、すぐに激しく反発し、一時はフィッシャーの研究法とは異なる彼らの研究を「子供じみている」と表現したこともあった。[17] ネイマンとピアソンも同様の激しさでフィッシャーに反発し返し、それは数十年にわたる哲学的に深く狭量な衝突に発展し、学術的な記録に敵対の爪あとを残すこととなった。

ネイマンとピアソン

この衝突は、さまざまな書籍や論文で確認することができるのだが、ネイマンとピアソンのフィッシャーに対する反論の背景には三つの主要な課題があった。一つ目に、フィッシャーの手法は偽陽性（ネイマンとピアソンは「第一種の誤り」とする）のみを扱い、「第二種の誤り」、つまり偽陰性を数値化する方法がないと主張した。これは観察された結果を単なる偶然によるものと誤って信じることであり、仮説検定の観点からは、仮説が誤って棄却されることである（これらは現在「第二種過誤」と呼ばれる）[18]。フィッシャーの手法では、実際に違いのない確率をp値で表すのだが、フィッシャーの方法を採用している研究者は、検出されなかった違い（偽陰性）があった可能性を数値で示す手段を持ちあわせていない。

二つ目に、ネイマンとピアソンは、フィッシャーの統計的検定結果の解釈の仕方を問題にした。フィッシャーの逆ポパー主義では、統計学者が、違いが実際に存在すると合理的に信じることができる値、多くはp値の切り捨て値である五％に到達する。ネイマンとピアソンが主張する「値」の問題は、多くの分野で既に一般的になった五％の切り捨て値を受け入れるとすると、すべての検定のうち五％に、帰無仮説が誤って棄却されることになるのである[19]。前章のｆＭＲＩの問題を振り返ると、このようなしきい値の批判的な評価がいかに重要であるかがよくわかる。この問題では検定の数が多い場合、五％の切り捨て値では高すぎて偽りの結果を招き、逆に低くしすぎると重要な結果が得られないという危険性がある。

一方で、このしきい値を単に下げれば良いという意見もある。しかし、統計学者のアンドリュー・ゲルマンが近年主張しているように、このしきい値を下げるだけでは、実験の統計的分析の結果に対する信頼を回復するのには十分ではない[20]。その代わり、ゲルマンは統計学者が仮説を立て、データを選択し、消去し、解釈する際、つまり、変数間の関係を明らかにし、仮説の検定を目的とするあらゆる分析において不可欠なステップを踏んで下す決断によって結果が左右されることを認識し、統計的検定の不確実性を受け入れることを勧めている[21]。

三つ目に、当然の結果として、ネイマンとピアソンは、しばしば頻度主義の理解のされ方の一つに、より深い哲学的な問題が実験にあることを指摘している。それは単一の、具体的な事象について、確率のステートメントを作ること自体が無意味であることを十分に考慮していないとする。「ミルクティ論争」の問題で、フィッシャーの統計的検定を試みた結果、ブリストル博士が無作為に予想した確率が五%であると示すなら、これは道理にかなっていない。この場合、彼女は無作為に予想したか、しなかったかのどちらかである。同様に、明日雨が降るか降らないかは、厳密には確率論ではない。特に、実験の結果が、世界に具体的に存在する何かを測定することになっている場合、一般的に確率のステートメントを科学的な認識論に組み込むことは困難である。これは、確率のステートメントから得られる知識に、いかにして確かな基盤を与えることができるのかという統計学の根幹に関わる大きな問題である。あるいは、逆に言えば、具体的な事象が起こったかどうかわからないのに、その事象について確率的に語ることができるのはなぜかとも言いうるのである。

この問題に対処するため、ネイマンとピアソンは、検定結果の解釈をより強固なものにしようとした。ネイマンはこの解決策を「帰納的行動」の原理と呼んだ[22]。この原理は、統計的検定を長く続けていくと、統計学者は必然的に与えられた、数えられる回数だけ間違いを犯すことになるというものである。したがって、研究の結果が必ずしも真実であると主張するのではなく、むしろそれが「真実であるかのように」振る舞う。この方法によって、帰納的行動は、頻度主義が一つの事象を記述することに異議を唱え、研究者があたかもそれができるかのように振る舞うことができるという事実を回避する[23]。

たまに間違ってしまうことの弊害を和らげるため、研究者は、仮説の棄却のしきい値を五%などの聖なる量ではなく、それぞれの結果のコストを考慮した計算レベルに設定する。フィッシャーの実験では、帰無仮説を検証するだけであったが、ネイマンとピアソンは、二つの対立仮説を構築し、そのどちらかを統計的検定で選択することを勧めた。この方法で、複数の検定におけるさまざまな結果の確率に基づいて最適な行動を計算することができると結論づけた。同様に、どちらも間違っている場合の経済的コストも考慮する必要がある。例えば、履歴書を選別するアルゴリズムは、不適格な候補者を入れてしまった場合（偽陽性、または第一種過誤）には、より多くの人間による作業が必要になるが、十分に資格のある候補者をリストから排除してしまった場合（偽陰性、または第二種過誤）には、さらに大きな負の影響を与える可能性がある。このように、どちらかの方向にかかる経済的コストを数値化し、経済的に理想的な感度を決定することができるのである。

ネイマンとピアソンの方法において、第二種の誤りを認識することが非常に重要である理由は、この経済的枠組みにある。任意の統計的検定においては、偽陽性（違いがあるという誤った仮定）にも偽陰性（違いがないという誤った仮定）にも、リスクとそれに伴う物理的コストがある。例えば利益の上がっているカジノのように、コストとリスクが適切に計算されていれば、ハウスは負ける手もある。しかし時間が経てば最終的に負けるよりも勝ちにくるだろう。同様に、研究者は実験の前にこれらのコストと利益のバランスを取りながら、効果を検出するための実験能力を計算することができる。例えば、実験のサンプルサイズが大きければ、効果を検出することが容易になり、ランダムな影響を最小限に抑えることができるため、第一種と第二種の両方の誤りを避けることができるかもしれない。しかし同時に、サンプルサイズが大きくなればなるほど、実際のコストは高くなる。このように、たとえ最終的に何回か間違えたとしても、長い目で見れば最も利益のある決定を下すことができるのである。

近年、米国予防医学専門委員会（USPSTF）が推奨してきた見解の一つを変化させたことは、この行動学的手法の魅力を物語っている。USPSTFは二〇一一年、男性に対し前立腺がんの早期発見を目的とした前立腺特異抗原（ＰＳＡ）の血液検査を受けないよう推奨した。[24] ＰＳＡ検査は、生命に関わる病気を見分けることができる一方で、偽陽性率（第一種過誤）が高いという問題があり、ＰＳＡが高かった患者の七五％が、実際にはがんではなかったとする試算もある。[25] さらに、研究者たちは、前立腺に腫瘍があったとしても、その多くは成長が遅く、生涯にわたって重要な問題とはならないことを発見した。ＰＳＡ検査の偽陽性によるコスト［代償］は高く、その後の治療で失禁、勃起不全、腸の合併症、感染症などのリスクがあることがわかった。USPSTFは、これらのコストと早期治療のメリットの少なさを考慮した上で、ＰＳＡ検査には反対したのである。

しかし、二〇一七年、USPSTFはＰＳＡ検査に対し拒否する姿勢をゆるめた。[26] これは、より効果的な検査や、より危険性の低い治療が現れたことで更新された訳ではない。むしろ、二〇一一年から二〇一七年にかけて変化したものは、治療のリスクに対する医師の意識であった。USPSTFによる最初の推奨の後、医師たちは外科へ患者を送る回数を減らし、代わりにさらなるモニタリングを推奨するようになった。このように注意を払うようになったことで、偽陽性のコストが減り、最終的には推奨へと立場を変更することができた。

この行動学的手法、つまり偽陰性や偽陽性に計算可能な価値を与えようとすることは、ビジネスや医療などにおける意思決定に特に適している。これらの分脈では、偽陰性、偽陽性に加え、再検診の物理的なコストも数値化できる。しかし、科学知識が一般的に生産されるようになると、さまざまなタイプの誤りのコストを数値化することは、はるかに複雑になる。この難しさから、フィッシャーは、ネイマンとピアソンを厳しく責め、「そうするためには、新しい知識が投入される目的がわかっていて、評価することになる。（…）科学に携わるものとして私たちが目指すのは、実際のところ、推論された知識を利用してさらに進展するどんな意図にもまったく関係なく、自由に理由づけするすべての意思に、等しく説得力を与える推論の方法を得ることである」と述べた[27]。また、フィッシャーは科学的発見の本質について、「何らかの通貨で評価できることを前提としていない」としている[28]。

多くの論客は、ネイマンとピアソンの手法は、標準仕様に照らし合わせてサンプルを検査することで製品を評価する品質管理システムのように、常に正しいことよりも「頻繁に十分」正しいことの方が重要な産業の用途に適していると述べた[29]。これらの統計的検定の最終的な意味の違いは、フィッシャーにとっても見逃せないものであった。フィッシャーは、ネイマンとピアソンの手法は、技術的、経営的な視点に焦点を当て、「純粋な科学」やホリスティックな知識を犠牲にしていると批判した。フィッシャーはこの違いを、冷戦時の政治と絡め、明確に表現した。

論理的な違いをもっとはっきりさせよう。しかし、その背景には、イデオロギーの違いもあるように思う。ロシア人は国家の五カ年計画という包括的な組織努力を通して、純粋科学の研究を技術的な成果に結びつけることができ、また結びつくべきであるということをよく理解している。このようなシステムの中で、観察された事実からの個人、個別の推論がどこまで許されるのかはわからない。しかし、そのような政治的背景においては、個人の科学的な研究を、単に偉大な機械の中の貢献的な一要因と考え、科学的な状況を自身が理解するという利己的でおそらくは無信仰の目的は、知らせるのではなく、むしろ隠す方がより安全であり、より好ましいとさえ言えるのかもしれない。アメリカでも、組織化されたテクノロジーが非常に重要であるために、正しい結論を導き出すための過程と、例えば生産性の向上やコスト削減を目的とした過程とが混同されやすくなっていると思う。したがって、少なくとも科学的な問題を、技術的な効率性と別の言葉で考えることができれば、何かしら得るものがあるはずだ。[30]

フィッシャーが実質的に、そして思想的に農学者であるとすれば、ネイマンとピアソンは徹底した実業家かもしれない。ネイマンとピアソンの統計的推論の解釈は、経済効率優先のために真実を見捨て、科学における新自由主義的思想へ大きく転換させる。この経済的解釈は、知ること自体が目的の科学的知識の目指すところを、経済的利益の計算に含まれる知識で置き換えるものである。フィッシャーが帰無仮説を検証したのに対し、ネイマンとピアソンは代替案を設け、長期的な利益を最大化させるため、誤りがある場合のコストをどちらかの方向に割り当てた。そうして、ネイマンとピアソンは、フィッシャーの確立した統計的認識論に挑戦しながら、統計的検定の哲学的に厳密な解釈を構築することができたのだが、この新しい解釈の有効性は、ネイマンとピアソンでさえもはっきりと真と偽を宣言することができないという特定の結論の堅実性を損なうコストとなった。

後述する主観的確率論の創始者の一人であるレナード・サヴェッジは、この状況を端的に「行動とは対照的な推論の伝統的な考え方は、私が思うところ、意見と価値という交わることのない区別に根ざしている」と表している[31]。フィッシャーが自らの意見である真実を追求したのとは逆に、ネイマンとピアソンは意見をねじ曲げ、価値の生産を目指した。ネイマンとピアソンにとって真実とは、行動学の帰納法の「あたかも」という支配のもとでは、その経済的価値に対して相対的なものとなり、それゆえに経済の移りかわりと相対化にも結びついている。

ハイブリッド化

フィッシャーとネイマン&ピアソンの間のイデオロギー的、方法論的な違いが開きをみせている間、他の研究者たちは両者の統計的手法の力を認めてはいたが、理論的な違いを理解できていなかった。この理解は、フィッシャーの帰無仮説の検定の枠組みと、帰無仮説と単一の対立仮説を比較するネイマンとピアソンの対立仮説とを、無造作に混同して急速に広まった。また、問題となる複雑な哲学的問題に取り組む時間やエネルギーがないにもかかわらず、これらの統計的手法を（実験心理学などの）各分野の教科書に単純化して盛り込むことにも繋がったのである[32]。

これらの教科書では、認識論的な議論、行動学的手法とフィッシャーの結果の解釈に関する保守性との違い、さらにはフィッシャー、ネイマン、ピアソンの名前といった重要な背景は削除されている。このようにして、かつてはちぐはぐなシステムであったものが、批判なくハイブリッド化され、フィッシャー・ネイマン・ピアソンモデルとでも呼ぶべきキメラ怪獣が誕生したのである。この怪物は、現在「統計学」として知られるものであり、現在世界中の学部や大学院の授業で教えられているものである。

このハイブリッドシステムは、非常に効果的で、必要とされる目的を果たし、第二次世界大戦後の生物学から社会科学に至るまで、さまざまな分野で進歩を遂げた。これらの分野では、このようなハイブリッドな確率測定は、ますます複雑化する研究環境の中で結果を評価する手段となった。結果が比較的単純な場合、このモデルは結果を数量化し、公開のための切り捨て値（p値〇・〇五未満）を与えることができた。しかし、このハイブリッドな手法は、フィッシャーが、統計的な結果は真実に近づいていくとした信念と、ネイマンとピアソンの「十分に近い」という経済的な手法が組み合わされたつじつまの合わない混同であった。

この統計学の方法論的な、そして究極には哲学的なハイブリッド化は、科学と学術の複合体を確立した。この複合体は、実験、公開、助成金の受け取り、そしてこれを繰り返すというまるで工場のように知識を生産している。しかし、その生産物は経済の取り決めから免れるように扱われている。[33]この知識工場には、研究プログラムや任務を指定する工場長もいなければ、五カ年計画もない。つまり、さまざまなタイプの誤りのコストを計算する者が存在しない。その代わり、これらのコストは、かつて統計学において素晴らしい成果を出したがキャリアを失った哀れな研究者や、効果のない治療法や恐ろしい副作用に人生を台無しにされた患者、そして、効果のない研究が環境や個人へ与えるあらゆる影響の、さまざまな組み合わせによって負担されている。

この科学と学術の複合体は「機能」していないわけではない。実際それは、カジノのように再び機能するのである。個人がある日勝ったり負けたりすることはあっても、全体としてはハウス（研究所、企業のリサーチ班や研究開発）が勝ち続けているのだ。しかし、科学がインフラ、専門性、コスト、予備知識の必要性、経済的要求など、さまざまな面においてますます複雑になるにつれ、ハウスのマージンは縮小し続けている。なぜなら、そこには管理をする者がいないからである。

ここで、このハイブリッド統計学が情報理論にもたらした最大の変化のうちの一つを説明しよう。統計学は、fMRIの解析で確認できたように、背景のノイズから信号を読みとるための一連のツールを提供する。信号が強ければ強いほど、また、ノイズが弱ければ弱いほど、信号を検出するのは簡単である。例えば、「ミルクティ論争」の場合、ブリストルの能力を検出するには、純粋な偶然よりもわずかに良い割合で正しい場合（弱い信号、特に、誰でもランダムに半分の機会を正しく当てることができるという背景のノイズを考慮する）よりも、彼女が常に正しい場合（強い信号）の方がはるかに簡単である。

しかし、電気や、ペニシリン、一般相対性理論で検知されるものなどの、非常に強い信号の多くはすでに発見されている。現在、科学研究は、より弱い信号を発見すべくより多くの労力を払っている。そして、多くの人間科学において、それは実験のサンプルサイズが非常に大きいことを意味する。このことは、素粒子物理学の発展に顕著に表れている。ニューヨークのブルックヘブン国立研究所の元所長モーリス・ゴールドハバーは、「最初に原子核を崩壊させたのはラザフォードで、彼が装置をひざに抱えている写真がある。私はその後、カリフォルニア州バークレーに有名なサイクロトロンが建設された時の写真をいつも覚えているが、人々はサイクロトロンの上に座っていた」と詩的に語る。[34] 現在、科学者たちは、小さな都市サイズの粒子加速器を建設しているのである。

フランスの哲学者ミシェル・セールも同意して「最初の羊飼いが手にしたのは、洞窟の中にあった巻物という宝物で、その数は一〇万冊にもおよぶ。今、電子工学や国際関係の分野では、珍しい、散らばった、ほとんど知られていない文字の原子を手に入れることができる。リンゴの木の下のニュートンは、たった一人で世界の法則を作り、無数の子孫のためにはわずかなヒントしか残していない」と述べている。[35] 人は量子論や相対性理論は、「限界の切れ端」にすぎないと反発するかもしれない。しかし、ニュートン物理学を超える崇高な科学的領域に知識を移すためには、より多くのエネルギー、そしてより精密な機器が必要になることは明らかである。結局のところ、より小さな信号の検出のために必要なより多くのエネルギーは、科学者が信号とノイズを区別する方法に、より細やかな精度を必要とすることを意味する。さらに言えば、研究費が増えれば増えるほど、科学における政治経済の重要性も同様に増すのである。

この統計的ハイブリッドは、第二次世界大戦が終わってすぐの頃は、従来の科学にとっては素晴らしい働きをしていたのかもしれない。しかし、より弱い信号を検出するために精度がより強く求められるようになった今日では、その不正確さは否めない。特に社会心理学や臨床医学などの科学分野では、現代の評論家たちが「再現性の危機」と呼ぶものを経験している。[36] この危機的な世界では、かなりの量の科学研究が間違っている可能性が高い。その理由の大部分は、これらの科学の方法論的基盤が、統計的に有意な結果（多くの場合、p値は〇・〇五をわずかに下回る）を出すために必要な幅を与えており、実際には研究が統計的に有意であるという事実以上のものを証明する必要はないからである。

したがって、この統計学で管理される知識工場では、研究計画やデータ分析に柔軟性があるため、研究者はデータから学術的に発表ができるものを生みだすのに十分な加工をすることができる。これは一般に「pハッキング」として知られる慣習である。[37] 例えば、研究者は時折、外れ値を除外したり、サブグループを調べたり、データを追加したりする。これらの行為は、単独には不正行為ではないが、全体としては有意でないはずの結果を有意に見せることができる。現代科学は、ついに統計的手法の限界に直面しているのかもしれない。これに対して、統計学者の中には、頻度主義的科学の標準モデルを再考すべきだと主張する人もいる。アンドリュー・ゲルマンは、「仮説検定の古典的理論が、（第二次世界大戦中の重要なオペレーションズリサーチ〔OR〕問題を解決した直後の）一九五〇年当時の期待に応えていたならば、確かに、私たちはそこで立ち止まっていたかもしれない」と述べている。[38]

多くは科学研究を再現しようとして失敗したり、fMRI研究のように方法論に誤りが見つかったりした時、問題は純粋な統計学自体にあるわけではない場合の方が多い。むしろ、fMRIのように、手法や、ソフトウェア、データ収集、動機などの一部が問題になることが多い。実際、現代の科学研究の多くは、専門的、経済的な圧力によって調整を受けている。研究発表の必要性、専門誌が儲かる必要性、企業からの資金調達、同研究者たちから得る尊敬などから受ける圧力である。

スタンフォード大学の疫学者ジョン・ヨアニディスが二〇〇五年に発表した論文『なぜ発表された研究成果のほとんどは偽であるのか』は科学界に深い反響を呼んだが、ヨアニディスは「最高の方法や実践に報いるような、インセンティブと報酬のシステム」を変えなければならないと主張する。続けて「現在、私たちは間違ったものに報酬を与えている。例えば過度に目立つ論文に対して助成金を申請し、発表する人たちである。それは科学の本質ではない」とした[39]。

このような貧弱に計画された統計学事業は、結果的に新たな反科学の基盤を作っている。つまり、不十分で注意散漫なインセンティブ構造は、研究者の柔軟性と相まって、システムに十分なノイズをもたらし、多くの意味ある発見の信号を覆い尽くすのである。

信号の中のノイズ

統計的思考における「ハイブリッド化」には、あまり認識されていないもう一つの要素がある。この枠組みでは、個人が知るものを基盤にした科学的推論の手法が、集合的な知性のシステムに変換される。つまり、個々の研究者の研究結果が、集合的に知られているとみなされるのである。私たちの統計学に対する哲学的手法の大部分は、おそらくネイマンとピアソンの仕事の厳格な解釈を除いて、知識を求める人が個人であることを前提としている。一方、学術的な知識生産のシステムでは、これらの結果があたかも集合的に保たれているかのように扱われている。この難しさを認識していたのは、フィッシャーであった。既に述べたように、フィッシャーは、ソ連の技術主導型の科学モデルと、「科学的状況を自らが理解しようとする利己的で、おそらく無信仰の目的」を対比させている。[40]

フィッシャーは、自身が農の側に立つように、自身のシステムは完全に、孤高の学者、自営の研究者、農業者のような、それぞれの分野について学んだことを取り入れすぐに実行に移せる人々にむけて構築されているとした。一方で、工業的なネイマン、ピアソンのシステムには、自身のキャリアのためだけではなく、企業全体のためにさまざまな結果のコストと利益を検討することができる知識生産を管理するための役人が必要になる。しかし、フィッシャーは個々の研究者に焦点を当てながらも、集合的な知識に伴う課題を知らなかったわけではない。そこでフィッシャーは、研究者が陽性結果と陰性結果の両方の証拠を考慮できるように、陰性結果を公開すべきであると主張した。[41]もしも陽性結果のみが公開されるとすると、研究者はフィッシャーの逆ポパー主義の精神に基づいた適切な計算を実行し、証拠を補充するために必要な証拠をすべて手に入れることはできない。偶然の結果が発表され、賞賛される一方で、それを裏付ける証拠はほこりを被ったファイルの引き出しに保管されることになり、このような結果は、学術的な記録を大きく偏らせることになるのである。[42]

しかし、フィッシャーは認めているわけではないが、彼の「利己的」な統計学の解釈でさえも、管理者や役人がいなければ正しく機能しない。そのような全体を見渡す者がいなければ、失敗した検定をすべて集めようとする力も動機も起こりえない。さらに、五カ年計画も工場長もいない現在の分散する研究モデルでは、陰性結果には、ほとんど価値も可能性もない。陰性結果は、現代の科学界に何の生産性ももたらさない。つまり、お金も名声も生まれない。驚きの結果が名声や特許、専門誌を売ることができる世界では、このような陰性結果は、ほとんど歓迎されることはないのである。陰性結果を共有しようとする学術的な動きはあるが、助成金や終身在職のインセンティブによって、積極的に共有しようとする要望は抑えられてしまう。[43] このような状況は学術界の外ではさらにひどく、製薬会社やタバコ産業のような企業が重要と判断されなかったデータや結果を隠すのは簡単で、意図された、つまり操作された結果が永遠の真実として提示されるのである。[44]

最終的に、ハイブリッドモデルは、これまでの章で私たちが神秘として議論してきたものを生みだしている。つまり、平等でないものを平等として対象化する形而上学を生みだしているのである。ハイブリッドモデルは、知識を価値として（行動経済学に基づいて）扱う一方で、フィッシャーのように、その価値は評価することはできないとする。言い換えれば、研究を大がかりな計画で管理することは不可能であり、すべきではないと主張している。要するに、統計学は、個人の知識と集団の知識とを同じものとしてとらえる主権的な対象化の視点をいっそう強め、そして、そのようにしてこの知識を市場に持ちこむと同時に、市場の悪用と偽装からまだ救い出すことができると主張している。[45] 学問的な知識生産の過程では、集合的な知識を得るためには、査読や学術的な対話を用いるが、現代の統計学では、フィッシャーが称える「知ること」を受け止めることのできる立派な個人の科学者の面影を残しつつ、ネイマンとピアソンの知識の産業的生産の哲学を適用することで、個人の知識と集団の知識を機能的に合成しているのである。

統計的知識が真実であるというフィッシャーの主張は、（違いの検出のみを主張するフィッシャーの保守的な解釈であっても）啓蒙主義の幽霊のように居残る。このような統計的知識の存在と不在が同時に起こることは、これらの計算の社会的、経済的な力を作り、支えるということである。ネイマンとピアソンは、この統計的知識を、行動経済学的手法の「あたかも」という注意の元で偶発的で一時的なものとみなすのに反し、古典的なフィッシャーの主張は、統計的知識を客観的で真実のように扱う。マルクス主義的な言い方をすれば、フィッシャーの研究は、物神崇拝の構造を持った統計的知識を与える。つまり、結果は文脈から切り離され、それ自身で考えることができ、それゆえに客観的な力を与えられている。

これだけでは、現象の全体を説明することはできないが、大多数の人に信用されていない科学的な考えや説明に対して、ある一定の人々が興奮を覚える要素をここに見ることができる。例えば、人種や性の違いに関する科学的理論の復活から、気候変動の否定、ワクチンを自閉症の原因とする概念などがそれに当たる(46)。フィッシャーの意図とはかけ離れているが(実際にはほぼ正反対である)、科学の真実として違いを信じることと、孤高の科学者の知るという能力を同時に信じることは危険な組み合わせであり、科学者と非科学者を問わず多くは、自分だけが真の違いを見極められると信じる力を与えられ、多くの場合、一つの研究結果を(多くの場合、信用されない研究結果でさえも)物神崇拝的に扱うことになるからである(47)。

対立仮説の真実を証明するために研究者が一定のしきい値を下回らせようと試みるp値は、数学と知識生産の神秘を特徴づける現存する不在の中で、失われた量の幽霊のように浮かびあがる。しかし、哲学的、認識論的な難しさのために、多くの研究者は真に問題となっていることを把握できず、研究に次ぐ研究、検定に次ぐ検定を続けながら、大がかりな取り組みが実行可能であるのか、関心を寄せている。

このような観点から、ジョン・ヨアニディスが、なぜほとんどの科学研究が間違っているのかを述べた短い記事の「現在の多くの科学分野で主張される研究結果は、単に一般的な偏見を正確に測ったものであることが多い」という結論には、もう驚きもしないであろう。[48] ここでまた、私たちは対象化の力を見ることができる。既存の偏見に等しいもの（ここでは、ヨアニディスは特定の理論を支持する偏見を指す）を、何らかの計算を通してごまかし、権威の所在を特定できない真実の力を与えているのである。このような統計モデルの急激なハイブリッド化は、収益性が非常に高い数学的なインフラを構築し、品質管理よりも生産性を優先する相互に強化しあうシステムを支えている。これより、この巨大な研究機械が生みだす結論は間違ってはいないのかもしれないが、研究機械が作動するその基盤は、私たちが想像するよりも不安定なものである。

この概念の基盤は、神秘の上に成り立っている。つまり、不平等な要素の等式は、価値を真実として扱うことで、その機能に対する私たちの信念を対象化する役目を果たしている。フィッシャーの真実の科学とネイマンとピアソンの価値の科学の哲学的に矛盾したハイブリッドに現れるこれらの神秘の不安定さは、これらの形而上学的な前提を、それらが作用する政治経済にさらすことになる。統計学が、ネイマンとピアソンとともに、価値を生みだす行為の中にその基盤を見いだそうとし始めるのは、この理由によるものであり、またその結果でもある。マルクスにとっての諸商品のように、統計学という形而上学的なマジックは、交換を正当化すると同時にその真実を見いだすものである。アルフレート・ゾーン・レーテルの言葉では、それは真の抽象化であり、物質経済から抽象的な真実を生みだし、それらには権威を執行される場所がなく、したがって、社会的ではないとする。

重要な点は、したがって、この知識生産の機械を止めることではなく、むしろそのふもとを掘り下げることである。そこでは、この形而上学を再編成し、知識と価値の両方に対するこのシステムへの理解を新たに主張できるのかもしれない。これこそが、革命的な数学の仕事である。要するに、この機械を破壊から救うためには、今日の科学界の危機のいずれもが、何よりもまず資本主義の危機であると主張することが必要になる。科学が持つ唯一の未来は、科学の破壊を脅かす経済に対抗し、それを超えて活動するところにあるのである。

第3部　ベイズの夢

もしも、ラプラスの科学的空想に、自らを投影したような普遍的な知性、すなわち自然と社会のすべての過程を同時に記録し、それらの運動の力学を測定し、その相互作用の結果を予測することができる知性が存在するならば、そのような知性は、もちろん、小麦畑の作付面積からベストの最後のボタンに至るまで、完璧で網羅的な経済計画を先験的に作成することができるだろう。官僚はしばしば、そのような知性が自由になると思い込む。だからこそ、官僚は市場やソビエト民主主義の支配から、自らをいとも簡単に解放できるのである。しかし、実際には、官僚は自らの精神性の資質の評価において大変な誤りを犯している。その経済計画の予測においては、実際には、資本主義ロシアから受け継いだ均衡（公平に言えば不均衡とも言える）、現代の資本主義国家の経済構造のデータ、そして最終的にはソビエト経済自体の成功と失敗の経験に、必然的に依存せざるをえないのである。しかし、これらすべての要素の最も正しい組み合わせでさえも、まったく不完全な計画の枠組みを打ち立てることができるにすぎない。

レフ・トロツキー『危機に立つソビエト経済』

第6章　ベイズ主義と頻度主義の抱える問題

頻度主義は、過去には有効であったのかもしれないが、今日では苦戦している。今、多くの人が統計的な洞察を他に求め、その多くがベイズ統計学に辿りついている。一八世紀の数学者で聖職者であったトーマス・ベイズにちなんで名付けられたにもかかわらず、これらの手法が主流になったのは、ここ数十年のことである。ベイズ統計学の数学的基礎となるベイズの名のこの定理は、実は彼が発見したものではなく、一九世紀初頭の天文学者で博識であったピエール・シモン・ラプラスが完成させたものである。[1] しかし、ベイズは死後に発表された論文の中で、データから未知の値を推定するための基本的な計算方法（例えば、一〇枚の宝くじの中から、当選券と落選券の比率を推定するような評価）を示している。この問題に対するベイズの解決策とそれに基づいた研究は、頻度主義とは対照的に、主観的な信念の方法としての確率論へ関心があることが動機となる。この主観的な信念の計算は、頻度主義者や二〇世紀半ばの大多数の統計学者にはほとんど否定されていたが、最近になって説得力と有用性を増している。

具体的な内容については後述するが、ロナルド・フィッシャーが農耕社会のために統計学をモデル化し、イェジ・ネイマンとエゴン・ピアソンが工業社会のために統計学をモデル化したとすれば、ベイズは、現代的な解釈をすれば、情報化時代のための統計理論を提供したと言えるだろう。ベイズ統計学の使用は、ここ数十年の間に爆発的に増えている。これは、統計学者が頻度主義手法の方法論的な欠点を解決すべく努力し、そして、安価になったコンピューターパワーを活用したためでもある。

ベイズ理論の台頭がもたらす革命的な意味を十分に理解するためには、頻度主義の欠点から始めるのが良いだろう。前章で説明したように、頻度主義の手法の問題点は科学界全体に現れているが、統計学者もそれぞれの方法で、頻度主義の理論的な裏付けを取ろうとしている。例えば、一九七六年、統計学者のデニス・リンドリーと同じく統計学者のローレンス・フィリップは、コインは表に出やすいのかを判断するための簡単な想像上の実験で、頻度主義の客観性に対する問題点の一つを示した。[2] この思考の実験では、研究者がコインを一二回投げ、その結果、表表表裏表表表表裏表表裏、つまり、三回の裏と九回の表の結果を得る。コインの表または裏が出る確率が等しいと仮定し（この検定では帰無仮説である）、コインを一二回投げたときに裏が三回以下になる確率を計算すると七％になる。[3] 標準的なp値の切り捨て値を五％とすると、観察された結果が偶然によるものである可能性を否定するだけの十分な証拠はなく、したがって、そのコインが公平である可能性はまだあると結論づけられることになる。

しかし、まったく同じコインと結果を使って異なる実験計画を検証すると、異なる確率を出すことができる。リンドリーとフィリップが提案したように、今度は、裏が三回出るまでコインを投げることにして、注目する変数を裏の数ではなく、コインを投げる総数にする。この新しい実験計画では、コインを投げる回数が一二回以上になる確率が三％強になることがわかる。この確率の違いは、研究者が今、最初の一一回中二回以下で裏が出る確率を計算していることに起因する（一二回目に投げたとき裏が出る場合は、三回という停止条件を満たすためそこで分析を終了し、表が出た場合、投げる合計は一二以上になる）[4]。

三％という統計結果は、五％水準で有意ということになり、研究者は、最初の実験計画とは異なり、コインは「公平ではない」と結論づけることができる。実験計画が結果に影響を与えることは合理的ではあるが、一方で、この例は、実験を行う際の研究者の心理状態が、まったく同じデータから得られる結論を根本的に変えてしまうことを表している。このように、客観的であるはずの確率論は、実験者の個人的で主観的な理解の上に明確に成り立つのである。

以上のような理由から、参照クラス、つまり、どのような事象のセットが実験に組み込まれるのかが、頻度主義にとって極めて重要なのである。頻度主義における確率論は、長期にわたる試行から事象の発生数のみを測るので、客観的であると考えられるが、この長期にわたる試行を構築するには、主観的に組み立てられるグループ化が必要となる。哲学や科学の世界ではよくあることだが、客観性を主張しても、最終的には主観的な根拠に基づかなければならない[5]。確率論が客観的になるためには、想像上の、主観的な、したがって、とてつもなく人的な補助が必要となる。確率が計算される事象の参照クラスをどのように構成するのかによって、統計的検定や分析の結果は大きく変わるのである。

ここでもまた、これまで見てきた主観と客観の間のねじれを目の当たりにする。どんな視点でも、問題の本質、つまり客観性に迫れば迫るほど、すぐに主観的に戻ってしまう。そして資本主義と同じように、堅実な現実主義者であることの代償として、無限に近いコイン投げや、お金の価値が保証されているといった想像上の発明を信じることになる。主観的に作りだされた人間の抽象性を超えた世界を想像しようとすればするほど、その抽象化はより中心的になってしまうのである。

逆問題と主観主義の必要性について

頻度主義の数々の問題については既にいくつか述べたが、そのうち主に二つの課題を概略的にまとめてみよう。まず、前章で述べたように、頻度主義の手法は、その厳密な解釈において、単一の事象を確率的に述べることを認めていない。レナード・サヴェッジは、この手法を批判して、「客観主義的な考え方は、一般的に、非常に特殊な事象にのみ確率を与える。したがって、通常の客観主義的な考え方では、今ある証拠をもとに、「今後一〇年以内にフランスが君主制になることは不可能ではないがとても起こりそうにない」ということは、真偽はともかく、意味のあることではない」としている。(6) このように適用できる事象に制限があるのは、頻度主義の確率論では、ある結果の頻度が確率の尺度となる想像上の長期間の事象を必要とするためである。したがって、確率は単一の事象ではなく、その長期にわたる事象を必要とする。

次に、おそらく頻度主義の手法に対する最も痛手となる批判は、頻度主義が間違った質問に答えているということである。確率は、モデル化されるシステムのすべてを知っていれば、比較的簡単に計算できる。統計学者が、一回のコイン投げが公平であることを知っていれば、二回続けて表が出る確率の計算は自ずと出てくる。その確率は〇・五（一回目のコイン投げで表が出る確率）と〇・五（二回目のコイン投げで表が出る確率）を掛け合わせた結果、〇・二五である。しかし、その逆で、観測データから基礎となるシステムにおける確率を計算することは、まったく別の問題である。

この問題に対して、頻度主義は手を挙げる。その代わり、もっと用心深い質問をするであろう。それは、コインが公平であると仮定した場合、与えられた結果が観察される確率はどのくらいかというものである。これこそが、フィッシャーが提唱する仮説は検証されるべきという手法である。この質問への答えは、コインの真の頻度を知るためのヒントになるのかもしれないが、コインが公平であれば何を観察するのかという問いは、コインが「公平」である確率はどれくらいかという問いと、哲学的にも数学的にも同じにはならない。頻度主義者の虚勢は、帰無仮説が真であるとする想像の世界に基づいているのだ。結局のところ、最初の問題の結果として、頻度主義は、実際の仮説に確率を割り当てることが可能であることを否定し（仮説の真偽は事実上単一の事象であるため）、その代わりに、私たちが目にする証拠が、帰無仮説が真である世界で起こる確率を示すのである。サヴェッジは、これらの動向の利害関係をうまくまとめている。

ベイズ統計学は、いくつかの点で、一八世紀から一九世紀の統計学の精神に回帰しているが、他の点では、それに劣らず本質的に、ここで古典的と呼ばれる近代的な運動から生まれたものだ。後者は、仮説が真である確率を、無意味とまで言わないにしても使えないとする確率論の基礎をどう見るかに応じるため、仮説に確率を与えない統計的推論の技術を探しだし、発見したのだ。これらの意図された逃げ道は、今では仮説の確率論を復活させ、統計的推論を本来の発展路線に戻すことにつながったとベイズ主義者は考えている。[7]

したがって、ベイズ理論は逆の問題を解決することができる。つまり、帰無仮説の真実を仮定するのではなく、ベイズ統計学は、仮説自体の真実に対する確率を出すことができ、新しい証拠が集められると、その確率を継続的に更新することができるのである。

ベイズの価値

フィッシャーやネイマン、ピアソンの頻度主義者は確率を、一連のコイン投げのように、物理的なシステムのほぼ無限の中で起こるものと解釈しているが、ベイズ理論では確率を、主観的な信念を測るものととらえている。これに対応して、ほとんどの頻度主義の手法は、個々の実験という観点から考える傾向があるが、ベイズ主義は利用可能なあらゆるデータを評価することに慣れている。ベイズ理論は、新しい証拠を追加するのに適した予測の方法を示す点において斬新なのである。

ベイズの定理は、その具体的な内容は後ほど説明するとして、これを使えば過去の計算結果に新しいデータを継続的に追加することができる。この柔軟性により、つまり、厳格な仮説の検定を放棄し常に更新される信念の尺度を採用したことにより、ベイズ統計学はここ数十年で学術的にも商業的にも復活を遂げている。[8] ベイズ理論は、データ駆動型のハイテク企業や旧来の製造業に恩恵をもたらしており、これらの巨大企業は、現代の情報資本主義の環境下で、利益を上げるための新たな戦略を追求している[9]。

二〇〇〇年に米『ワイアード』誌に掲載された記事で、データ分析会社の英オートノミー（後に一〇〇億ドルで買収される）の創業者であるマイケル・リンチは、「ベイズは私たちに秘密の花園への鍵を与えてくれた。多くの人は門をくぐり、最初に現れるバラの列を見て、「いいですね」と言って去ってしまう。そのバラの後ろに、まったくの新しい国が広がっていることに気づかないのだ。新しい超強力なコンピューターがあれば、その国を探検することができるのに」と語った[10]。この数年の間に、多くの企業がこの門を叩き、この新しい国の資源を利用して、ショッピングの習慣から選挙の結果までを予測し、見事に大きな利益を得ている。

確率論および統計学の初期の研究、特にラプラスが一九世紀に開発した現在ではベイズの定理として知られているものは、仮説そのものの確率を計算するというこの「逆問題」を大きく進展させた。しかし、必要な計算の煩わしさのみならず、ベイズ統計学の主観的な性質に対するフィッシャーとその支持者たちの不安もあってか、二〇世紀初頭にはほとんど放棄されてしまった。

ベイズ理論は、頻度主義の手法とは異なり、事前確率分布と呼ばれるさまざまな結果の見込みと思われるものを使用する必要がある[11]。この主観的な事前確率の使用は、初期の「科学的」な頻度主義者の多くを悩ませた。彼らは統計的推論の過程で主観的な入力を避けることができると期待していたからだ。「逆確率の理論は誤りに基づいており、完全に否定されなければならない」としたフィッシャーは、この点に関して最も強固な姿勢を示していた[12]。

総じて、頻度主義者は、仮説においてステートメントを作成することについて、必ずしも否定的ではない。しかし、フィッシャーが主張するように、推論（例えば、データによる仮説の真偽）を評価することはできても、仮説に直接確率を割り当てることはできないのである。

逆確率の理論が否定されたことで、一時、サンプルの知識から対応する母集団に関する推論を導くことはできないという誤った解釈がなされた。このような見解は、すべての実験科学の妥当性を完全に否定することになる。（…）通常、異なる可能性のある母集団の中から優先順位を測定するのに適していると思われる数学的な量は、実際には確率論の法則に従っていない。[13]

仮説を全面的に評価できるという主張にもかかわらず、頻度主義の仮説検定は、適切に適用され解釈された場合、その仮説について非常に限られたステートメントの記述しかできないのである。安価なコンピューターパワーと頻度主義の実用的な問題が相まって、ベイズ理論に新たな関心が寄せられ、確率論の主観的な理論に対する安心感が高まっている。ベイズの定理は、事前の信念を用いることができるため、データがリアルタイムで収集されたときに考えを更新したいという状況において優れている。ネットワーク化されたデジタル資本主義において特に期待が高まっている。

ベイズの定理

ベイズ分析の核心は、ベイズの定理、またはベイズの公式として知られている。ベイズの定理とは、ある事象（B）の他の事象（A）が発生している場合の確率は、Bが発生していることを前提に、Aの発生確率にBの発生確率を掛けたものを、Aの発生確率で割ったものである。

$$p(B|A)=\frac{p(A|B)p(B)}{p(A)}$$

頻度主義の文脈では、ベイズの定理によって「逆確率」をどのように扱うのか観察することができる。もしもBを仮説や理論の存在、Aを証拠と考えるとすると、この式によって、仮説が真である場合の証拠の確率を、証拠がある場合の仮説の確率に数学的に変換することができる。これは、頻度主義が明確に否定する逆転の発想である。

この仕組みを理解するために、より現実的な例を用いて考えてみよう。九五％の確率で病気を検出でき、一％の偽陽性率がある医療検査を行うとする。最初に、ある被験者が陽性と判定された場合、その人が病気ではない可能性は五％しかないと仮定する。ベイズの定理を用いると、集団内の有病率に基づいて確率を計算することができる。ベイズ推論は、主観的な評価（例えば、その病気が稀なもので、実際には人口の五％しかいないと仮定すること）から始まり、より多くの証拠（検査結果）が得られるにつれ、確率は次第に正確になっていく。当初の想定では、検出率が九五％、偽陽性率が一％であるにもかかわらず、検査で陽性となった場合、実際に病気にかかる確率は三分の二しかないことがわかる。この結果は直観に反するようだが、実際この病気の有病率を仮定したことより受ける直接的な結果である。これはつまり、病気の（真の陽性を示す）人よりも、病気ではない（偽陽性を示す）人の方が非常に多いからである。[14]

この例は、一回の検査であり、母集団における疾患の有病率に対する私たちの考えに基づいている。なぜなら本当の割合は不明だからである。しかしながら、私たちは大規模な集団を対象に検査を行うことができ、それらと同じ計算を用いて推定した有病率を更新することができる。このように、安価なコンピューターと大量のデジタルデータがある世界では、新しいデータが入ってくるたびに、世界に関する信念を継続的に更新することができる。これこそが、ベイズ理論の強みなのである。

単純（ナイーブ）ベイズ

このことを念頭に置いて、ベイズ理論の現代的な力と妥当性を示す例は、多くの機械学習アルゴリズムが開発されている情報検索の分野から見てみるのが良いだろう。特に、機械学習の研究者が「単純（ナイーブ）ベイズ分類器」と呼ぶものを見てみよう。単純ベイズ分類器とは、文書（またはデータが既知のもの）をカテゴリーに分類するアルゴリズムである。これはベイズ理論が現代のデータ分析において、いかに有益であるかを示した優れた例である。

この方法は、文書内の各単語の出現は他の単語とは独立していると仮定する（例えば、「ネコ」という単語を調べるとき、同じ文書内で「イヌ」という単語が現れる確率には影響しない）ため、「単純」と呼ばれる。これは私たちが言語について一般的に知っていることからすると、直感的ではないかもしれないが、例えば、「ネコ」と「イヌ」は、「ネコ」と「モナド」［単子あるいは一を表すギリシア語」よりも一緒に出現する可能性が明らかに高いことによる。しかし、ここ数十年でわかってきたことに、多くの機械学習アルゴリズムは、単純にプログラムされていると非常にうまく機能するということがある。プログラマーがどの関係が最も重要かを直感するために多大な時間と労力をかけて推測するのではなく、アルゴリズム自らが構造やパターンを見つけ出すのである。

単純ベイズの場合、プログラマーは、すでに分類された「訓練」文書のセットを受け取る。この例では、ある文書が動物に関するものかどうか知りたいとしよう。この訓練データには、セット内のすべての文書に対して、動物についての文書であるかどうかという暗黙の分類法がすでに存在している。

そして、単純ベイズ分類アルゴリズムは、最も簡単に言えば、訓練データセットを調べて、文書が各クラスに属する場合に、各単語がどのくらいの確率で出現するかを計算する（動物に関する記事には「イヌ」という単語が二〇％の確率で出現し、動物に関しない記事では二％の確率で出現することがわかる）[15]。要は、カテゴリーごとに単語が出現する確率を計算するのである。そして、アルゴリズムが訓練データすべてを網羅する際、新しい文書（訓練データに含まれていない文書）を、その文書に含まれるすべての単語の逆確率を計算することで分類するのである。つまり、このアルゴリズムは、各カテゴリーの各単語の確率に、訓練データセットの各カテゴリーの全体的な確率を掛け合わせる。最も高い確率の計算結果が、最も可能性の高いものとなる。この場合、「動物について」または「動物についてではない」ということになる[16]。

以上の例より、ベイズ理論が、現在の情報資本主義に対して二つの素晴らしい成果をあげていることがわかる。第一に、先に述べたように、ベイズ理論では、新しい証拠を統合することができることである。分類アルゴリズムが文書またはデータ類を分類した後、その新しい分類データを将来の文書の確率に追加することができる（あるいは、人が分類を修正した場合にも追加可能である）。さらに、上記の例では、個々の静的な文書の分類を扱っているが、同じ過程をあらゆるものの分類に使用することができ、新しいデータが追加されるたびに更新される（例えば、ある人のSNSアカウントの予想されるジェンダーは、投稿のたびに再計算される）。ベイズの定理により、新しいデータを継続的にモデルに追加するための、明示的、したがって自動化された方法を得るのである。

機械学習の研究者が「単純ベイズ分類器」と呼んでいるもののバリエーションは、一九六〇年代から存在している。分類のアルゴリズムは比較的簡単だが、非常に強力なものでもある。Googleの研究本部長であるピーター・ノーヴィグは、「単純ベイズを使って始めたプロジェクトはいくつもあったはずである。それは単に簡単に始められるからで、私たちは後にもっと洗練されたものに置き換える予定だったが、最終的には膨大なデータのおかげで、より複雑な技術は必要なかった」と述べている。(17)

第二に、ベイズ分析が、統計的仮説検定と機械学習の出現との間の架け橋となっていることが見えてくる。統計学者は、単純ベイズ分類器を使って、データ（単語数など）を受け取り、各仮説（例えば「動物」か「動物でない」か）の確率を計算し、最も可能性の高い方に決めることができる。しかし、別の見方をすれば、その統計学者は単に文書を分類し、最も可能性の高いカテゴリーを計算しているだけである。そして、別の訓練データセットを使用してアルゴリズムを実行すれば、文書についての考えを変えることさえあるかもしれない。ベイズ分析では、個々の実験を必要とせず、仮説をほぼ無限に増やすことができる。つまり、それぞれの文書、それぞれのウェブサイトへの訪問者、それぞれのローンの申し込みは、確率を計算できる仮説として現れ、その結果からさらに多くのことを学ぶことができるのである。

ベイズ理論では、仮説に確率を割り当てることで、異なる仮説を自動的に計算で評価することができる。一見すると、ベイズ理論の主観性は、人の関与を必要とするように見える。しかし実際には、この計算上の主観性は、コンピューターが従うことのできる具体的な数学を提供するためコンピューターに力を与える。この体系化により、アルゴリズムはその主観的な（すなわち局所的な）立場を利用して確率を計算することができ、頻度主義の場合のような、客観性の問題を解決し、それを許容して要求する超越した全体像（例えば、頻度主義における割り当てられた参照クラスや実験計画）を理解できる人間に頼る（例えば、実験を計画し、参照クラスを選択し、結果を解釈する）必要はないのである。この能力により、人による入力ではなくコンピューターが、厳格な頻度主義の支持者が決して快く思っていなかった方法で、一連の観察結果に対して最も可能性の高い原因を選択することができるようになったのである。

これはベイズ革命によってもたらされた決定的な変化の一つである。仮説を含む単一の事象に確率を割り当てることができるということは、厳密な頻度主義者の確率論の解釈のもとでは許されない方法で、その過程を自動化できるということである。そもそも、厳密な頻度主義者は、仮説に意味のある確率を与えることはできない。一旦仮説が真の確率を持つことが「可能」であれば、可能性のある各分類に確率を割り当て、最も確率の高いものを選択することができる。よって、ベイズ確率論が主観的なものであるとしても、それを評価する主体は人ではなくコンピューターであることが多い（あるいはほとんどそうである）。そして、この主観的な視点から、コンピューターは最も価値のある選択肢を自動的に算出することができる。このように、ベイズ理論は、さらに深く見ていくと、ネイマンとピアソンの経済的な取り組みを引き継いで、確率の知性によって知識と社会を総合的に管理することを目的としていることがわかる。型の上では、このベイズの方法は、自動化された情報資本主義の利潤追求の原理と、並外れた調和をとるのである。

問題を定義し、価値ある結果が何であるかを決定するような場合には、依然として人間は密接に必要とされるが、ベイズ理論は、この過程の一部を対象化し、したがってそれが計算可能になるという点で、革命的な進歩を遂げている。最終的には、ベイズ革命は資本主義生産における革命であり、かつてテイラー主義が工業生産を行ったように、知識生産を自動化して加速させ、いつの日かテイラー主義革命と同様に重要視されるのかもしれない。ベイズ統計学は、データを一般化可能な事実に変える機械化をゆるし、知識生産を根本的に変えた。さらに厳密なベイズ理論を超えて、この手法がもたらした大きな変化は、確率的な洞察を市場に直接持ち込み、データと市場の要求に基づく意思決定を自動化することを可能にしたことである。また、これから詳しく説明するように、この手法は、市場の評価を知識生産の形而上学に直接統合するのである。

第7章　ベイズの形而上学と知識の基盤

ベイズ理論は、頻度主義の形而上学的な視点を覆すものである。客観的な確率理論から始め、最終的に想像上の主観的に作られる参照クラスに頼ることになる代わりに、ベイズ理論では、主観的な信念から始め、ゆっくりと、しかし手順を踏んで客観的になっていく。レナード・サヴェッジは、この過程をコインの例で説明する。

将来コインがどう投げられるかというあなたの当初の予想は、となりの誰かの予想とは大きく異なるかもしれない。通常、あなたとその誰かの予想の違いは、長期のコイン投げ検証の結果にベイズの定理を適用することによって、ほとんど区別できないほどすっかり変わるものである。このように、ベイズ主義にとって、当初の意見の違いはこのおおよその融合によって、実証に基づいた研究を「客観的」にすることができるのである。(1)

ある意味で、ベイズ理論は頻度主義よりも対象化の過程を重視する。それは同時に、個人的かつ社会的に位置づけられた知識を対象化する方法を与え、その形而上学のもとで対象がどのように行動すべきかを促す論理をも与えるのである。

この形而上学には、対象化の呪文を聞くことができる。好きなことをしたり、考えたりすることは自由だが、最終的に私たちは皆、現実に戻り、食事をしたければ労働力を売ったり、確率を計算したりしなければならない。このように、ベイズ理論は「真の抽象化」を生みだす。ベイズ分析は、統計学の主観的な理論となり、後に詳説するように、契約交換の中では最終的にこの主観の合理性に基づくようになる。この知識生産の手段が資本主義的な交換に非常に適しているにもかかわらず、知識生産の社会的な性質を明らかにすることで、ベイズ分析は資本主義の限界の先を指し示し、最終的には、知識生産に対する資本主義の反感そのものを示すのである。

パーセントの信念

ベイズ理論では、サンプリングされる参照クラスとなるいくつかのグループを、想像するのではなく定義し、研究者あるいはコンピューターを世界の知識を集め続ける係員として考える。場合によっては、これらの確率論は結果的に頻度主義の分析と似ており、同じような振る舞いをすることもある（例えば、コイン投げで五〇％が表になると信じられている場合、実際に投げる回数が多い場合には、五〇％が表になる傾向があると予想される）[2]。しかし、これらの確率論の解釈、使用、形而上学的基盤は根本的に異なるのである。

このように、主観的な確率論を用いること、つまり、客観性を捨てて、情報を得ていないあるいは最小限にしか得られていない当初の信念に戻るということは、反科学的で後退しているように見えるかもしれないが、ベイズ分析は、科学の世界では確固たる足場を築いている。これは、コンピューターパワーの価格が下がってきたことも一因ではあるが、ベイズ分析が、科学方式の重要な問題を考えるための画期的な取り組みを可能にしたからでもある。例えば、事前確率を用いれば、ありえない主張に対して特別な証拠を求めることができるようになるため、ベイズ分析は、再現性の危機や科学的推論の問題を理解できると予想される手段を提供していると言える。その例として、もし超能力の存在というものがほぼありえないとすると、その存在に対する事前の信念を覆すためには大量の証拠が必要になる。さらに言えば、既に偏見がある場合、例えば研究者が意外な結果や選ばれた報告データを発表する確率が高くなるような時は、その偏見はある問題に対するより大きな科学的コンセンサスの分析に入れることができる。つまり、ベイズ分析では単一の実験だけでなく、与えられた知識分野のどんな状態からでも、数学的にモデル化することができるのである。(3)

さらに重要なことは、ベイズ理論が統計分析の利害関係を根本的に変えるということである。主観主義の結果、あるいは統計的検定の結果は、もはや問題の「真実」を語るものではない。むしろ、それぞれの結果は証拠として扱われ、それを受け継ぐ者がそれぞれの期待する確率を計算することができるのだ。例えば、ある研究者は超能力が存在する可能性は非常に低いと考え、別の研究者は超能力の存在する可能性は存在しない可能性と同じくらいだと考えているとする。そして、それぞれが、超能力の存在を示す何らかの証拠についての記事を読んだ後には、異なる確率を計算するであろう。このように信念に焦点を当てることで、頻度主義統計学の問題点を短絡的に解決することができる。科学的な研究は、もはや神や宇宙の存在を超えた真実を与えているかのごとく装う必要はない。その代わり、解析者にデータを提供し、解析者はそれを使って自らの信念を更新することができるのである。

ベイズ統計学は、このような知識の絶え間ない見直しを通じて、情報資本主義に適した方法とイデオロギーの両方を与える。[4] そうすることで、ベイズ統計学は、証拠を信念に変えることができる数学的な枠組みを提供し、その信念は直接自動化された意思決定に変換されるのである（例えば、あるウェブサイトの訪問者にどの広告を表示するのかを決める時、可能性のある広告をそれぞれ仮説として扱い、クリックされる確率が最も高い仮説が選ばれる）。そして、このような個人の信念へ移ることにより、証拠（データ）とモデル（世界や市場がどのように機能するかを企業がシミュレーションしたもの）の組み合わせが、質の低いデータや仮説しかない競合他社に対して、市場での競争力を高めることができることになるのである。

この市場化への可能性は、前章の「動物」と「動物ではない」という単純ベイズ分類器の事例ではっきりと確認できる。十分品質の高い訓練データを使用すれば、企業や科学者、政府が予測を行うことが可能になるため、計算されたモデルは非常に価値の高いものとなり、ほんのわずかな精度の向上でも競争力を高めることに直結するからである。このように、ベイズ革命は情報資本のための重要な一連の手法を提供し、データから知識を計算することを可能にしているのである。

形而上学的な基盤としての市場

一般的な確率論と同様にベイズ分析の起源は、確率論に対する有神論への理解を認めるものであり、ほとんど放棄されていたにもかかわらず、依然としてその形而上学的な力を語っている。ベイズの死後、友人であったリチャード・プライスは、ベイズの書類の中から、興味深い原稿を見つけた。プライスはこの原稿を二年かけて丁寧に編集し、後に『偶然論における一問題を解くための試論』として出版した。序文の中でプライスは、ベイズの発見の神学的重要性について奥深いコメントを残している。

私が示す目的は、物事が成り立つためにはそれが起こるための決まった法則があり、したがって、世界の仕組みは知的な要因の叡智と力の賜物であるということを信じる理由を明らかにすることである。そして、神の存在に対する決定的な要因から考えられる論証をみとめることである。この論考で解決された逆問題が、まさにこの目的に当てはまることは容易に理解できるであろう。なぜなら神は、出来事の特定の順序や繰り返しの中で、そのような反復や秩序が自然界の安定した要因や規則に由来すると考える理由を、明確かつ正確に示されているからである。そしてそれは、偶然の不規則性から起こるようなものではない。[5]

プライスにとって、世界の予測可能性そのものが、たとえそれが確率論的なものであっても、

「規則的な法則」の存在を証明し、それゆえに神の構図を証明することになるのである。
したがって、この問題に直面するとき、プライスは神の存在から宇宙の法則を証明するのではなく、むしろその逆で、これらの規則性の存在が神の存在を証明するとする。この意味で、プライスの考え方は、初期の有名な統計学的検証のうちの一つを行ったジョン・アーバスノットが、観察されたことが偶然だけではないならば、神の存在と介入が検証されたことになると信じたことに似ている。(6)

プライスの主張は、私たちが現在関心を持つものに対して、信念の計算には基本的に神学的な責任が含まれているという貴重な方向性を示している。忘れてはならないのは、ベイズは聖職者であり、彼が生前に発表した二つの論文のうちの一つは、神が私たちの幸せを望んでいることを証明しようとしていたということである。(7) ここに、統計的で主観的な信念の測り方と、超越的な力が世界をあるいはシステムを監視しその本来の機能を保証するという証拠との間に、きわめて重要で神秘的なつながりを見ることができる。(8) この主観的な力は、超越的な別世界にくくりつけられたイカリにその正当性を見いだしていたが、今日ではそのような基盤がなくても機能するようである。

実際、多くの統計学者がベイズの形而上学を受け入れる際、障壁の一つとなっているものに、主観的な信念を決定するための特定の普遍的なルールを決めるのが難しいことが挙げられる。例えば、もし確率論が主観的であるならば、ある研究者の信念が他の研究者の信念よりも正しいかどうかを、どのようにして効果的に判断することができるのかというものである。主観的な確率論がその予測能力において有効であるためには、この主観的な信念を導きだし、記述し、計算するための何らかの客観的な手段がなければならず、したがって、それはその信念を確率論と統計的帰納法の法則に結びつけるためなのである。

主観的な確率論が宇宙の法則とどこで結びつくのかという問題は、神という認識論的、超越的なイカリをこの状況から解き放つといっそう明らかになる。ベイズとプライスによると、これらの新しい数学的法則を発見することは、神が宇宙を創造した時の規則性と数学的構図を目の当たりにすることになるという。ベイズとプライスにとっては、他の人が彼らの信念を共有しておらず、彼らの神学的なルールで考えていなくても、おそらく問題ではないのである。ベイズとプライスが知っていること、そして神が知っていることで十分なのだ。私たちはここで再び、神を客観の力とする対象化された信念の構造を見る。つまりこれは、個人の信念の有無にかかわらず、物事はそのように動くということなのである。しかし、神を信じない数学者にとっては、主観的な確率論は別の場所に基盤を見いだす必要がある。そして、最終的には市場がこの「別の場所」を提供するようになり、それに伴って現代の対象化の資本主義的な力が全面に推されることになるのである。

ダッチブック論証

ベイズの確率論を正当化するためにさまざまな試みがされてきたが、その中でも最も古典的で現在も語られる解説の一つが「ダッチブック論証」である。この論証は、イタリアの統計学者であり数理学者であるブルーノ・デ・フィネッティが一九三七年に発表した論文の中で紹介された。[9] ダッチブックとは、ある賭け（または一連の賭け）は必ず負けるというギャンブルの状況のことである。

デ・フィネッティは、確率論を扱う数学が、自身に不利なダッチブックを作られたくないという主観的な立場から導き出されることを示した。ここでは確率は、ディーラーが提示する契約時の価格（またはオッズ）に変換される。例えば、もしその人がコインは公平であると信じていたら、表に対し、五分五分の勝算（すなわち、一ドルの賭けは正解すると追加の一ドルが支払われる）はいとわないであろう。しかし、もしもコインに偏りがあり、表が出る確率が二倍になると考えられる場合、裏に賭けるためには二対一の配当を必要とする。

ダッチブックを避けるという目的から、確率論の基本的な数学的法則を導き出すことができる。例えば、ある事象が起こる（例えば、明日雨が降る）確率と、起こらない確率の合計は、一より大きくなってはならないというものだ。しかし、もし起こる確率が一対一、起こらない確率が二対一とすると、誰かは雨が降ることに三ドル、降らないことに二ドルを賭けることができる。もし明日雨が降れば、私たちは最初の賭けで三ドルを得るが、二回目に四ドルを失い、正味一ドルの損となる。逆に雨が降らなければ、最初の賭けで三ドルの損、二回目に二ドルの利益を得て、つまり、やはり一ドルの損となる。明日、何が起きても私たちは負けてしまうのである。このダッチブックは私たちに対して作られたものであったのだ。この例を抽象化すると、ある事象とその反対の事象の確率が合計で一にならなければならないことを証明できる。(10) 同様に、確率論の他の基本的なルールも導き出すことができるのである。

今、私たちにとって最も重要なことは、ダッチブック論証が、ベイズの確率論という主観的な領域においても、確率論の数学的法則に経済的な基盤を与えていることだ。驚くべきことに、ロナルド・フィッシャー、イェジ・ネイマン、エゴン・ピアソンが二〇世紀初頭から半ばにかけて学界を頻度主義に向かわせようとしていた一方で、頻度主義の全盛期にベイズ理論を扱い続けていたアーサー・ベイリーのような保険数理士は、保険料を計算する際のリスクのコストについて「現実主義者」でなければならず、そのためにベイズ理論を放棄することを拒んでいた。[11] このような「現実主義」は、交換と価格が、主観的な直観を市場の客観的な真実に変換することができるという資本主義の疑念を裏付けるものである。

ダッチブック論証によると、ベイズ分析では、計算は商品交換の型をとることで対象化の構造を明らかにしているとし、したがって、主観的な信念は交換という客観的な条件に結びつけられるのである。[12] 何を信じようと勝手だが、騙されないための方法は一つしかない。ベイズ分析は、もはや信念の基盤を保証する神を必要としない。ダッチブックは今では、牧師トーマス・ベイズを確かに導いたバイブルの代わりとなっている。

マルクスの諸商品のように、ダッチブックは信念の内に客観性を刻み込み、そうすることで資本主義の対象化の過程の模範となる事例を示し、あらゆる調整可能な基盤を取り除き、真実を市場に流通させる。ここでは、一連の社会関係が対象に——自身に不利なダッチブックが作られるという脅しのもとに——「客観的な法則」とされるものに従って行動するよう強いることになる。実際、デ・フィネッティにとっては、科学における客観性さえも、物質世界の規則性ではなく、私たちの思考の予測可能性の条件となる。デ・フィネッティは、「私は、私が予見した「事実」がなぜ起こるのかを探るのではなく、なぜその事実が起こると「私が予見」するのかを探る。もはや原因を必要とするのは事実ではなく、事実を説明し、結びつけ、予見するために因果関係を想像することが好ましいと考える私たちの思考なのである」と述べる[13]。今やすべてが主観的に見えるようだが、この主観は契約市場に結びついており、最終的には市場に到達するすべての人が客観的に行動するよう要求されるのである。

デ・フィネッティは、自らを反形而上学的な立場に置き、それ自体を完全に自然なものとし、その完全に形而上学的な推測を否定していることをはっきりと述べている。反形而上学的な立場は、感覚的な世界に身を置くのではなく、資本主義と同じように私たちの物質的な存在よりも客観的により真実であるとされる想像上の理想世界にその真実を見いだしている。数学は、世界の存在を忘れることで、最も真実味のある科学となる。「数学、論理学、幾何学は今、世界の存在、外側にある現実の存在、形而上学的な現実の存在という（いわば）疑似的な仮説に対して免疫ができている」とされる[14]。すべては対象化により覆される。この客観的な世界に生きるということは、社会的に位置づけられ、経済的に関係する人間の思考に目を向けることであり、その一方で、物質的な「現実世界」の事実を理解しようとすることは、純粋に形而上学的な考察をすることに他ならない。非物質的な数学へ転じることは、誰からも攻撃されることのない普遍性を可能にする。このようにして、この数学的手法の主観的な基盤は、形而上学的で客観的な世界を生みだしている。つまり、この世界は超越的であると同時に、ダッチブックの迫り来る恐怖に支配された普遍的な確率論の法則に縛られているのである。

レナード・サヴェッジは、物質世界の非存在性についてはそれほど強く主張はしていないが、主観的な確率論を市場の論理に合わせることについては、デ・フィネッティよりも先を行く。サヴェッジは、名著『統計学の基礎』の中で、統計学の行動的理解に関するネイマンの研究に立ち返っている。彼は「統計学の問題は、これまでほとんどが、何をすべきかではなく何を言うべきかを決定する問題として考えられていたが、しかし、既に言語主義に代わって行動主義的な考えが注目され始めている。最初に統計学における行動主義的な考えに重点を置いたのは、明らかにJ・ネイマンである」と述べている。[15] サヴェッジはさらに、ネイマンとピアソンの行動主義的手法をベイズ統計学の基盤として評価し、「個人主義的な統計学は、ネイマン&ピアソンの考えを自然に後から発展させたものとして表れている」と述べている。[16] ネイマンの行動主義を褒めたたえるサヴェッジは、主観的な確率論を完全に経済的な土俵の上に置いている。ある意味で、サヴェッジはすべての認識論を経済学に還元していると言える。デ・フィネッティが因果関係のみを放棄したのに対し、サヴェッジは知識を一切放棄し、交換を優先するのである。

サヴェッジが『統計学の基礎』を発表したのは一九五四年だが、統計学の基礎となる形而上学のあり方は、現在でも多くの点で参考になる。その一例を紹介しよう。例えば、京都議定書（すべての考えられる解決策を市場の原理に還元させようとする試み）の基礎となる炭素クレジット取引モデルを開発した数理経済学者のグラシエラ・チチルニスキーは、自然災害や市場の暴落など、起こる可能性は低いが、もし起こった場合損失の多い事例のリスクを評価することに焦点を当てた研究で、サヴェッジの基礎を好んで引用している。[17]

さらに、ここ数十年の間に行われた統計学の大幅な進歩は、サヴェッジやデ・フィネッティをはじめとするその時代の研究者たちよって築かれた基礎の上に成り立っている。この間にも、ダッチブック論証への反論は続いている。特に、賭けの順番から生じる矛盾や、ギャンブラーに「論理的な叡智」を求めることは明白だが不可能であることが挙げられる。[18]しかし、これらの反論の大半は、この議論を全面的に否定するのではなく、単に修正を主張しているだけであり、そっくりそのまま基盤を残している。[19]

ベイズ主義は科学の革命を見届けた。そして今、研究者たちが大量のデータと安価なコンピューターパワーをより効果的に利用することを学ぶにつれ、新しい認識論の世界がこれらの新しい革命的な手法の上に、一つずつ、そして研究ごとに構築されている。アンドリュー・ゲルマンは「二〇世紀半ばに統計学の基礎研究をしようと思えば、望むと望まざるとにかかわらず、ちょっとした数学者でなければならなかったが(…)二一世紀に入ってから統計学の研究をしようと思ったなら、コンピューターープログラマーでなければならない」としている。[20]私たちは、ゲルマンのその言葉に、形而上学的な知識も少し持っていなければならないことを付け加えなければならない。今日では、サヴェッジとその年代の人々の築いた形而上学的な基礎の上にプログラムを構築することができるのである。

結局のところ、サヴェッジとデ・フィネッティの研究の中で、そしてベイズ統計学への移行が広まったところで、私たちは対象化の客観と主観の間のねじれというおなじみの課題を目撃するのだ。物事の「実際の」仕組みという覆いの背後に迫ろうとすればするほど、より素早く社会関係の中の主観的な経験に立ち戻ってしまうのである。このように、現代の情報資本主義は、ますます細かく調整された客観的知識の源を必要とするようになり、研究者や統計学における形而上学を志す者は、資本主義が残した象形文字のみを見つけることになるのである。

私たちは、契約交換に統計学を用いることで、抽象的な考えは交換の基盤の上に発展するというアルフレート・ゾーン・レーテルが主張した現代の例に出会う。ゾーン・レーテルにとって、物品の交換可能性とその最終的な表現としての貨幣は、不釣り合いなもの同志が向き合い、同一とされるための物質的な条件を作り出すものである。[21] 知識を交換に結びつけることで、主観的なものと客観的なものは、互いに完全には切り離せなくなる。交換が主観と客観を一緒に捻じ曲げてしまうからである。むしろ、主観的な立場から客観性が生みだされ、対象が交換の法則に客観的に縛られることで、両者は反対側にそれぞれの根拠を見いださなければならなくなる。さらには、ダッチブック論証の発展は、すべての生命と主観性を市場交換の原理に基づいて整理する手段として、新自由主義が勝利したことを物語っている。[22] このように、歴史は、フィッシャーの個人主義から、ネイマンとピアソンの管理された客観主義へ移り、そして最終的に個人へと戻ってくる。ただし今度は、この個人は、資本主義的な交換の法則に従わなければならないのである。

一見すると、ベイズの聖書からデ・フィネッティのダッチブックへ統計学の基礎が変化したことにより、資本主義の必要性やイデオロギーと統計学がシームレスに融合したおおよそ最終的で安定した型が生まれたように見えるかもしれない。神であろうと、長期的な頻度における客観性であろうと、交換関係の外にある知識の基盤を一掃することで、この定式化は、十分な情報に基づいた契約交換のみが知識を裏付けることができると宣言する。要するに、資本主義に有利なこの勝利を受け入れるか、あるいは逆に、この経済主義に全力で反対し、批判して抵抗するかのどちらかしかないのである。

しかし、今一度見てみると、これらの形而上学の核心に、この知識の基礎となる交換のインセンティブが、知識よりもむしろ偽装を呼ぶという、形而上学とは相反する矛盾が見え始める[23]。価値は常に相対的なものである。したがって、契約交換の根本的な目的は、絶対的に知識を増やすことではなく、むしろ相対的に契約の相手よりも多くのことを知ることなのである。特に、データから知識を抽出する能力が進歩するにつれ、そのような優位性を得ることはますます難しくなり、集合的な知識、あるいは個人の知識を増やすことよりも、知能を低下させることを目的とした研究が行われるようになる[24]。このような取引が行われる政治経済は、資本だけでなく知識の蓄積をすすめ、それに報酬を与える。そして、その知識を用いて、取引の相手が知らないようなことを現実に構築することもできるのである[25]。統計学や科学が資本の蓄積に基づいている場合、資本蓄積のインセンティブは知るという欲求に常に勝り、相対的な知識とそれに伴う偽装を好むようになる。

さらには、資本主義が科学を再定義したにもかかわらず、世界は、自身のために知るという孤独な科学者についてのフィッシャーの主張を完全には捨て去っていない。交換に先立つ確率知識のファンタジーは、資本主義が科学に与える脅威をあいまいにする。なぜなら、私たちはそのファンタジーにより政治経済の外にある確率論の客観的な基準を維持することができるようになるからである。このため、経済的インセンティブによって知識生産の過程が歪められたとしても、大学内でのより良い手法やインセンティブの変更によって、真の科学的知識は、資本主義が放り出す瓦礫の下から掘り出すことができると考える人もいる。

ここでもまた、抽象と具体との間の複雑な相互作用と、それに伴う支配の型を見ることができる。ベイズ分析は利益の最大化に役立つかもしれないが、そこで見つけられるものは、客観的、つまり抽象的な型で示された社会的現実（人種差別や性差別などを含むもの）である。しかし、さらに具合の悪いことに、これはしばしばフィッシャー的、それはつまり具体的なレンズを通して解釈され、最初単に市場の一時的、偶発的な効果として発見されたものにさらなる力を与える。このように、統計学やアルゴリズムは、暴力や偏見の非客観的な型を効果的に洗いあげ、それらをより安定したものにし、次の実行時にこれらのシステムとその初期条件にフィードバックするのみである。[26]

ダッチブック論証の発見は、資本主義の契約交換によって統計学を強固なものにしたように見えるかもしれないが、結局のところ科学的な生産と資本主義は今、異なる道を歩き始めている。なぜなら、価値抽出の原理は、外部のインセンティブ構造と内部の形而上学的構造の両仕組みにおいて、常にそしてあらゆる場所で、知識生産の必要性をしのぎ、覆す恐れがあるからである。もしも科学が人類の未来のためにあるのなら、それは資本主義に対抗し、その外側になければならない。後期資本主義の状況のもとでは、科学が個人の抱く真実への王道であると主張できたフィッシャーの輝かしい時代に戻ることはもはやできない。今や科学と知識生産は、資本主義に対抗する基盤を必要とし、それを求めている。

これこそが、今日の革命的な数学の究極の課題である。つまり、未来の可能性を決定し、決定される政治的で経済的な利害関係を十分に理解した上で、数学と科学の未来に向けて取り組み、その根底にある形而上学を再定義することである。形而上学的な観点から言えば、ベイズ革命は、個人主義的で排他主義的なフィッシャーのパラダイムを覆した。革命的な数学者は、たとえ口語的な意味での数学者や科学者ではないとしても、これをきっかけに新しい真実と新しい計算を生みだそうとしている。科学の未来は集合的な試みであり、そのようなものとして、私たちの集合的で社会的な存在が、まさに科学の基盤と可能性を提供している。

これは決して、統計学や計算、予測に反するものではない。資本主義と計算に抵抗するために、言葉の余白や非交換性の型を見つける必要はないのである。[27]それどころか、計算と交換はその本質において、非交換性の観点では機能している。統計学は魔法のようなもので、私たちの主観的で確率論的な知識を物質世界に結びつける形而上学的な仕事を行っている。統計学は、特定（データ）と普遍（仮説）を介し、計算不可能なものを計算可能にする。しかし、そうすることで、政治経済と交換の中で、またそれらを通して機能するのである。

アルゴリズムや統計的方法論が生みだす知識は、超越的で個別の真実に頼ることを主張するフィッシャー的思考の上っ面だけで示されることが多いが、実際の形而上学的な支えは、経済的な優位性とリスクによってこの世に結びつけられているにすぎない。それらの知識は、ありのままの世界を反映しているのではなく、「利益を生む」世界を反映している。したがって、革命的数学とは、世界を「ありのままに」見せることを目指すのではなく、むしろ、この対象化の必要性と重要性を認識することを目指さなければならない。ネイマンとピアソンの統計学の行動的な解釈に五カ年計画や工場長が管理する科学が必要であるというフィッシャーの理解には、驚くほどの先見の明があった。確かに、統計学であれアルゴリズムであれ、確率的なシステムによる知識生産には、資本蓄積の原理に反して、今やこの生産に対する何らかの社会的投資が必要になっている。残る問題は、統計学は、製薬会社やテック企業、大学の研究室などの工場長が管理するのか、それとも資本主義に対抗し、資本主義を超える何らかの集合体が管理するのかということである。

政治的に、そしてそれとともに形而上学的に決定されなければならないものは、これらの抽象概念や知識が、ごまかしと社会的な不平等という再生産の上に成り立つのか、あるいはその代わりの他の平等の上に成り立つのかということである。正しくそう呼ぶことができるならば、この決定は、単に個人によって決められるものではなく、まるで資本主義のもとで人がどのように生き延びなければならないかをコモディティ（商品）が決定したように、集合的に発見され、構築され、必要とされるものでなければならない。それと同時に、非客観的な支配の型に立ち向かうことの重要性も認識しなければならない。最終的に、この決定は、統計学や機械学習自体が革命的な目的として示されるこの過程を通して下される。つまり統計学や機械学習は、資本主義の生産様式のもとではもはや機能しないことを客観的に認識するよう、私たちに注意を促すのである。革命的な数学の課題は、したがって、科学的な客観性が経済と生産の変化を必要とする他の一連の要求を見つけ、作り出すことにある。要するに、科学が私たちを物質的にも知的にも養い続けるためには、資本主義の外に出るしかないのである。

第8章　自動化された抽象化と疎外[1]

ギャンブルの勝率、雨の降る確率、ポップタルトの将来の売り上げなど、統計モデルは世界を数学的に抽象化する。それはさまざまな根本的に異なる世界をデータに還元し、さらに新しいデータに外挿できるモデルに還元する。しかし、伝統的な抽象化に関する西洋的思考とは違って、これらのモデルは、取りこんだデータの絶え間ない流れの外にある安定した世界を表す指標になるものではない。機械学習の発見を実用的に引きうける統計的な抽象化は、交換の流動性の中にその指標を再び見つけるのである。その指標は、超越的な理想をどこか外に示すのではなく、むしろその内で契約や賭けの合理的な交換に応じて表すのである。

交換の流れの中で、これらの抽象化はますますモバイル化、モジュール化する。そして、グローバルな社会の変化と個人のショッピングのパターンは、同じ統計プロセスで記述することができる。より安定したこれまでのモデルと同様、これらの抽象化は世界を自由に扱えるようにするが、その代償として、その特殊性が見えなくなってしまう。すなわち、モデルは、これまでに見えなかったものを理解し形づくることができるという点で強力だが、それは同時に最も重要なものを見落としてしまう危険性を伴うのである。このようなモデルの生産力と危険性を説くには、その抽象化の力と、それらが示す抽象化の集合的なプロセスの変化を理解する必要がある。

抽象化の自由

抽象化とは自由である。「抽象化」という言葉は、ラテン語の「分離」、「撤退」、「引き離す」を語源とする。概念としての抽象化は、泥沼のような世界の現実から距離を置き、離れた認識論的な立場から、異なる文脈の中で物事が意味を持って存在することを可能にする。例えば、雨はより大規模の作物サイクルを示したり、地球温暖化の証拠となったりさえする。つまり、個人の事象やデータは、私たちの世界を形づくるより大きなパターンに当てはめることができるのである。

特殊なものからのこの隔たりは、神話の世界にルーツを持つ。ローマ、ギリシャ、エジプトの文化において、神々や半神の集まりの物語を通して表される神格化された抽象的な存在は、特定の概念のシンボルとして扱われていた。ジュピターとジャスティスの娘のパクスは平和を、タナトスは死を、エロスは愛を体現する。(2) これらの抽象的な概念は、擬人化され、その逆もまた同様に、それぞれの神は概念に紐づく熱狂的な崇拝を受け、宗教的なあらゆる神々の地位を確立したのである。

パクスのような抽象性は、神との差異を失い神性から引きおろされ、反面、概念的な名前のついた者は天に残った。これらは、古代ギリシャのプラトンがソクラテスの対話の中で述べたことで有名な「イデア」であり、あるいは、生きた物理的世界を不変の本質の単なる影として理解するための非物質な姿であった。これらの観念論者にとって、真の知識は特定の具体的な事例からではなく、

還元できない普遍的な型から生まれるものであった。基本的な形而上学では、特殊は普遍の劣ったコピーなのである。(3)

このような抽象的な型は、それを使いこなすことができた人々に一定の自由を与え、これらの人々によってうまく表現される一方、必然的に他者の体験を消し去っていった。啓蒙主義、植民地主義、白人至上主義、家父長制、資本主義はすべて、概念を文脈から切り離す抽象化の上に築かれたものであり、特に主流から外れた者たちの場合は顕著であった。哲学者で環境保護活動家のヴァンダナ・シヴァは、「分離可能性は、文脈にとらわれない知識の抽象化を可能にし、疎外と不参加に基づいた妥当性の基準を生みだし、それを「客観」として写しだす」と指摘している。(4) 抽象化が権威を切り捨てようとする場合でさえも、ジェームズ・ジュリンのような自由思想家の手による科学的抽象化を見たように、切り離すことによって作られた専門知識の型は、不気味にも再び頭角をあらわすことに成功するのである。結局のところ、ジュリンは、アイザック・ニュートンの権威に頼ろうとしたということだ。抽象化は、それを生産的にすることができる（そしてそれがゆるされる）人々に力を与えることによって、権威を生みだす傾向がある。

フランクフルト学派の哲学者マックス・ホルクハイマーとテオドール・アドルノは、「主観と客観の距離、抽象化の前提は、支配者が被支配者を用いて獲得する物事からの距離に基づく」とした。(5) しかし、パクスのような神々やキリスト教の神性のかつて神聖とされた認識論は、この数世紀の間に妨げられることのなかった西洋の白人男性主義の思想にとって変わられた。神の場合も人間の場合も、知識と権力は、主観的な世界と客観的な世界を分け、抽象化する能力の上に成り立っている。

そして、この並外れた主観的立場の精神から、支配する者は世界を遠くから眺めることに力を見いだし、「客観性」という力で、手の届かないオリンポス山の頂を取り戻すのである。

ホルクハイマーとアドルノは続けて「抽象化という平にならされたルールのもとでは、自然界のあらゆるものは再現可能であり、抽象化によって道を開かれた産業で解放された者は、最終的にヘーゲルが啓蒙活動の結果として定める「群れ」となる」とした。(6) ここに、抽象化としての商品の力を見ることができる。つまり、商品は私たちを解放すると同時に、私たちをその計算に拘束するのである。質的に違う労働の型を交換によって定量的に等しくすることによって、商品が生まれた社会関係を隠す限り、商品は、自然、産業、人間、知識と同様に、「再現可能」であり、対象化され、それゆえに、数えることができる。このような対象化によって、それまで非整合的であったものが整合的なものとして理解され、扱われるようになる。(7)

自然を再現可能にするため、つまり生命や財産を交換可能にするために、したがって、異なる文脈で機能的に横断できるようにするために、抽象化は、クィア理論家のジャスビル・プアが「抽象化と場所の間の生産的な緊張」と呼ぶものに関与している。本質的に、場所の特殊性は、抽象的なものの通約性、普遍的なものの普遍性の前提に疑問を投げかけるものである。(8) より具体的には、何かを再現可能にし、それに見合ったものにするということは、特殊なものへの探究を諦めることであり、それによって抽象化が崩れ、その分析利用の範囲外で何かが明らかになった（あるいはなりうる）可能性があるということである。その一方で、同時に、その具体的かつ局所的な実体化「インスタンス化」から価値を引きだし続けることになる。ある意味では、統計学と機械学習はこの生産的な緊張を保っているが、資本主義と同じように、それは根本的な通約性を基盤としている。因果関係の説明よりも相関関係を重視する機械学習では、すぐには抽象モデルの作成の促進をするには至らないと思われる局所的なデータを含めることができる。しかし、そのようなデータであっても、選んで集めアルゴリズムによって消化できる状態にしなければならない。

このように、以前の型の暴力と支配を保ちながら、古くからの啓蒙主義的な抽象化のあり方に反して、機械学習の世界は、特殊なものたちが無限の連鎖として映ると同時に、局所的で流動的な抽象概念の無限の連鎖としても現れるのである。そして、この二つの見方は最終的には同じものになる。すべての相関関係は、学習済みデータに対してのみ局所的に存在する。モデルは決して普遍的ではなく、常に特殊で局所的な抽象的なものである。機械学習は、資本主義が常に夢見てきたものをはっきりと確立しているように見える。それはすなわち、常に正確で局所的な交換の瞬間にのみ真実を生みだす認識上かつ経済上の通約性を持つ滑らかで普遍的な共通語となる。アルゴリズムは、抽出できるあらゆるデータを比較可能で最終的には交換可能なビットに変換することができる。しかし、これらのアルゴリズムは、依然として旧来の普遍性の型が持っているものとまったく同じ種類の階層化された違いを生みだし、再生産するのである(9)。

広義に理解されている抽象化は、長い間、人間の思考における本質的で、もしかしたら、生産的であると同時に危険な要素であったが、機械学習はこの抽象化を呼びさまし、流動的にする。ニューラルネットワークなどの機械学習アルゴリズムは、コンピューターが一瞬の相関関係にすぎない抽象化を作り出すことを可能にしている。特定の消費者に、ある時には、ある属性に基づいた商品が推奨され、新しいデータが得られると、次は別の属性に基づいた推奨がされる。ここにベイズ分析の革命的な意味を確認することができる。頻度主義では、再現可能な集団レベルの抽象化を見極めるために実験を行うが、ベイズ主義では、それぞれのケースに応じた抽象化を作り出すほぼ無限の仮説の場を作り出すことができる。ベイズ主義は、普遍的なものではなく、単に一瞬の思考を生みだす抽象化を好む。その価値とは一日、あるいは一ミリ秒の時でさえある市場で得られる価値のみを指す。このようにして、生産的な緊張を溢れさせ、空洞化させ、常に局所的な抽象を生みだしている。それは、終わりのない計算の海の中で、すべての非整合性を追放することを目的としている。

非整合性のない世界とは、啓蒙主義的な理想主義者や、今ではシリコンバレーのエンジニアたちにも増えつつあるユートピア的な願望に従った世界である。これは、一九九〇年代にビル・ゲイツが夢見た「摩擦のない資本主義」のように、定量的なデータに直接符号化され、プログラムされ、最終的には自動化されると予想される世界である。つまり、従来の主観がまったく存在しない世界である。なぜならアルゴリズムの型に、主観と客観の区別がなくなってしまうからである。そして、人は、検索エンジンのランキングを常に最適化しようとするコンテンツ制作者のように、アルゴリズムが計算する内容に従って行動しなければならない。それぞれがますます他のコンテンツに似てきて、主観も客観もある意味で自由にはなるが、システムの法則に従うのみとなる。したがって、この抽象化の自由とはその逆であり、これらの客観側の抽象化が私たちに要求するものを選択する自由となる。企業や研究者は、抽象化の自由を利用して、一見バラバラに見えるデータを使ってアルゴリズムを実行させ、なぜ相関関係があるのかわからないまま、何十億ものデータの記録に真実と価値を与える。企業や研究者は、そこには相関関係があるということと、「客観的に」それに従うことを選択しなければならないということだけを知っている。残された唯一普遍的なものは、交換の構造そのものと、ダッチブックへの絶え間ない恐怖である。

Googleのページランクアルゴリズムは、このダイナミックな様を示すわかりやすい例である。このアルゴリズムは、ウェブの引用構造、またはリンクグラフ構造に基づいてウェブページの「質」を判断するもので、そのページがリンクされている「質の高い」ウェブサイトの数に基づいて各ページの質を正規化する。ページランクにおいて、ウェブページのランクは、単にリンクされるサイトの総数だけでなく、そのウェブページにリンクされるページの(アルゴリズムの計算のみで求めた)想定される質も重要視される。そのため、Googleは、質の高いリンクが少しだけあるサイトを、ランクの低いサイトから多くリンクされるサイトよりも高く評価することがある。(10)

ワールドワイドウェブのほとんどをクロールしたGoogleのコンピューターは、さまざまなページの閲覧の割合を測るため、ネットサーフィンする個人を効果的にシミュレーションしている。統計学的には、私たちはページランクを「ランダムなネットサーファーがあるページを訪問する確率」の指標として理解することができる。そして、このシンプルかつエレガントな公式に、いくつかの「かくし味」的要素を加えることで、Googleのシステムは、クロールしたすべてのウェブサイトの「重要性」を機能的に判断する。一ウェブページのページランクは、その重要性を表す。しかし、あるページのページランクは完全に再帰的である。なぜなら、重要なウェブページとは、他の重要なウェブページからリンクされているものだからである。ページランクでは、重要性の概念全体がアルゴリズムとこの再帰性そのものに基づいているため、この世界に入ろうとする者は、重要性の独自ルールをこのアルゴリズムの再帰性に基づいてモデル化する必要がある。

この抽象化されたアルゴリズムの世界に存在するためには、個人をアルゴリズムで支えられた生活の物質的なインフラ全体に開放し、相応しい形に変え、処理する必要がある。それは、これら抽象化の排他的なうねりの中で生きるということで、それらがどのように作られ、どのように繋がっているのかのみが追跡される。主観の主権に対するこのショックは厳しいものかもしれないが、私たちは自らを啓蒙主義的な意味での主観として再び主張したいという思いに抵抗しなければならない。なぜなら、アプリオリなアルゴリズムの知識が、私たちを数学や統計学という本来ならば完全で平等な領域に還元してしまうと、主観は無力で囲われたままになってしまうからである。

アルゴリズムの抽象化

機械学習は、抽象化によって世界を新たに理解するためあらゆるものをデータに還元し、常に局所で最適な解をリアルタイムで探索する。もう一つの例として、Googleの画像認識システムの「ディープラーニング」と呼ばれる手法を挙げる。この手法は本質的にニューラルネットに複数の層を設け、異なる抽象度を学習させることで、コンピューターのネットワークが画像を分類できるように訓練するものである。Googleのコンピューター科学者は、このネットワークを通じて、一〇〇〇万枚のYouTube動画のスクリーンショットから統計的な共通点を見つけて「ネコ」というカテゴリーを作成することに成功した。

「私たちは学習中、「これはネコである」と教えたことは一度もない」とGoogleのフェローで研究者のジェフ・ディーンは述べ、「基本的にシステムがネコという概念を生みだした」とした。[11]一万六〇〇〇個の連結コアプロセッサーで構成されたGoogleのネットワーク構造は、個々のニューロンの発火を模倣しており、コンピューターが大規模なデータセットの中から共通の対象を認識することを機能的に可能にしているが、これらはすべてラベル付けや前提条件なしに行われている。こうして、Googleのアルゴリズムは、ネコという概念を一切持たずに「ネコ」を発明したのである。ネコという普遍的なアプリオリによってネコが構築されることはない。また、聖職者や専門家のグループが、遠く離れ客観的とされる特殊な立場から普遍的なネコを定義することもない。

その代わりGoogleのネコは、パターン認識アルゴリズムをもとにゼロから作られている。[12]これらのアルゴリズムは、局所的な特徴を探しだし、それらを合わせてより一般的な抽象化を行う。この抽象化の自由は、ピクセルから始まり、それは線となり、やがて形づくられる。それぞれの段階でGoogleの人工ニューラルネットワークの隠れ層が形成されるのである。そして、それらの図形は、画像の類似性（どのような色や形が最も多いか）に基づいて次の段階に集約される。次に、何百万ものランダムなサムネイル画像がGoogleの一万六〇〇〇のコンピュータープロセッサーに放り込まれ、現在私たちが「ネコ」と呼んでいるものの視覚的要素と、コンピューターが多角形の「辺」と共通部品の集まりとしてしか認識していないものが作られ、あちこちもみほぐされ、ネコと呼ばれるものができるのである。

このような抽象化は、無から生じるように見えるが、YouTube動画から得られる訓練データは、複雑で偏った社会的生産プロセスの副産物であることを忘れてはならない。このように、社会的に生産された大量のデータから、自動的に抽象化されたものが、その真実および客観的な産物として私たちのもとへ戻される。これはある意味、価値の構造とよく似ている。データの取得、あるいは作成をし続けるプロセスは、常にそれ自体と交換され、真実として再提示されるまで何度も繰り返されるのである。

これはアルゴリズムによる知識に向けた移行における重要な帰結である。つまり、Googleが言うもの（逆に言えばGoogleがそうではないというもの）は、社会的に生産されたデータとGoogleのアルゴリズムという特異な抽象化に基づいたネコなのである。アルゴリズムの仕組みを正確に知っていても、それがリアルタイムで実行されているとき、私たちはアルゴリズムが生みだす中間層の抽象化には踏み入ることができない。このネコを生みだしたコンピューターのブラックボックスは、量子物理学者のエルヴィン・シュレーディンガーの有名なネコに似ている。このネコは、ランダムな放射性崩壊の結果、生きていると同時に、死んでいるとも言われた。処理されたものが実際に生きているのか、死んでいるのか、あるいは現実のネコなのか私たちにはわからない。さらに、最終的には「ネコ」か「ネコではない」かの判断に関心が集まるのであるが、シュレーディンガーのネコのように、これらの判断をどう理解するかは確率論的なものである。つまり、アルゴリズムは、何がネコで何がネコでないかを常に認識できるように設計されているのではなく、むしろ、不確実な世界に対応し、十分に正しく推測するように設計されているのである。データで構成された世界では（Googleのネコが、統計学的に似たもの同士の強い相関関係でしかないように）、意味はアルゴリズムの出力に託されている。この場合はつまり、おおよそネコであると言える（図8－1）。

　このようにして、私たちは世界がダイナミックに対象化されていく様子を目の当たりにしている。このアルゴリズム上のアダムという語彙は、動物や植物といった知識を決める大胆で新しい表現となり、実際にアルゴリズムが学習するあらゆる概念に取り入れられている。しかし、初代のアダムのようにその名に神の刻印があるものとは違って、名前は常に個別にあり、局所的で流動的である。実際にはネコは存在せず、アルゴリズムが単に合成物を組み立て、それをメモリのどこかに保存するだけだからである。私たちはこの対象化された出力を見て、実際にネコを発見したことに同意するのかもしれないが、Google のアルゴリズムの最終目的は、この過程を何百万回も繰り返すことである。最終的には、アルゴリズムが明るみに出した抽象化は、その抽象化自体が「真実」であろうとなかろうと、そうみなすしかない現実を作り出す。

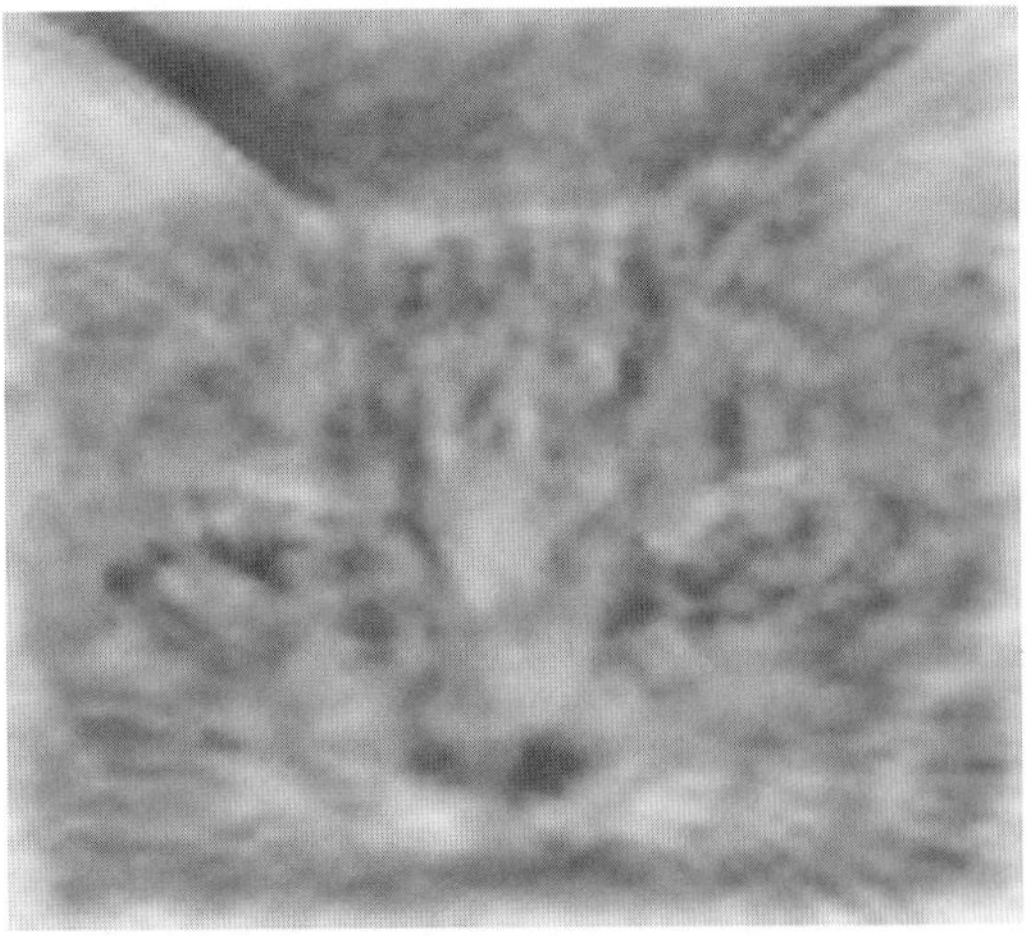

図8－1　YouTubeの静止画から構成されたGoogleのアルゴリズムのネコの元型

　例えば、ミシガン州で使用されている失業保険の請求が不正かどうかを判断するためのアルゴリズムは、誤った判断をしたため三万四〇〇〇人以上の人々に不正の疑いがかけられた。これらの人々は、失業手当が自動的にカットされてしまうのを目の当たりにしたのである。このような誤りはようやく修正されつつあるが、これらの人々の多くは、このソフトウェアの評価に対処しなければならなかった。アルゴリズムが彼らを不正と分類したため、実際の行動に関係なく、機能的に不正となってしまったのである[13]。特に、新自由主義的な論理のもとで、国家と市場が捕食的に機能している以上、これらのシステムは未来を予測するというよりも未来を定義し、その定義に権威を与える役割を果たしている[14]。そのようなアルゴリズムは、抽象化された世界の知識が何を意味するのかを常に定義し、再定義するが、その基盤は常に資本主義と歴史の不正義の産物であり、私たちの現在を構築しているのである。

一般的知性の囲いこみ

Googleのネコのような機械学習された抽象的な知識が生みだされると、その知識を組み立てた命令やパラメーターは完全に機密化され、これらのアルゴリズムによるエラーを修正しようとする者は、常にその自動化された生成物の後ろを追うようになる。このように、デジタル資本主義はこの流動性を利用して、知識そのものを囲いこむ[15]。

神であれ、科学知識の超越論であれ、何かしら外部の参照を元にする知識は、囲いこみに抵抗する機能を持っている。なぜなら、知識を社会で利用するためには、この基盤を社会に共有しなければならないからである。キリスト教が社会に対して生産的になるためには、国家と連携し、小さな教団としての地位を捨てなければならなかった。もちろん、国家は企業の市場での地位を守らせるため、この共有された基盤の上に私有化された法的枠組み（特許など）を構築することができるし、実際にそうしているが、世界そのものに関する知識はこの基盤を共有する共同体に属するものである。

しかし、ひとたび知識が資本主義的な交換のメカニズムの中にしっかりと定着すると、その知識は囲いこみの標的となる。これは、一三世紀以降、イギリスで共同放牧地が囲いこまれ、私有の農地になっていった過程と似ている。統計学の歴史では、イェジ・ネイマンとエゴン・ピアソンに始まり、レナード・サヴェッジとブルーノ・デ・フィネッティによって究極的に表現され、共有された（利己的かもしれない）研究コミュニティから確率論の知識が解き放たれる中に、同様の囲いこみの過程を見ることができる。そして今、現代の機械学習における統計学の運用に伴って、知識を囲いこむ過程は、これまでには不可能だった強度と範囲に達している。このような囲いこみへ向かわせる力を証明するには、現在の大規模な私有データセットをめぐって起こる騒ぎとその価格、あるいはFacebookのような企業がユーザーデータへの秘密のアクセスを大手パートナー企業に提供していることなどが次々と明らかになっていることを見ればよい[16]。

私有化され、抽象化された知識の壁の背後には、マルクスが「本源的蓄積」と呼ぶもの、つまり、蓄積された余剰の富が資本となる原始的な過程を作り出すという精神が存在する[17]。しかし、このような初期の余剰の富の蓄積は、アダム・スミスのような古典的思想家の理想的な実力主義とは違って、資本主義の公式的な法則の外に存在すべきである。歴史的に見ても、暴力、植民地主義、窃盗、奴隷化が、資本主義の基盤を築き、その機能を保つのに必要となる膨大な富を生みだすため、他者を収奪し貧困化させたのであった。マルクス主義の地理学者であるデヴィッド・ハーヴェイは、この「共有財産の組織的な窃盗」は、「コモンズの囲いこみという壮大な動き」から始まったとしている。これは、植民地からの搾取と、公共財の私有化という二重のプロセスであった。[18]

資本主義が新たなフロンティアである情報へ向かうにつれ、土地ではなく、かつては概ね社会や文化の共有財産と考えられていたアイデアを私有化する第二の囲いこみの動きが始まっている。[19]世界のデジタルインフラを支える専売のコンピューターコードから、利益追求のヒトゲノムの科学研究まで、無形の知識に関する特許は情報資本の原動力となっている。[20]これらの力は、富を生みだすというよりも、他の場所に存在する富を収奪し、盗み、私有化しようとするものである。

新しい種類の資本の本源的蓄積は、この第二の囲いこみの具体的な特性によって生まれる。ここで、かつては共有であった農地の私有化が、かつては共有であった社会的な知識や社会生活の条件そのものの私有化に置きかえられる。つまりマルクスが一般的知性と呼ぶものの私有化である。[21]この最新の囲いこみは、古くから存在する多くの法的な手段、例えば、特許、企業秘密、秘密保持契約などによって行われている。[22]さらに、多国籍企業が所有する巨大なグローバルサプライチェーンの構築は、グローバルサウスからの労働力と富の収奪を可能にする。これにより、ますます労働者が都市部へ出稼ぎに来ることを容易にし、農業関連産業による土地の私有化と同時に、都市部で高い賃金を得られる可能性が拍車をかけ、最終的に労働力とその予備軍のグローバルな供給量をさらに増加させている。[23]このような方法は長い間、資本主義の一部であったが、現在では、知識の自動化とアルゴリズムによる生産を通じて、剰余価値の生産に直接転換されている。これは抽出と生産に対するグローバルな需要の高まりに伴うものである。

この変容は、アルゴリズムによる高頻度取引や、遺伝子特許を扱う知的財産権の制度に象徴される。前者は、本質的に高頻度ではなくこれまで通り取引する者に対する法人税として作用し、後者は世界に存在する情報の知的、社会的な生産力を私有化するもので、しばしば主流から外れたコミュニティが所有する知的財産を盗むことによって私有化される。[24]

この私有化が特に明らかになるのは、経済理論家のニック・スルニチェクが「プラットフォーム資本主義」という名前で概説しているものの成長であり、そこでは企業が社会的かつ経済的な交流を行うためのソフトウェアやハードウェアを所有している。[25] 反資本主義者とサイバーユートピア主義者の両者が、Ｕｂｅｒは実際のタクシーを所有しておらず、Facebookには実際の友人は存在せず、エア・ビーアンドビー（Airbnb）は不動産を所有していないと語ることは有名である。この三社は最も基本的な市場交流を可能にするだけで数十億円の収益を上げている。新しいデジタル経済は、Ｕｂｅｒ、エッツィー（Ｅｔｓｙ）、アマゾンといったプラットフォームの驚異的な普及をもたらしたが、ゼネラル・エレクトリック（ＧＥ）やディア・アンド・カンパニー（John Deere）といった伝統的な製造企業も、自らを独占データ企業に変えようとしている。例えば、ディア・アンド・カンパニーは本質的に、農家が自身で機材を修理できない農業プラットフォームを構築し、そこで農家によって生産されたデータを会社が集約しているのである。[26]

スルニチェクは、これらのプラットフォームが相互に関連する二つの方法で利益を生みだしていると主張している。一つは、プラットフォームがネットワーク効果を利用した交換のためのインフラを提供していることである。つまり、十分な数の売り手と買い手がプラットフォームを利用している場合、どちらのグループもその反対のグループが既にそこにいるため、さらにそのプラットフォームに引きつけられる。この影響により、新興のプラットフォームの買い手または売り手、あるいは商品が、選択のための十分な数を持っていないため、商業的な競争が非常に難しくなる。そこでは、その取引から何％かを徴収することもでき、実質的にはプラットフォームの利用者にレント［家賃］の支払いを求めることができる。二つ目に、私たちにとって最も重要なこととして、プラットフォームがユーザーとその取引からデータを抽出することが挙げられる。機械学習アルゴリズムによって抽象化されたこのデータは、プラットフォーム内で買い手と売り手をより迅速かつ効果的にマッチングさせることができる。例えば、Ｕｂｅｒは従来のタクシーよりも運転手と乗客のマッチングにおいて優れている。このような好循環は、既存のプラットフォームの競争における優位性を増し、資本の蓄積と市場での評判にさらに追い討ちをかける。

アルゴリズムを駆使した錬金術師のように、これらのプラットフォームは、［一回の］交換から二回価値を引き出す方法を見つけたのである。交換に料金を課すだけでなく（例えば、Ｕｂｅｒは運賃から一定の割合を徴収し、Facebookは広告料を徴収する）、その取引からデータを得て、アルゴリズムで処理し、プラットフォームのマッチングシステムをより効率的なものにする。そのデータは他の企業に売ることもでき、さらに利益に変えることができる。今では、土地だけでなく、ショッピングやコミュニケーション、旅行の手段そのものが直接私有化されている。かつては公共的であった（少なくとも半公共的であった）市場の不協和音は、交換から学べる公共の知識と併せて、今では囲いこまれている。

一般的知性を囲いこむ過程は、マルクス主義で哲学者であるパオロ・ヴィルノが「大衆的知性」と呼ぶものから始まる。ヴィルノは「後期フォーディズムに生きる労働のすべては、（…）機械で対象化できない認知能力の預け先である限り、大衆的知性に（属している）。大衆的知性とは、今日、一般的知性が明らかにされていることを示す顕著な型である。危機に瀕しているのは、明らかに個々の労働者の科学的な学識ではない」とした[27]。このヴィルノの発言は、文字どおりに受けとめるべきであろう。一般的知性と個々の労働者の科学的生産との間には、埋めることのできない形而上学的なギャップが存在しているのだ。科学や計算が生産的であるためには、一般的知性の観点で直接生産されなければならない。個の科学者こそが知るべき存在であるというロナルド・フィッシャーの主張は、決して直接的な生産をもたらすものではない。このような囲いこみの過程は、一時的には利益を生むように見えるかもしれないが、自らの基盤を直接脅かすことになり、それに伴って科学的知識の生産も脅かされることになる。

自律主義者でマルクス主義を信じるものの中には一般的知性の発展を、必然的に労働時間を減少させるであろう力として完全に理解し、テクノユートピア主義の左派的な約束を提示するものもある。一方でその囲いこみと私有化の可能性はむしろ、それが資本主義者の矛盾の場であることを示唆している。とはいえ、労働者にとって有利に解決されるという保証はない[28]。情報メディア学者のニック・ダイアー＝ウィスフォードによれば、「階級闘争で争われるノウスフィア［生物圏の発展における最高段階とする哲学的概念］を対立的な視点から見ること」が重要であり、「これこそが「一般的知性」の理論が開く展望である」という。[29] それは、人文科学の集合的な可能性のための発展と未来に空間を開くものだが、特定の発展を約束するものではない。

形而上学的な観点から言えば、知識のための超越的なイカリのとりはずしと崩壊は、知識の私有化を可能にし（この超越的な何者かは、しばしば自身の排除の上に成り立つ共同体による知識の所有をもはや保証しないため）、それと同時に知識の集合化を要求する（なぜなら、知識の有意義な生産のためには、共有された知識に基づく交換という集団的行為が必要だからである）。個人が知識を求めることに根本的に反対すべきではないことを踏まえ、フィッシャーの「科学の状況を自らが理解しようとする利己的で、おそらく無信仰の目的」は、一般の利益のために科学を生産的なものにしたいと願っている人たちにとっては、何の関心もないことであろう。[30]

実際、一般的知性が機能するためには、オープンで社会的でなければならない。そうでなければ、偽装ははびこり、そして、近年次々と明るみに出るディフィートデバイスやプラットフォームの私有化に見られるように、社会に有益となる世界の抽象化よりもレントシーキングにみる利潤追求の行為が必然的に優先されることになる。ここで、私たちは、現代のデジタル資本主義における知識の基本的な矛盾に遭遇する。その矛盾とは、統計学や機械学習が生産的であるためには一般的知性の観点から機能しなければならないのだが、現状は、所有権付きデータセットの私的で小さな領域に留まりがちだということである。しかし、データセットを使用した利益追求のための効率的な抽象化が成功すればするほど、それを私有化したり、囲いこんだり、単に偽装したりするインセンティブが大きくなる。一度データの生産とその抽象化がFacebookやＵｂｅｒのデータベースに囲い込まれると、それらの抽象化は、理想的で一般的な意志ではなく「囲われた知性」とでも呼ぶべきもの、つまり、市場における各企業の所在に応じた、特定の商品化された場所からの知識しか生むことができず、その知識は利益を生みだす能力のみによって決定されるものをいつも決まって解明することになるのである。この過程全体が、囲われた知性の中に存在するすべての社会的な偏見と搾取を再現し対象化する。そうなると、無知、偽装、ディフィートデバイスは知識やより公正な世界への望みよりもいっそう交換可能になり、それゆえに、利益を生むのである。[31] 例えば、血液検査の新技術を開発したと偽りの主張をしていた血液検査会社のセラノス（Theranos）は、偽の知識で何億ドルもの資金を調達することに成功している。[32] 後期資本主義のもとでは、まったく偽りの抽象化も、しっかり世界に対応するものと同じように価値を持ちうるのである。

資本主義の計算問題

超資本主義という私有化された一般的知性の囲いこみは、自由主義経済学者のルートヴィヒ・フォン・ミーゼスとフリードリヒ・ハイエクの有名な社会主義批判を反対に解釈したものである。フォン・ミーゼスと後期のハイエクによると、社会主義は「計算問題」と呼ぶ問題を抱えているという。[33] 彼らにとってこの問題は、中央集権的で官僚的な組織では、最適な商品の流通を適切に把握することができないというものである。チリのサンティアゴ市の国家計画担当者は、ビニャ・デル・マール市の店に何台の携帯電話を送るべきか、どうやって知ることができるというのであろう。フォン・ミーゼスとハイエクは、需要と供給により合理的かつ効率的な物流を計算する価格でもって市場はこの問題を解決すると主張した。市場に任せておけば、無限に続く交換のサイクルの中で、すべての消費者の主観的な利益が正確に反映されることになると彼らは考えている。このように、需要と供給の法則によって、市場は最も必要とされる場所に物品を移動させることができる。この需要と供給を信じるならば、資本主義は、個人の知識と一般的知性、あるいは特定と普遍を隔てる形而上学的なギャップを、各個人の私的な計算によって安定した経済を作ることができるとする架空の世界を作ることによって埋めることになる。この解決策は、個人を分散したコンピューターとみなし、彼らが互いに労働力と物品を売買することで、商品と労働力の「最適な」配分を計算するというものである。要するに、資本主義は、アルゴリズムシステムが実現できるとされている移動可能で流動的なリアルタイムの抽象化を生みだすのである。

ハイエクは、現在私たちが新自由主義と呼ぶ政治経済学の枠組みを確立した人物だと言っても過言ではない。彼は、一九三六年にロンドン経済クラブで行った講演で、この計算過程の重要性を説いている。

経済学は、他のどの社会科学よりも、すべての社会科学が抱える核心的な問題に対する答えに迫っている。それは、異なる思考に存在する知識の断片の組み合わせがどのようにして答えを出すことができるのかというものである。もしその結果が慎重にもたらされるとすれば、一人の人間だけでは持つことのできない管理する側の知識を必要とする。(34)

フォン・ミーゼスもハイエクも、この過程は資本主義の市場の条件のもとでのみ可能であるとしている。なぜなら、いかなる官僚も、それぞれ個人の知識を完全に考慮に入れた「合理的な」経済分配を計算することはできないからである。しかし、情報とデータが経済と一体になるにつれ、(たとえ資本主義の非常に不公平な「合理」の定義に照らしても)合理的な分配を計算することがまったくできなくなってしまったのが、現在の資本主義なのである。

この点は、現代のグローバル資本主義を定義する長引く危機状態を見ればわかる。例えば、二〇一三年九月一六日、米国連邦準備制度理事会(FRB)は、二〇〇八年以降の金融刺激策である国債の購入を継続すると発表した。この決定は、午後二時ちょうど(国立の原子時計で計測)ワシントンDCの連邦準備制度理事会本部で発表された。この情報が発表されてからわずか三ミリ秒後に、シカゴではいくつかの大口資産の注文が入ったのだった。

最速の場合の光の速度を考えると、情報の伝わる速度にも限界があるため、ワシントンDCからシカゴまで光ファイバーでそのようなニュースを届けるには、最短でも七ミリ秒はかかるはずである。記者たちは発表前にこの決定について知らされてはいたが、午後二時までは部屋に隔離され連絡を取ることができなかったという。高頻度取引の高掛金の世界では、コンピューターがミリ秒単位の取引速度の優位性を利用して莫大な利益を得ようとするため、この四ミリ秒の事前通知はかなりの金額に値するものであった。つまり、シカゴの他のトレーダーが連邦準備制度理事会の決定を知る前に、推定六億ドルの取引が行われたのである。何者かがこの非常に貴重なミリ秒を盗み、この情報をもとに、他の誰かが行動を起こす前に数億ドルの取引を行ったのだ。

デヴィッド・ハーヴェイが主張する囲いこみの結果としての高速金融取引は、現代の経済構造における中心的存在となっている。つまり、高速ネットワーク化されたデジタル資本主義の台頭によって可能になった時空間の圧縮である。[35] 一九七〇年代以降の通信技術の発展と流通の加速は、ミームから金融派生商品まで、非物質的で刹那的な商品の流通と消費を促進している。[36] これらの情報商品は、もはや単に物質的な生産を管理するだけでなく、それ自体が直接生産的である。徹底的に仮想化され、情報化された後期フォーディズム経済の労働過程において、パオロ・ヴィルノは、「思考と言説は、それ自体が生産的な「機械」として現代の労働において機能しており、（…）それが機械的な身体や電気的な魂である必要はない」と論じている。[37]

知識経済における知識は、単に洗練された機械によって固められ、それによって動かされているだけではない。むしろ、知識そのものが現代資本主義の社会関係に内在する準独立的な生産力となっている。つまり、知識はもはや、産業が物品を生産する速度を早めるものではなく、自動化の力となり、それ自体が価値を生みだすもの（例えば、ビットコインのマイニング、高頻度取引、ニュース報道の自動化など）となった。生産はもはや工場に限ったものではない。資本主義は、すべての社会関係を生産様式に組みこみ、変化させていく。その結果、社会そのものが「社会工場」となり、すべての社会的相互作用が生産の前段階となる。今日においては、常に無給の文化的な生産やギグエコノミーがその例であり、それらは常にネットワーキングが必要である。[38]

私たちは、ごく些細な情報の断片を集めることを非常に重要視する経済の台頭を目の当たりにしている。例えば、検索クエリ、ＧＰＳの位置情報、Facebookの投稿など、数えればきりがない。この四ミリ秒をどうやって盗むかに労力が費やされたのは確かだが、物質経済的な報酬は、純粋な知識と盗みの一形態にあたるもの、つまり他のトレーダーよりもいち早く金融商品の交換価値を知ることから得られるものである。このように、いわゆる「知識経済」には別の定義を与えることができる。その特徴は、知識を生産的に利用するのではなく、むしろ正反対で、知識の非生産的な盗みと私有化、ひいては一般的知性の盗みと私有化である。この盗まれた四ミリ秒は、何らかの一般的な知識を発展させるために使われたのではなく、集合的な知識を貧しくすることで資本主義を安定させるために機能していたのである。

このように、現在の統計的推論や機械学習は、ゲームのルールを見つけるためのみに使われ、ルールをどのように変更するのかということには使用されない。賭けが利益を中心に行われる限り、統計的手法は、いかにして丁度良い加減をとるかという科学、あるいは不誠実な会計の科学でしかない。したがって、統計的推論と機械学習の問題は、アプリオリに経済、社会生産、知識の問題であり、それを支える政治経済の外に立つことはできないのである。(39)

経済的な価値の生産が形づくられるとき、あるいは、少なくとも促進される場合、個人の不確実性の度合いによって、つまり、人間であれコンピューターであれ、ベイズ革命によって交換を行う個人に知という責任が課せられることによって、嘘をつく経済的動機が増える。現代の資本主義のもとでは、企業は、かつてソ連の官僚制度の独占的な分野であると考えられていた規則性と規模で、企業の経済状況をねつ造するようになっている。ハイエクによれば、価格のメカニズムは、商品価格を評価するために個人が知識を共有する必要があるため、経済全体に知識を分配すべく機能するが、経済の流動化と私有化が進むにつれ偽装がルールとなるという。[40]

このような私有化によって、利用可能なデータや利益追求の枠の外に、科学やテクノロジーの発見にはおよそ乗り越えられないと予想される障害が生じていることが見てとれる。[41]不正確なアルゴリズムシステムの数々、科学における再現性の危機、ユーザーデータや政治的な広告をめぐるスキャンダルに対しては、Facebookなどの企業からは控えめな謝罪しか得られていないようだ。また、神戸製鋼所のような企業が一〇年以上にわたって金属の品質管理データを改ざんし、自動車や飛行機、列車の構造的な安全性を損なう可能性があったことなどを見れば十分理解できるであろう。[42]

金融危機や不完全雇用に表されるように、これらの不誠実は、「不誠実でなければうまく機能する」という経済システムから逸脱することではない。むしろ、これらは「資本主義の計算問題」とでも呼ぶべきものである。[43]確率論の知識を得るためには、できるだけ多くのデータを一箇所に集めて計算する必要がある。しかし、確率論の支配下では、市場は、可能な限り多くのデータを集める代わりにデータの消失を止めるよう動く。何か別のシステム、別の計算方法、要するに資本主義以外の交換手段がなければ、確率論的な知識生産は不正や偽装を好むようになる。第4章のヨナと乗組員のように、くじはより壮大な神学的、くじ占い的なシステムの認識論的な裏付けがなければ、ある事象については何も語らない。しかし、資本主義のもとでは、この支援システムは「価値」の出る知識を優先し、「有用」な知識生産にはますます背を向けている。つまり、社会的に有用な知識生産が、相手の知識の貧困化を目的とした軍拡競争に取って代わられることが多くなっている。最終的に、統計学や機械学習によって対象化されるものは、まさに、そしてもっぱら市場の要求である。これらのシステムは、現代資本主義の具体的な支配と抽象的な支配の両方を、対象化された型で再提示する役割を果たしているにすぎない。

一般的知性の囲いこみは、集合的な知識を構築する可能性を妨げるものである。企業の独自の囲いの中で統計学は、利用可能で局所的に区分けされたデータと知識に基づいて抽象化を行うことしかできない。そうすることで、機械学習は最終的に、「局所的最適化」と呼ばれるような問題のある部分に最適な解決策を見つけることだけを目的とするようになる。これはローカル（局所）の状況に応じた具体的な知識が重要でないというわけではなく、実際には、このようなところからしか知識を生みだすことができないということであるのだが、ローカルの特異性が利益によってのみ決定される限り、それはグローバルな収奪と搾取のシステムを反映したものにしかならない。

自然性と存在論

人工知能はいまだに与えられた問題しか解くことができない[44]。コンピューターはますます大規模なデータセットを処理できるようになったが、これらのデータセットには、起こりうる結果に影響を与えることのできるすべての属性のほんの一部しか含まれていない。さらに、まったくの教師なし機械学習の問題であっても、エンジニアは何が問題なのか、そのような問題を解決するにはどうしたら良いかをある程度決定しなければならない。抽象化の自由とは、このような定義に基づいた自由である。抽象化とは、ある特定の主観的な立場から距離を置くことであり、同時にその立場に与えられた知識の範囲内で、抽象化の全体像を決めることでもある。

そして、私有の不透明なシステムが、継続的にリアルタイムで抽象化を行うようになっていく中でも、安定した領域が必要な政治の理論は抽象化の影響をあまり受けない。世界を定義する概念そのものが、現在ではもはや固定されたものではなくなっており、それゆえアクセスしづらくなっている。二〇一八年、Googleの最高経営責任者であるサンダー・ピチャイが議会で証言を行ったとき、保守派の議員たちは、検索エンジンがリベラルに偏った結果を返していると繰りかえし非難した。ピチャイは、特定の結果を擁護するのではなく、方法論的な問題を説明することで、これらの非難をほぼ回避することができた(45)。たしかに、これらの計算の力と権威は、企業やその従業員に局所化されたものではなく、その代わり、従わなければならない何らかの方法によるものであると考えられる。旧来の抽象化の型は、貴族階級以外のすべての人々を世界から疎外していたが、新しい計算による抽象化の型は、全人類を思考そのものから疎外する。主体が自らの立ち位置と、自らの行動の非線形な結果についてよく理解していない場合、知ることができないからこそ政治的に行動するのである(46)。政治は常に非線形力学に直面してきたが、これらの力学を自動的に調整しようとするシステムの普及は、単に異なる選択をする主体に基づいた政治への希望を閉ざしてしまうことになる。

しかし、思考と知識が伝統的で直接的な意味において、ますます異質で理解できないものになると、疎外のない「自然な」主体を目指す政治、あるいは世界の客観的で観察可能な利害関係によってのみ条件づけられた主体を中心とする政治に頼ろうとすることでさえ、結局はうまくいかない。なぜなら、これらのアルゴリズムや統計システムが生みだす物質的で政治的な力を説明することはどうしてもできないからだ。これはまさに、このような主体的な立場が、不透明な機械学習アルゴリズムにはない超越的な視点を前提としているからである。つまり、これらのテクノロジーが抽象化を作り出すことで社会関係にどのように関わるかを知るためには、この主体に状況の外側または上に立つ能力、つまり、全知性と超越性が与えられる必要があるのだが、それは不可能なのである。さらには、哲学者で文化理論家でもあるシルヴィア・ウィンターが示すように、人間という概念こそが、今までの神学的で超越的な力を自然性に結びつけている。その自然性は、階層化された存在の理解を覆すものでは決してなく、その代わり男性や白人以外の人々を常に排除する人間性の概念に自然性を符号化するのである。このような評価システムを覆すことは、自然と真への信仰を放棄することによってのみ可能となる。(47)

主体は、そうすると、まったく発せられる真実ではないと考えなければならない。主観はシステムの汎用性によって無差別に支配され、その逆もまた然りであり、つまり、基盤のない客観は主観的な特殊性にねじ込まれるのである。この罠の中では、人は自らが望むようにどのようにでも信じる、あるいは決定することができるが、システムにプログラムされた確率論の法則には、必ず従わなければならない。確率論の法則は、その上に成り立つ市場のように、知識を市場に持ちこむ人の信念の有無にかかわらず機能する。つまり、主体は自由であるが、それは、何が重要であるかにより支配されるシステムの法則に従うことができる限りにおいてであり、資本主義のもとでは、市場で何が評価されるのかが常に問題となる。特殊は普遍の中でこのように疎外され、同時に普遍は特殊の中で疎外される。

全般的に、信念、経験、主観性が交換の制約によって条件づけられているとき、財産所有者が

「人種差別的なのは私ではなく市場である」と言い張るのは、まさに人種資本主義のシステムが機能するための論理を反映している。[48] もちろん、そのような主張は人種差別的であるが、その主張をする主体は、人種差別がどこか他の場所、つまり市場の客観性から来るものだと信じている。構造的な白人至上主義が、誰かの財産価値の統計的基盤に対象化されてしまうと、人生は計算プロセスの抽象性の中に閉じ込められる、つまり、批判に抵抗する認識力の麻痺に陥るのである。このようにして、私たちは、アルゴリズムが白人の住宅ローン申請を有利にした人種差別的な住宅政策が続くのを目の当たりにしている。なぜなら、このような計算の基盤となるデータセットには、住宅や融資における人種差別の歴史が織りこまれているからである。[49]

主体の生きた主観的な経験における特殊性は、コンピューターによって生みだされた新自由主義の抽象化の構造に巻きこまれてしまう。形而上学的に言えば、統計学は、特殊性の持つ関係を普遍性に客観的に結びつけるための公式の科学となっている。そして今では、ベイズ革命のおかげで、市場そのものに支配されている。自らの人生とその人生を取り巻く構造との間の歴史的な対立は、解消されたのではなく、単に移動可能で流動的な市場ベースの関係に再構成されたにすぎない。ある者には多かれ少なかれ抽象化の自由が与えられているが、しかし、それでも、これらの抽象化は資本主義の要求によって媒介されている。

この形而上学的な縛りを解くために、何か自然な、テクノロジー以前の、統計学以前の資本主義以前の型に戻ることを求めることはできない。また、リベラルな主体の断固とした立場を鵜呑みにすることもできない。彼らは、これらのアルゴリズムシステムの複雑さを知り、機能的に監査することができ、これらの問題は改良するのみで解決できると信じている。その代わり、私たちは、統計的に定められた世界の中で、すでに慣習になった構造的になめらかになっているものの必然性を変換していかなければならない。それはつまり、疎外の力を持つもののすべての抽象化である。

そのようなわけで、抽象化の行為自体、そして、特に、固定された超越的な基準に反する流動性でさえも、必ずしも搾取の力になるとは限らない。このような抽象化は、モデル化する世界のいくつかの属性を必然的に省略してしまうが、それでも潜在的には生産的である。[50] しかし、それらの抽象化が社会に対して生産的であるためには、抽象化を生みだすその生産のテクノロジーやテクニックとともに、資本主義的な破滅から切り離されなければならない。取るべき手順をはっきりさせるにはほど遠いのだが、私たちは集合的に、異なる神秘、普遍と特殊の間の異なる関係、そして、私有化された知識と価値の生産から解放された新しい抽象化の型を評価するために、革命的数学の仕事に向かわなければならない。古来の神の神秘、国家、そして、今では資本さえも荒れ果て、知識生産や私たちの共同的な存在を支えることはできなくなっている。しかし、それらがこれまでにも、大部分の人間の生活に崩壊以上のものを生みだしたというわけではないが、今や、それらのユートピア的、科学的に突き動かされる形而上学でさえ、直接崩壊に追い込まれている。

要するに、私たちは理論的かつ実践的にこれまでとは違った型や計算方法を考え、知識生産に取り組まなければならない。しかし、これは未来のための単純な物神崇拝を意味するものではなく、また、そうはできないことを明確にしておこう。このような矛盾の力がいくらかの猶予を約束してくれると考えるほど、私たちは希望に満ちてはいない。せいぜい、対象化そのものの力と、知識と価値の生産を再構成するためのきっかけや機会を提供されているにすぎない。

データの記録と処理の能力が指数関数的に増加し続ける中で、これらのテクノロジーを活用できる可能性があるのは、一般的知性のレベルにおいてであろう。つまり、公共に、社会に使用されることだけを通じて、私たちはデータを意義ある生産的な知識に変えることができる。今日、計算の問題に苦しんでいるのは資本主義であり、何か他の型の交換と抽象化によってのみ、より有意義に、合理的で公正な商品と労働力の慣習を計算できるのである。

疎外

二一世紀の科学とデジタルテクノロジーの生産性の責任を完全に受け入れるには、マルクスの疎外論を見直す必要がある。[51] マルクスは、資本主義の生産過程が労働力の疎外の過程であることを浮き彫りにしている。職人や初期の農民は、自分たちが消費する、あるいは自分たちが販売を管理する商品を生産していた。多くの労働者（特に奴隷や年季奉公の者）にとって、資本主義以前の生産は労働を疎外したが、資本主義はこの疎外を賃金労働の型で一般化した。そして、その後の工業生産では、生産手段はますます資本家階級の手に渡るようになった。さらに、機械の自動化が進むにつれ、労働者は自らの労働過程とその成果物の両方からさらに疎外されるようになった。マルクスが『機械についての断章』で示しているように、「機械の意識を持たない手足を、その構造によって、自動機械として目的を持って行動するように強制する科学は、労働者の意識の中には存在せず、むしろ機械を通して、疎外の力として、機械自体の力として、労働者に作用する」のである。[52] このようにして、労働力は、それを供給する労働者から「疎外」される。労働者はもはや自らの仕事の商品や過程に直接関わることはなく、自らの労働力を賃金と交換し、労働者が作るものは自らより直接疎外する一方で、労働時間はますます機械に管理されていくのである。

マルクス主義では、この疎外論を重視してきた。例えば、自律主義的なマルクス主義は、社会労働や職場外の資本主義による搾取のベクトルを理解する上で、疎外の重要性を強調している。つまり、資本の力が工場だけにとどまらず、社会構造全体に及ぶようになると、資本力の対象は、心も含めた社会全体に向けられる。フランコ・「ビフォ」・ベラルディは後期フォーディズム資本主義のもと、「経済活動の外、生産労働とビジネスの外には、もはや欲望も活力も存在しないようだ」と述べている[53]。この場合の疎外とは、生産が労働者階級から切り離されることだけではなく、ほぼすべての人の感情的な生産が資本主義の労働と消費に向かって疎外されることである。要するに、私たちは生産の過程だけでなく、広告が私たちに売るものを消費することや、資本主義が成功のイメージとして私たちに示す生活を望むことからも疎外されるのである。

その疎外の力だけを理由に資本主義に抵抗することは、初めから苦境に立たされた抵抗の仕方であり、私たちを外部ではなく、疎外のない資本主義に戻すことを約束するだけである。しかし、ふさわしい体験を買うことによってのみ自分自身であることの自由へ戻ることが許されるのである。多くの点で、いまだ資本主義への抵抗を疎外への対抗として根拠づけようとする人々は、商品形態の分析を通して直接理解し、意義ある職人的な直接生産への復帰を望んでいる。より伝統的なマルクス主義（そして、ローカル生産に戻りたいと願う多くの同志たち）によれば、労働を実りある、人間ならない[54]。

を豊かにする社会活動の型として取り戻すためには、労働者階級は単に生産物を奪い返さなければならない[54]。

ここで、疎外を単一の現象として理解しないことが肝要である。カテゴリーとしての「疎外」は、時に高収入を得るプロのソフトウェアエンジニアが感じる疎外から、アフリカ系アメリカ人の文学、歴史学者であるサイディヤ・ハルトマンが黒人の奴隷化による「出生の疎外」と呼ぶものまで、あらゆる喪失感を意味するものとされてきた[55]。疎外は常に多かれ少なかれあるものだが、主流から最も外れている者たちからは、命を含め、かなり多くのものを奪う傾向がある。逆に、資本主義の中の疎外を無くす試みは、すでに裕福な人々、多くの場合、すでに多額の資本を所有している白人男性にしかできないのである。疎外の克服は、企業の権限者にとっては大変な柔軟性を意味し、一方で賃金労働者にとっては経営者の要求による予測がつかない突発的な仕事を指すことが多い。多くの点で、疎外に対する反抗は資本主義に利用されている。その監督をする者は、労働者の労働に対しより柔軟性と自制を与えたり、意義ある自律性を与えたりするのではなく、不安定性さを高めることでスケジュールを守ることにかかるプレッシャーを緩和するのだといとも簡単に片付けている[56]。要するに、資本主義が労働者の疎外の訴えに対して出した答えは、自分の「疎外されていない」時間にUberのドライバーとして働く自由であったのである。このように、疎外に全面的に抵抗するのではなく、疎外の「特定の型」に対して、どのように、誰を、誰から、そしてどのような結果をもたらすのかに注意を払って抵抗する必要がある。要するに目的は、疎外感も、あらゆる疎外から逃れることができる人生を思い描いた主権にも、物神崇拝をしないことである。

この精神に則って、モイシェ・ポストンのように、特殊な支配の型の源として、資本主義社会の抽象的な性質を立証しようとするマルクスの試みを分析の第一義ととらえることは、より生産的で洞察的であると思われる。[57] ポストンによると資本主義は、労働を「構造的要請」とする相互に依存する社会関係によって特徴づけられており、生存のために必要な前提条件である。ポストンはそれを「自分が生産したものを誰も消費しないが、自分の労働または労働生産物は、それにもかかわらず、他人の生産物を得るための必要な手段として役割を果たす」としている。[58] 資本主義のもとでは、私たちの対象的な社会関係は、生存のために人間の労働を必要とするとされ、この条件は支配階級による労働者の搾取には還元されない。したがって、自らの疎外された労働を取り戻そうとしても、仕事との関係が表面的に改善されるだけで、資本主義が労働を搾取する必要性がなくなるわけではない。[59] 要するに、資本が一握りの人々に富を蓄積することを許す限り、労働への新たな強迫観念と搾取的な疎外の新たな型を生みだし、それは必然的に最も主流から外れた人々に厳しく降りかかることになるのである。

したがって、商品や知識を生産するすべての自動化されたアルゴリズムシステムが、生産過程を完全に理解した人間に置き換えられたとしても、この仕事の搾取的な条件や、人種差別、性差別、帝国主義を、資本の抽象化に変換する対象化の力を取り除くことはほとんどできないであろう。

資本主義を撤廃するために必要なのは、むしろ疎外の力を全面的に受け入れることである。特に、疎外の力は、人間の生産能力や思考能力を自動化し、拡張する機械によって生みだされたものだからである。つまり、労働の必要性から解放されるには、機械の生産力と疎外の力を資本主義の蓄積と評価から切り離すことが必要である。人類が直面している問題は、肉体労働と知的労働の産物が工場労働者や科学者から奪われることではなく、それらの生産が一握りの人間による資本蓄積に基づいた市場の必要性に合わせせられていることである。実現不可能な疎外のない資本主義の型を築こうとするのではなく、むしろ、資本主義から疎外を解放させなければならない。繰り返しになるが、これはテクノロジー自体が万能であることを意味しているのではない。その悪夢のような再生産は何も約束しない。むしろ、疎外、つまり世界の外側にいる私たちの存在そのものこそが、資本主義から切り離され、再利用されなければならないのだ。

現在でも有名な『機械についての断章』のある部分で、マルクスは、自動化が商品だけでなく知識そのものや労働者の知的能力を機械に特定させることで、さらなる疎外につながることを説明している。マルクスは「機械の中では、知識は異質なもの、(労働者の)外部にあるものとして現れ(…)そして、生きた労働は、自ら作動する対象化された労働に包含される。労働者は、その行動が(資本の)要求によって決定されない限り、不要なものとして現れる」と述べている。[60]機械が生産を担うようになると、自動化は労働者を不要なものにする。しかし、人間労働の抽象化の次元が資本主義の交換価値の基礎であり、そして、結果的に資本主義社会に特有の富の形であることには変わりはないため、資本主義はますます無意味な、したがって、さらに疎外される仕事に人間の労働力を費やすことを要求し続けるのである。[61]

一般的知性の私有化と囲いこみのもとで、社会は機械学習アルゴリズムや新たな統計モデルの私的な抽象化によって再び型を整えられ、構築される。その中で社会的世界を生みだす対象、つまり、私たちは、資本主義の体系と、収奪と搾取の長い歴史との提携の中にすっぽりと収まるのである。このような体制のもとでは、これらの抽象的なものが持つ疎外の力は、資本蓄積のためにのみ仕えることができる。私たちは生きるために働き、その労働の成果は資本に委ねられる。

今日「疎外」とは、さまざまな型の賃金労働や非賃金労働への奴隷化を意味しているが、カテゴリーとしての疎外を廃止することは、可能でもなければ、資本主義の搾取の終焉を保証するものでもない。私たちは、マルクスの言う「個人の完全かつ自由な発展」のための条件が存在する資本主義の外の自然な世界を望んで疎外に対抗する代わりに、疎外を搾取から解放しなければならない。抽象化とは、生産力の熱力学的な抽象化を機械にしたものであれ、知性の抽象化をコンピューターにしたものであれ、もともとは抑圧的なものではない。抽象化を常に否定的な疎外に陥れることは、徹底的な政治変革を進める上で鍵となる認識上の条件を奪うことになる。

革命的数学

結局のところ、革命的数学の形而上学的、知的、政治的な仕事は、疎外と解放の関係の見直しを求めるものである。これは、テクノロジーが必ずしも解放的なわけではなく、また、ますます栄えるテクノロジーが何かを約束するわけでもなく、むしろ、テクノロジーの軌跡全体の根底にある対象化に異議を唱えなければならないということだ。つまり、課題は、テクノロジーのこれらの疎外の型の形而上学的な基盤とその実際の能力の両面から作り直すことである。そのような仕事は、すべての生産や抽象化の疎外の力を終わらせるのではなく、反対に疎外に取り組むこと、つまり、与えられたものや一枚岩として安定して見えるものから外していくものでなければならない。つまり、私たちは資本主義の外に、そして資本主義を超えて、計算と算定を可能にする交換の新しい神秘と新しいモダリティ［様式、話している内容や聞き手に対する話し手の判断や態度］を想像し、構築しなければならない。このように、革命的数学に取り組むことは、「そこに実際あるもの」を確かめるため、抽象化されたものの中に入り込むことができ、それらの問題を解決することができるという信念を捨てることである。その代わりに、私たちはこの抽象と疎外の世界に立ち向かわなければならない。(62)

そのためには、異なる神秘と異なる交換性から世界を作り、築く必要がある。つまり、それは、生き続けるための能力を労働と交換することで、帝国主義の力と現実を否定するものであり、資本主義の交換の最も基本的な型でさえある。私たちは、別のとらえ方や評価の仕方を必要とする。革命的な数学の目的は、批判によって古い型を修正したり壊したりすることではなく、異なる抽象、例えば新しい「性質」や、個人主権という啓蒙主義的な概念の外にある性質の安定策さえをも作りだすことである。それとともに、商品や機械のように、経済的にも計算的にも（今日では同じものとして扱われているが）私たちのために考える新しい神秘の交換の形而上学から、新たな疎外を生みだすことである。そのためには、単に古い型を無視するのではなく、本書が試みてきたように、その歴史と意味合いをたどることによってのみ、単に現在の繰り返しではない新たな神秘を築くことが可能になるからである。

確率という知識が市場と交換に依存するというベイズ主義の発見は、もともとは、資本主義を自然なものとみなしているように見える。最終的な分析では、しかしながら、結果は正反対である。つまり、ベイズ統計学は性質を変形させ、知識に価値を置く者に、あるいは知ることの可能性にさえも、交換の概念とその形而上学的な基盤を再考するよう求めるのである。革命的数学は、疎外のない認識論的な自然主義や、自由主義的主体が自らも属す物質的で経済的な世界を効率的に操作するという彼らのファンタジーに対抗しなければならない。つまり、この可能性とは、ロナルド・フィッシャーの素朴な排外主義や、レナード・サヴェッジやブルーノ・デ・フィネッティに見られる経済主義を自然なものとみなそうとする試みの両方に対抗するものである。

私たちの思考に潜む商品の抑圧を解くような新しい革命的な対象、あるいは対象化はまた、自然な、疎外のない、脱物象化された物神崇拝を手放さなければならない。それと同時に、保証された未来の可能性を捨てることを約束しなければならない。私たちは、置かれた状況の全体像が、やっと最後になって把握できるという過去や未来を再開することはできない。革命的数学は、質の違うものや媒介されるものに取り組まなければならないが、この宣言は、数学と機械学習の文脈では非常に具体的な意味を持っている。すなわち、知識は個人のものであり、その生産の物質的で経済的な条件から免れると主張することで、知識生産の物神崇拝的な見解で私たちに迫るフィッシャーの残滓を拒否しなければならないのである。つまり、これは科学的で技術的な知識生産とその意義を、集合的に考え直さなければならないことを意味している。

ベイズ革命は、確率論の知識の基盤を提供するためにその契約交換に頼ってきたが、知識を交換の二の次にすることで、根本的に知識を自然でないものに、そして主観的な知識に変え、確率論の

「客観」論を放棄するのである。この革命は、知識があるがままの物理的世界を表しているという主張に終止符を打ち、それに代わって、「利益をもたらすものとして」の世界の描写がされる。つまり、知識は今や主観的で社会的なものの中にその未来を見いだすのである。そうすることで、知識は、その根本的に物質的で経済的な基盤を認めざるを得ず、知識が生まれる交換システムそのものが、もはやその機能を支えることができないということを実証できるようになった。科学知識が現在の資本主義の危機を超えて未来に向かうためには、私たちは知識の抽象化と異質な力を受け入れなければならない。

くわえて、革命的数学の仕事と、新しい対象化を作る試みは、固定された強固な主体という考えをほぼ必要としないため、その主体を放っておく戦略をとる。この戦略は、連帯経済を上から強制的に作る、あるいは、下から有機的に形づくるという前提には従わない。例えば、上からは、革命的な主体がどのようにあるべきかを叩きこむレーニン主義の強制的な階級力学を介すのに対し、下からは、有機的で集団的な結びつきを活性化させる魔法のような事象を介すことを言う。この戦略は、主体を作るという願望を切り離し、その代わり、対象化を作り出す形而上学的な技術に、それゆえに、客観的に何がそれに当たるのかに焦点を当てるのである。例えば、ビッグデータをプライバシーの観点から考える人たちは、私たちの主観的な関係を計算可能にしようとするビッグデータの欲望は拒絶されるべきだと主張するという点で、半分は正しい。しかし、そこで立ち止まるのは、負け戦である。それは、資本に完全に偏ったコインで遊ぶようなものである。その代わりに、私たちは何を、なぜ計算するのかを根本的に再認識しなければならない。プライバシーを求める声は明らかに重要であるが、私たちが平等に評価されていないことや搾取されていることを示すだけでは、私たちの状況を変えるには十分ではない。

具体的なアイデアやこの仕事を現在進めている人物を、例をあげて示すことができれば理想的である。しかし、このような思想の革命は、事後的にしか全てを確認したり、追跡したりすることができない。今日は革命的に見えても、明日になってみればまったく反動的に見えるのかもしれない。デジタル資本主義の外側に立とうとする昨日の挑発的で革命的な試みは、今日では撤収や後退と映るのである。それでも、私たちの現在の交換をめぐる認識論や形而上学の基盤をたどるという行為は、物事の「本質」という疎外のない真実を発見できるという考えを拒否しながらも、未知なる矛盾と新たな要求を明らかにすることができる。革命的数学の仕事は、異なる世界へのこのような要求から始まるのである。このような新しい、あるいは、異なった形而上学がどのようなものであるかはまだはっきりしないが、これからの課題はそれを探しだすことである。

知識生産とその形而上学的な基盤が、交換の歴史的、物質的条件の上に成り立っているとし、これらの過程に政治的に関与するためには、交換の過程そのものに介入することが必要となる。しかし、はっきりさせておきたいのは、このことは、政治が資本主義、あるいは（伝統的なマルクス主義でいう）階級闘争だけを対象にすべきではないということだ。それどころか、今日、私たちが直面しているあらゆる不平等、例えば、性差別、外国人恐怖症、人種差別、トランスフォビア、能力主義などは、交換、抑圧、不公平のさまざまな軸を定義する流動的で多面的なシステムを構成している。[63] これらの社会的に構築された抑圧の軸はすべて、計算と交換を機能させ、コンテンツの投稿監視業務という精神的トラウマをともなう作業の外注など、さまざまな型の搾取的な労働を提供し、そして、機械学習や統計学の多様なテクノロジーの計算結果にそれらを複写する。[64]差別、抑圧、不正義は、交換に還元できるものではなく、むしろ交換によって運用され、搾取され、計算が生みだす知識の中にその暴力を再現している。課題は、疎外のない自然な世界へ戻ることを主張することではなく、これらの不正義がどこで生じようとも直接対抗することであり、さまざまな形而上学、知識生産の型、物質的な経済を追跡することである。そうすることで、これらの不正義について考えられ、計算され、そして、おそらくそれらを超えた未来を想像可能にするのである。

革命的な数学者の仕事とは、結局のところ、数学的というよりは形而上学的なものであろう。それは、主権を握った自由主義者がどこからともなく思いつくような単純な決定や発見ではない。この仕事がどこにつながるのか、どのような形をとらなければならないのかを正確に知るにはまだほど遠いのだが、課題は、資本主義的な計算を構成する一部の要素として新たな神秘を戦略的に生みだし、不正義に抵抗することである。微積分学の初期の創始者たちがその基礎を完全に理解することなく機能する数学を創造したように、これからの仕事は、新しくこれまでとは異なる等価性、価値観、計算可能性を探しだすことであり、その間、このどれもが根本的に社会的、抽象的、疎外的、かつ不自然なものであることを理解していなければならない。自然の救済に向かって逆戻りする道は、かつては開かれていたとしても、とっくの昔に閉ざされてしまった。革命的数学は、信じる、信じないにかかわらず、異なる未来の創造を求める新しい対象化を作り出すことが必要なのである。搾取と生態系の破壊を代償に、富の蓄積に取り組むグローバルな資本主義システムの前では、これほど困難なことはない。しかし同時に、これほど必要なこともない。

右派の億万長者であるロバート・マーサーの経歴は、ベイズ革命で争点となっているすべてのことと密接に関係している。マーサーは、一九七二年にコンピューター科学の博士号を取得した後IBMの研究部門に入社した。そこでは音声認識や機械翻訳の主要な発展に貢献している。マーサーのチームには言語学を背景に持つ者はほとんどいなかったにもかかわらず、確率モデルを音声に適用することに成功し、今では人間の言語を扱う多くの現代的なアルゴリズムの基礎となっている。特に注目すべきは、マーサーのチームは、過去に観測されたことのない文字列でも、それが観測される確率を決定するベイズ的情報に基づくアルゴリズムを開発したことである。[1]この功績により、マーサーは二〇一四年に、計算言語学協会から生涯功労賞を受賞している。[2]

一九九三年、マーサーはこの研究から離れ、統計学と機械学習の技術を直接自らの投資に用いるヘッジファンド会社ルネッサンス・テクノロジーズに入社した。マーサーは、IBMで培ったベイズの手法を駆使して投資アルゴリズムを開発し、一九八九年から二〇〇六年の間に平均三九％のリターンを達成した。[3]二〇〇九年には同社の共同CEOに就任し、二〇一七年の退職まで務めた。

マーサーは、ＩＢＭで開発したものと同様の確率論的手法を用いて、ルネッサンス・テクノロジーズの顧客と彼自身のために、数十億ドルの個人資産を蓄えることができた。

しかし、ロバート・マーサーの話は、この資本蓄積だけでは終わらない。マーサーは二〇〇〇年代初頭から、個人でもファミリー財団を通じても、保守的な活動に数千万ドルを寄付している。[4]マーサーは、右派的なブライトバート・ニュースや、ロウアー・マンハッタンのいわゆる「グラウンドゼロのモスク」に反対する団体、気候変動を否定するバークリー・アースという妙な名前のついたシンクタンクなどに出資した。[5]また、今日では悪名高いコンサルティングファームのケンブリッジ・アナリティカの立ち上げ資金も提供している。同社は、二〇一六年のドナルド・トランプの選挙キャンペーンを支援する政治的な広告を打つために、Facebookからデータを取得している。[6]

私たちは、資本主義の私有化が、科学と一般的知性を発展させる約束をいかに反古にするのか、その縮図をここに見るのである。マーサーは、二〇世紀後半から二一世紀にかけての科学と知識生産を牽引した、まさにその手法のいくつかを開発している。しかしながら、それらの手法の成果は私財という形で引き出され、ポピュリズムや人種差別的なナショナリズムを支持して科学に逆らった。資本蓄積と独占の動機は、一般的知識を私有化し、同時に欠乏させることに何度も報いているのである。

最終的に、科学における再現性の危機、フェイクニュースへの懸念、ディフィートデバイスの存在、オンライン上の反対意見から個人を隔離するフィルターバブルなど、現在の一連の深い認識論的な危機は、本質的には資本主義の危機であると言える。新自由主義が、生産の管理に焦点を当てるのをやめ、代わりに知識の管理と制御に目を向けるにつれ、新自由主義はまったく新しいさまざまな危機を招く危険性がある。パオロ・ヴィルノは、「社会的知識のモデルは、さまざまな労働活動を同等のものに変えるのではなく、むしろそのモデルを「すぐに使える生産力」として差し出すのである。社会的知識のモデルは計測のための単位ではなく、異質なものから成り立つ有効可能性の計り知れない前提を構成する」と述べた(7)。しかし、これらの知識を直接生産的なものにすることで、資本家の知識生産は自らの足元からその基盤を一掃してしまう。資本家はその神秘、つまり資本家の不平等な平等を、直接知ることができると信じる一方で、資本家は集合的な基盤からこれらの知識を私有化し奪うのである。

形而上学的な観点では、統計学と経済学は、特定のものを普遍的なものに関連付けるという同じ目的を持っている。統計学は、個々のデータから一般的な法則を導き出すことを目的としており、例えば、個々の人口統計学の特性データからより大きな社会的傾向を導き出すことが目的となる。経済システムはその逆で、一般的な原理から個々の交換行為を生みだし、あるところでは生産量を増やし、他では労働者を解雇するといった具合に市場の動きに合わせて変動する。しかし、機械学習は、元『ワイアード』編集者のクリス・アンダーソンの言葉を借りれば、「首尾一貫したモデルや統一理論、あるいは真に機械的な説明がまったくない」中で進歩していることから、特定のものを特定のものに、あるいは同じもの同士を関連付けることだけを求めている。つまり、あらゆる特定のものを普遍化し、ユーザーが必要とする瞬間に正確に広告やサービスを送ることだけを追求しているのである(8)。

このような理論がないとされる世界では、科学はデータを最も似た手続き、つまり、次に何をすべきかということに関連付けることしかできない。レナード・サヴェッジが主張したように、科学における重要な問題は、何を言うべきかということではなく何をすべきかということになる。唯一許される知識、そして望ましい知識は、その瞬間にどのように行動すべきかということになり、一方で政治経済のようなより大きな課題や、物事が現状とは異なる可能性は無視されるのである。これが、まさに資本主義の正統派の数学である。ここでは、機械学習がその予測の力を得れば得るほど、世界を効率的に把握する能力や、資本を分配する能力がないことがわかる。なぜなら、資本主義が生産を管理できるとする基盤そのものが一掃されてしまうからである。機械学習の背後にある科学は、問題解決や一般的知性の開発のためではなく、むしろシステムをゲーム化し、知識を囲い込むための巨大なインセンティブを生みだしている。

そして、この知識生産の失敗は、つまりは機械学習と統計学の形而上学的な意義と実用的な使用のいずれにも関わっている政治経済を説明できない失敗ということになる。契約交換から生みだされる知識は契約交換に終始し、唯一の意義ある目的はダッチブックの回避である。マルクスが示したように、人は市場がそこに残した象形文字そのものを読み解くことになる。しかし、このような知識の主観化によって、統計学が役に立たなくなるわけではない。むしろこれらの方法は、集合的に生産的な抽象化を生みだし、世界を搾取するのではなく、世界のために貢献するのである。しかし、そうするための知識の主観化は、資本蓄積の必要性や、人種差別、性差別、帝国主義からの利益を得るための絶え間ない衝動から解放されなければならない。

機械学習と統計学が自らのルーツを断ち切り、勇ましい個人科学者のフィッシャー的信念を捨て去ると、啓蒙主義の科学的な知識生産の神秘を根底から揺さぶることになる。そこには、かつては労働と知識の間の確固とした等価性があったのだが、これらから直接生みだされた確率が、再びすべてを動かすのである。ヴィルノは以下のように述べている。

等価性の原理は、かつては最も厳しい階級制度とひどい不平等の基礎とされていたが、それでも社会的な結びつきのためのある種の可視性と普遍性の型を保証していた。つまり、イデオロギー的で矛盾した方法とはいえ、制約のない相互承認への期待や、平等主義的な意思疎通の理想像、さまざまな「正義の理論」すべてが、この等価性にすがりついていたのである。(9)

ヴィルノは続けて、この等価性の原則の崩壊が、今やシニシズムの原因になっていると主張する。「皮肉屋は、特定の認識モデルが主要な役割を果たしていることと、真の等価性が存在しないことを認識している。彼は透明で対話型の意思疎通を諦める。彼は最初から、自己実現のための相互に主観的な基盤を探すこと、あるいは、道徳的な判断のための共通の基準を探すことを放棄する」と述べた。(10)

これこそが、機械学習の持つ二重の危機と機会である。機械学習は、知識を直接生産的にすることで、この等価性の原則の基盤を崩してしまうのである。ヴィルノの皮肉屋の定義は、サヴェッジの立場(そしてこの事実に対するアルフレート・ゾーン・レーテルの批判的な認識)を的確に表している。統計学は交換の文脈でしか機能せず、頻度主義者の客観性のような真の等価性を追求すればするほど、それらは急速に失われていく。安定した基盤を持たずして、これらの古くからある形而上学的な概念の違いそのものが、刻々と新たに計算されているのである。

これらの方法やテクノロジーが作り出す合理性は、客体と主体を分離することが不可能な共依存を示している。なぜなら、双方ともが他方に崩れこむからである。客観性という理想そのものが、頻度主義と資本主義の理想のコインのように、その理想を主観的に信じることでしか維持できないことを考えると、知識生産のシステム全体は、交換の中心的な役割を主張するようになり、それとともに社会関係をも強調するようになる。このようにして、ベイズ革命は、新自由主義的な超資本主義の流動的で移動可能な経済学を、客観的知識生産の中心に据えたのである。多くの評論家が、統計学と知識生産に腐敗した影響を及ぼすと考える交換における社会的な関係、すなわち人間の介入によって「純粋科学」が汚されている原因は、その形而上学的な核にあるのである。

そうして私たちは、新しい時代、つまりマルクスが「あらゆる固形物は空気に溶ける」とした新たな段階にさしかかっている。あるいは、『機械についての断章』でも彼は以下のように述べている。

商品などのように固定された型を持つものはすべて、この運動の中では単なる一瞬、瞬きのように映る。ここに直接的な生産過程自体が一瞬現れるのである。過程の条件や対象は、それ自体が同様にその瞬間であり、その唯一の主体は個人であるが、相互関係にある個人であり、それらは同じように再生産され、新たな生産を行うのである。[11]

このような理由から、私たちはある意味で、レナード・サヴェッジや、ブルーノ・デ・フィネッティ、さらには、イェジ・ネイマンやエゴン・ピアソンにさえも、彼らの研究をさらに発展させるために味方をしなければならない。彼らは本質的な資本家のようにも見えるのだが、彼らの洞察によれば、一人寂しく研究に精を出す孤独な科学者が持つことができる商品としてのロナルド・フィッシャーの知識の物神崇拝を、私たちは拒否できるということである。交換を強調することによって、これらの知識を生みだす経済駆動型のプロセスと、それを支える生産様式が見えてくる。後者の統計学は、知識がいかに政治経済に依存しているかを明らかにしており、知識生産の危機に対処するためには、経済の危機を乗り越える必要があることを物語っている。

このプロセスへ切り替えることとは、対象化やその疎外の力、あるいは具体的な支配のサディズムから解放されることを約束するものではない。むしろ、これらの新しい流動的で一時的な対象化の集合体が、私たちをあらゆる方向に引き伸ばしていくのを目の当たりにする。それは、マーサーが、昨日までは商品化によって保たれていた合理性と正反対の非合理性を生みだしてしまったことからもわかる。しかし、このような不安定な状況に直面していても、私たちはマルクスが示すように、単に商品ではなく過程を垣間見ることができる。[12] あらゆる社会的な影響の中で、プロセスを認識することで新たな対象化が可能になるのである。

それとともに、私たちは、特定と普遍を分ける境界線が無くなってきていることを認識しなければばならない。これらのテクノロジー、つまり広義の対象化は、特定の主体や個人を排除した普遍を作りだし、定義する力そのものとなりつつある。機械学習、データ分析、統計学のテクノロジーと手法は、資本主義の暴力と破壊をはるかにしのぐ勢いで、個人と普遍の関係を完全に再構成する手段を提供している。そのためには、完全に理解できるという幻想や、これまでの自然の状態に戻せるという幻想を捨て、機械学習やデータ分析、統計学が機能する対象化の型そのものを考え抜き、再構成する必要がある。同様に、保証された未来や、それ自体のためにも新しいものへの物神崇拝を捨てることが求められる。これら二つの目的論的原理は、あまりに頻繁に男性ヨーロッパ人中心の普遍主義の夢を繰り返しているのである。

新自由主義は、価値と知識を抽出するために、より多くの局所的な文脈を求めると同時に、効率性と客観性という主張を台無しにする偽りそのものに投資している。機械学習と統計学は、現在、新たな一連のアルゴリズムの対象を作り出している真っ只中である。そしてその対象は、価値が自動計算から直接得られるごとく見えるように、商品経済における中心的役割を失いつつある。現在の交換の形而上学の上に「現実の抽象」を築いているにもかかわらず、それらのアルゴリズムの対象は囲い込みや私有化に対して信仰がないことを示している。なぜなら、資本主義のもとで囲い込まれることで、生産のテクノロジーではなく、むしろごまかしのテクノロジーであり続けることが約束され、規制を求める声に制約されることはないからである。今のところ、別の可能性がかすかに囁かれているにすぎないとしても、私たちの問題を解決するこれらのテクノロジーは、集産化、つまり生産手段と生産の形而上学の両方を共有することを求めている。

生産の体系をとらえることは、政治的そして形而上学的な作業である。工業的なものであれ、統計的なものであれ、生産は対象と対象化の両方を生みだす。生産の対象だけをとらえれば、結局私たちが逃れようとしている論理を再生産することにしかならない。その正確なあらすじはまだはっきりしないが、そのためには、現在の資本主義の形而上学を追い、理解する必要がある。それらの形而上学を無効にすることを目的とするのではなく、むしろ、それらの形而上学をどのように置き換えれば、新しい異なる型の知識や価値を評価できるのかを理解するためである。

この道を歩むことは、革命的な数学者になることを意味する。つまり、形而上学の観点から仕事をし、新しい異なる神秘に基づいて、新しい異なる平等を創ることである。この目的は、過去を捨てるような未来主義と混同してはならないし、実際それは不可能であろう。なぜなら亡くなった世代の伝統は、悪夢のように私たちにのしかかり、私たちはその重さをともに背負うからだ。それを無視することは、単に同じことを繰り返すことになる。私たちは代わりに、歴史、特にその型、その矛盾、そして歴史が重要とする人や事に目を向けなければならない。本書では、重要度とその価値を常に計算する数学と形而上学を変形させ、それに取り組むことが可能であることを示そうとした。そうすることで、主観と客観の間の分断そのものを変えることが可能となるのである。そこではじめて、環境破壊、労働者の虐待、人種差別、性差別、異性愛主義、能力主義、外国人蔑視など、アルゴリズムに媒介された搾取の世界を、資本主義の商品交換における限定的な平等をはるかに超えたより公正でより平等な世界へと、客観的に導くことができるのである。

註

はじめに

（1） Louis Althusserにとって、現状を知覚するプロセスとは、「今ここにあるただひとつの歴史の中から「歴史」に働きかける」ことができる過程であり、「矛盾した言動と弁証法において具体的なもの」に取り組むことである。続けて「後の祭りの「避けられない」革命を示したり説明したりするのではなく、私たちに特有の現在において、革命を「作る」ため、あるいはマルクスがじっくり練り上げたように弁証法は革命的な方法に使うためのものであり、既成事実を説明する論理に使うものではない」とする。"On the Materialist Dialectic: On the Unevenness of Origins", *For Marx*, trans. Ben Brewster (London and New York: Verso, 2005)〔ルイ・アルチュセール『マルクスのために』河野健二他訳、一九九四年〕, 180.

（2） Wendy Brown, "American nightmare: Neoliberalism, Neoconservatism, and De-democratization," *Political Theory* 34, No. 6 (2006): 690–714.

（3） Naomi Klein, *The Shock Doctrine: The Rise of Disaster Capitalism* (London: Macmillan, 2007)〔ナオミ・クライン『ショック・ドクトリン』上下、幾島幸子＋村上由見子訳、二〇一一年〕.

（4） Alfred Sohn-Rethel, *Intellectual and Manual Labour: A Critique of Epistemology* (Atlantic Highlands, NJ: Humanities Press, 1978)〔A・ゾーン・レーテル『精神労働と肉体労働』寺田光雄＋水田洋訳、合同出版、一九七五年〕, 2.

（5） United Nations Conference on Trade and Development, *Trade and Development Report 2017: Beyond Austerity; Towards a Global New Deal*, 2017.

（6） Robin Wigglesworth, "The Quickening Evolution of Trading-In Charts," *Financial Times*, April 11, 2017.

（7） Andrew Gelman, "The Problems with P-values Are Not Just with P-values," *American Statistician* 70 (2016); Filip Pieniwski, "The AI Winter Is Well on Its Way," *Venture Beat*, June 4, 2018; John Harris, "Our Phones and Gadgets Are Now Endangering the Planet," *Guardian*, July 17, 2018.

（8） Jack Ewing, "Volkswagen Says 11 Million Cars Worldwide Are Affected in Diesel Deception," *New York Times*, September 22, 2015.

（9） James Grimmelmann, "The VW Scandal Is Just the Beginning," *Mother Jones*, September 24, 2015.

（10） Sarah Ruiz-Grossman, "Volkswagen Executive Gets Max Sentence of 7 Years for Role in Emissions Scandal," *Huffington Post*, December 6, 2017.

（11） Mike Isaac, "How Uber Deceives the Authorities Worldwide," *New York Times*, March 3, 2017.

（12） Joe Sullivan, "An Update on 'Greyballing,'" *Uber Newsroom*, March 9, 2017.

（13） 本書と同様、Scott Timckeは近年、アルゴリズムとそれらが恒久化させている不平等は一時の認識論的または民主主義の危機としてではなく、むしろこれらの問題に対処するための政治の可能性を前もって封じる資本主義勢力の強化と自動化として理解されなければならないと主張する。

（14） Louise Amoore, *The Politics of Possibility: Risk and Security beyond Probability* (Durham, NC: Duke University Press, 2013); Dan Bouk, *How Our Days Became Numbered: Risk and the Rise of the Statistical Individual* (Chicago: University of Chicago Press, 2015); Jacqueline Wernimont, *Numbered Lives: Life and Death in Quantum Media* (Cambridge, MA: MIT Press, 2019); Robin James, *The Sonic Episteme: Acoustic Resonance, Neoliberalism, and Biopolitics* (Durham, NC: Duke University Press, 2019).

（15） Theodora Dryer, "Algorithms under the Reign of Probability," *IEEE Annals of the History of Computing* 1 (2018): 93–96; Orit Halpern, *Beautiful Data: A History of Vision and Reason since 1945* (Durham, NC: Duke University Press, 2015), 36.

（16） Lorraine Dastonは、確率論の解釈が、どのように客観的理論と主観的理論に分割されたのかを示す異例の歴史を紹介している。"How Probabilities Came to Be Objective and Subjective," *Historia Mathematica* 21, No. 3 (1994): 330–344. "How Probabilities Came to Be Objective and Subjective," *Historia Mathematica* 21, No. 3 (1994): 330–344.

（17） Ronald Fisher, *The Design of Experiments* (New York: Hafner Press, 1971)〔R・A・フィッシャー『実験計画法』遠藤健児＋鍋谷清治訳、森北出版、一九七一年〕, 1–2.

（18） Wendy Chunは、"On Hypo-real Models or Global Climate Change: A Challenge for the Humanities", *Critical Inquiry* 41, No. 3 (2015): 675–703において、科学、特に地球温暖化のような将来予想のモデルは、「政治から科学を、つまり証拠からモデルを切り離すことだけでなく、さらに重要なことに、理解と選択の自由の間の正常で標準的な関係性をも悩ませている」と指摘する。また、Alain Desrosières, "How Real Are Statistics? Four Possible Attitudes," *Social Research* (2001): 339–355を参照。科学的推論と統計に関しては、Gerd Gigerenzer and Julian N. Marewski, "Surrogate science: The Idol of a Universal Method for Scientific Inference," *Journal of Management* 41, No. 2 (2015): 421–440を参照。そしてLorraine Daston, "Fitting Numbers to the World: The Case of Probability Theory," in *History and*

Philosophy of Modern Mathematics, William Aspray and Philip Kitcher, eds., *Minnesota Studies in the Philosophy of Science*, Vol. 11 (Minneapolis: University of Minnesota Press, 1988), 221–37を参照。

（19） Gerd Gigerenzer and David J. Murray, *Cognition as Intuitive Statistics* (London: Psychology Press, 2015).

（20） Sohn-Rethel, *Intellectual and Manual Labour*〔『精神労働と肉体労働』〕, 20–21.

（21） 機械学習の技術の手法はベイズだけではないが、ベイズ革命は機械学習の発展に貢献し、その発展は今も続いていることがうかがえる。したがって、ベイズ主義はデータから意味を抽出し、新しい証拠が発見されるたびに更新するという方法において、遥かに広範な革命をもたらす火付け役ということができる。Jon Williamson, "The Philosophy of Science and Its Relation to Machine Learning," in *Scientific Data Mining and Knowledge Discovery: Principles and Foundations*, Mohamed M. Gaber, ed. (New York and Berlin: Springer, 2009), 77–89参照。ベイズ統計には多数の解釈があるが、本書の焦点は、主にデ・フィネッティとサヴェッジによって発展した主観的な解釈にある。Bruno de Finetti, "Probabilism: A Critical Essay on the Theory of Probability and on the Value of Science," *Erkenntnis* 31 (1989): 169–223; and Leonard J. Savage, *The Foundations of Statistics*, 2nd ed. (New York: Dover, 1972)を参照。

（22） Alberto Toscano, "Materialism without Matter: Abstraction, Absence, and Social Form," *Textual Practice* 28, No. 7 (2014): 1221–1240.

（23） Moishe Postone, "Critique and Historical Transformation," *Historical materialism* 12, No. 3 (2004): 59.

（24） Simone Browne, *Dark Matters: On the Surveillance of Blackness* (Durham, NC: Duke University Press, 2015).

（25） Kimberle Crenshaw, "Mapping the Margins: Intersectionality, Identity Politics, and Violence against Women of Color," *Stanford Law Review* 43 (1990): 1241; Combahee River Collective, *A Black Feminist Statement* (1977).

（26） Gilles Châtelet は、社会を管理する手段として市場を順応させることについてを概要において、素晴らしくも手厳しく指摘する。*To Live and Think Like Pigs: The Incitement of Envy and Boredom in Market Democracies*, trans. Robin Mackay (New York: Urbanomic, 2014).

（27） 例えばこの主体が、工業化された資本主義諸国あるいはロシアのような農業国で活動を始めなければならないかどうかについて、ウラジーミル・レーニンとロシア革命によって前面に出された問題を考えてみてほしい。あるいは、革命の主体が自らの意思で革命を選ぶのか、それともむしろ歴史の力と経済によって一掃されるのかという議論も考慮したい。

（28） Cedric Robinson, *Black Marxism: The Making of the Black Radical Tradition* (Chapel Hill: University of North Carolina Press, 2000).

（29） Eli Pariser, *The Filter Bubble: What the Internet Is Hiding from You* (New York: Penguin, 2011).

（30） Seb Franklin, *Control: Digitality as Cultural Logic* (Cambridge, MA: MIT Press, 2015); Alexander Galloway, *Protocol: How Control Exists after*

Decentralization (Cambridge, MA: MIT Press, 2004)〔アレクサンダー・ギャロウェイ『プロトコル』北野圭介訳、人文書院、二〇一七年〕; Virginia Eubanks, *Automating Inequality: How High-Tech Tools Profile, Police, and Punish the Poor* (New York: St. Martin's Press, 2017)〔ヴァージニア・ユーバンクス『格差の自動化』ウォルシュあゆみ訳、人文書院、二〇二一年〕; Safiya Umoja Noble, *Algorithms of Oppression: How Search Engines Reinforce Racism* (New York: New York University Press, 2018); Siva Vaidhyanthan, *The Googlization of Everything (And Why We Should Worry)* (Berkeley: University of California Press, 2011)〔シヴァ・ヴァイディアナサン『グーグル化の見えざる代償』久保儀明訳、インプレスジャパン、二〇一二年〕.

（31） Georg Lukács, *History and Class Consciousness: Studies in Marxist Dialectics*, trans. Rodney Livingstone (Cambridge, MA: MIT Press, 1967)〔G・ルカーチ『歴史と階級意識　新装版』平井俊彦訳、未來社、一九九八年他〕; Axel Honneth, *Reification: A New Look at an Old Idea* (Oxford: Oxford University Press, 2008); Peter Sloterdijk, *Critique of Cynical Reason* (Minneapolis: University of Minnesota Press, 1988)〔ペーター・スローターダイク『シニカル理性批判』高田珠樹訳、ミネルヴァ書房、一九九六年〕.

（32） Tiqqun, "L'Hypothèse cybernétique," *Tiqqun* 2 (2001): 40–83; Franco "Bifo" Berardi, *The Uprising: On Poetry and Finance* (Los Angeles: Semiotext(e), 2012); Jodi Dean, *Crowds and Party* (London and New York: Verso, 2016). Brian Massumi は「価値を再評価するための最初のタスクは、数量化から価値を引き離すことである。価値はそれが何であるか認識されなければならない。それは還元不能な定性である」とする（論文5）。Massumi は資本主義主体の物神崇拝に反対し、価値の再定義を試みるが、数量化（そしてそれに伴う計算）への否定は、結局のところ、資本主義という分散計算を克服することができないというリスクをもたらす。*99 Theses on the Revaluation of Value: A Postcapitalist Manifesto* (Minneapolis: University of Minnesota Press, 2018). Seb Franklin's calls in *Control* for resistance founded on "states of undecidability or unmeasurability" を参照。

（33） Endnotes Collective, *Endnotes 4* (London: Endnotes, October 2015).

（34） Postone, "Critique and Historical Transformation," 56.

（35） Jacques Lacan, *The Seminar of Jacques Lacan: The Other Side of Psychoanalysis*, Book XVII, trans. Russell Grigg (New York: W.W. Norton & Company, 2007), 207.

（36） Bruno Latour, "Why Has Critique Run Out of Steam? From Matters of Fact to Matters of Concern," *Critical Inquiry* 30, No. 2 (2004): 225–248; Graham Harman, *The Quadruple Object* (London: Zero Books, 2011)〔グレアム・ハーマン『四方対象』山下智弘他訳、人文書院、二〇一七年〕; Ian Bogost, *Alien Phenomenology; or What It's Like to Be a Thing* (Minneapolis: University of Minnesota Press, 2012); Levi Bryant, *The*

Democracy of Objects (Ann Arbor, MI: Open Humanities Press, 2011).

（37） Mark Fisher, *Capitalist Realism: Is There No Alternative?* (London: Zero Books, 2009)〔マーク・フィッシャー『資本主義リアリズム』セバスチャン・ブロイ＋河南瑠莉訳、堀之内出版、二〇一八年〕.

（38） Evgeny Morozov, *To Save Everything, Click Here: The Folly of Technological Solutionism* (New York: Public Affairs, 2013).

（39） Peter Galison and Lorraine Daston, *Objectivity* (New York: Zone Books, 2007)〔ロレイン・ダストン＋ピーター・ギャリソン『客観性』瀬戸口明久他訳、名古屋大学出版会、二〇二一年〕; Theodore M. Porter, *Trust in Numbers: The Pursuit of Objectivity in Science and Public Life* (Princeton, NJ: Princeton University Press, 1995)〔セオドア・M・ポーター『数値と客観性』藤垣裕子訳、みすず書房、二〇一三年〕; Michel Foucault, *The Order of Things* (New York: Routledge, 2005, repr.)〔ミシェル・フーコー『言葉と物　新装版』渡辺一民＋佐々木明訳、新潮社、二〇二〇年他〕.

（40） Antonio Negriは、資本主義の主観的側面と客観的側面の関係、特にマルクスの『経済学批評要綱』の記述との関係を詳細に分析し、それらが相互に作用し、互いに構成し合う方法を追う。Antonio Negri and Jim Fleming, *Marx beyond Marx: Lessons on the Grundrisse* (Brooklyn: Autonomedia, 1991)〔アントニオ・ネグリ『マルクスを超えるマルクス』清水和巳他訳、作品社、二〇〇三年〕.

（41） William Davies, "The Long Read: How Statistics Lost Their Power – And Why We Should Fear What Comes Next," *Guardian*, January 19, 2017.

（42） Slavoj Žižekは、これはマルクスとフロイトの両者で、前兆がどのように機能するかということであると主張する。その目的は、仮面の背後に隠れることではない。なぜなら人はただそこに何もないことを確認するだけだからである。むしろ人は置き換えが、物質を意味に——例えばマルクスの場合であれば労働を価値に、無意識の思考を夢のシンボルにするという変換——を理解しなければならない。重要なのは、翻訳の型であり、シンボルの意味ではない。Slavoj Žižek, *The Sublime Object of Ideology* (London: Verso, 1989)〔スラヴォイ・ジジェク『イデオロギーの崇高な対象』鈴木晶訳、河出文庫、二〇一五年他〕.

（43） Christian Fuchs とSebastian Sevignani は、「生産的な消費」のプロセスを明確にするため、Dallas Smythe の述べた大衆の商品という概念を更新した。"What Is Digital Labour? What Is Digital Work? What's Their Difference? And Why Do These Questions Matter for Understanding Social Media?" *tripleC: Communication, Capitalism and Critique* 11, No. 2 (2013): 237–293; "Digital Prosumption Labour on Social Media in the Context of the Capitalist Regime of Time," *Time and Society* 23, No. 1 (2014): 97–123. Lisa Nakamuraは、オンラインビデオゲームを使用して、ソーシャルゲームを中心に構築されたプラットフォームでさえも、人種差別と帝国主義による分割線に沿って労働を搾

取し、他人に販売できるデジタル商品がどのような条件のもとに作り出されるかを示した。“Don’t Hate the Player, Hate the Game: The Racialization of Labor in World of Warcraft,” *Critical Studies in Media Communication* 26, No. 2 (2009): 128–144. Jonathan Bellerは、映画のイメージとその遺産が、現代の作品を大衆の見いだす価値とともに形作ったと主張する。*The Cinematic Mode of Production: Attention Economy and the Society of the Spectacle* (Lebanon: Dartmouth College Press, 2006). Tiziana Terranovaは、イタリアの自律主義の洞察に基づき、ほとんどのインターネットユーザーはいつでもどこでも、報酬を必ずしも受け取らずとも生産を行っていることを示し、さらに無給のデジタル作品を「労働」と呼ぶことは、その経済的正しさを超えて存在する政治的価値を持つと主張する。“Free Labor: Producing Culture for the Digital Economy,” *Social Text* 63, No. 18 (2000): 33–58; “Free Labor,” in *Digital Labor: The Internet as Play-Ground and Factory*,” in Trebor Scholz, ed. (Abingdon: Routledge, 2013). 以下も参照。Lisa Nakamura, *Digitizing Race: Visual Cultures of the Internet* (Minneapolis: University of Minnesota Press, 2008); Dallas Smythe, *Dependency Road: Communications, Capitalism, Consciousness, and Canada* (Norwood, NJ: Ablex Publishing Corporation, 1981); Christian Fuchs, *Digital Labour and Karl Marx* (London: Routledge, 2014); Nick Dyer-Witheford, *Cyber Marx: Cycles and Circuits of Struggle in High-Technology Capitalism* (Urbana, IL: University of Illinois Press, 1999); Edward Conor, “Revisiting Marx’s value theory: A Critical Response to Analyses of Digital Prosumption,” *The Information Society* 31, No. 1 (2015): 13–19.

(44)　Nick Dyer-Witheford, *Cyber-Proletariat: Global Labour in the Digital Vortex* (London: Pluto Press, 2015); Jussi Parika, *A Geology of Media* (Minneapolis: University of Minnesota Press, 2015); Christian Fuchs, *Digital Labour and Karl Marx* (London: Routledge, 2014); Nikhil Pal Singh, “On Race, Violence, and So-Called Primitive Accumulation,” *Social Text* 34, No. 3 (128) (2016): 27–50; Intan Suwandi, *Value Chains: The New Economic Imperialism* (New York: Monthly Review Press, 2019); Saskia Sassenはまた、現代資本主義が資本主義の生産システムから個人を排除しようとするたくさんの方法を突き止めている。*Expulsions: Brutality and Complexity in the Global Economy* (Cambridge, MA: Harvard University Press, 2014)〔サスキア・サッセン『グローバル資本主義と「放逐」の論理』伊藤茂訳、明石書店、二〇一七年〕.

(45)　Michael Hardt and Antonio Negri, *Empire* (Cambridge, MA: Harvard University Press, 2000)〔アントニオ・ネグリ＋マイケル・ハート『帝国』水嶋一憲他訳、以文社、二〇〇三年〕.

(46)　Nick SrnicekやJathan Sadowskiなど他の研究者は、データはそれを抽出できる原材料に近いと考えるべきである、または関連する脈略で、デジタルプラットフォームはレントを抽出できる財産とみなすことができると主張している。Nick Srnicek, *Platform Capitalism* (New York: Polity, 2017); Jathan Sadowski, “When Data Is Capital: Datafication, Accumulation, and Extraction,” *Big Data and Society* 6, No. 1 (2019). またDavid Harveyは、マルクスにとっての労働価値論は静的なものではなく、資本主義がそれ自体を変容させるにつれて変化の対象になるものだと主張する。“Marx's Refusal of the Labour Theory of Value,” *Reading Marx's Capital with David Harvey*, March 1, 2018.

（47）　Shoshana Zuboff, *The Age of Surveillance Capitalism: The Fight for a Human Future at the New Frontier of Power* (London: Profile Books, 2019)〔ショシャナ・ズボフ『監視資本主義』野中香方子訳、東洋経済新報社、二〇二一年〕; Yann Moulier-Boutang, *Cognitive Capitalism* (Cambridge, UK: Polity, 2011); Manuel Castells, *The Rise of the Network Society* (Hoboken, NJ: John Wiley & Sons, 2011); Srnicek, Platform Capitalism; James Beniger, *The Control Revolution: Technological and Economic Origins of the Information Society* (Cambridge, MA: Harvard University Press, 2009); Klaus Schwab, *The Fourth Industrial Revolution* (New York: Crown Business, 2017); Viktor Mayer-Schönberger and Kenneth Cukier, *Big Data: A Revolution That Will Transform How We Live, Work and Think* (New York: Houghton Mifflin Harcourt, 2013); Sam Popowich, “Mechanical Animals: Big Data, Class Composition, and the Multitude,” University of Alberta Libraries, 2019.

（48）　Postone, “Critique and Historical Transformation,” 57. あるいはDavid Harveyが同様に論じるように、「『資本論』の第一章における価値の形態化は、後に現れるものによって革命される。価値は、市場における流通の領域において定義される価値と、生産の領域における革命を通じて絶えず再定義される価値との間の絶え間なく進化する内部連続性（内部的または弁証法的関係）に依存する」とする。“Marx's Refusal”.

（49）　Dyer-Witheford, *Cyber-Proletariat*, 15.

（50）　Nick Dyer-Witheford、Atle Mikkola KjøsenならびにJames Steinhoffは近年、ＡＩについて「資本主義はこれらの技術的論理と社会的論理の融合体であり、ＡＩは計算と商品のキメラ的融合の最新の形である」としている。*Inhuman Power: Artificial Intelligence and the Future of Capitalism* (London: Pluto Press, 2019).

（51）　John Cheney-Lippold, *We Are Data: Algorithms and the Making of Our Digital Selves* (New York: New York University Press, 2018)〔ジョン・チェニー＝リッポルド『アルゴリズムが「私」を決める』高取芳彦訳、日経BP社、二〇一八年〕; Galloway, *Protocol*〔『プロトコル』〕.

（52）　具体的には統計学の歴史について、Ian Hacking, *The Taming of Chance* (Cambridge, UK: Cambridge University Press, 1990)〔イアン・ハッキング『偶然を飼いならす』石原英樹＋重田園江訳、木鐸社、一九九九年〕; Theodore M. Porter, *The Rise of Statistical Thinking, 1820–1900* (Princeton, NJ: Princeton University Press, 1986)〔Ｔ・Ｍ・ポーター『統計学と社会認識』長屋政勝他訳、梓出版社、一九九五年〕を参照。

（53） Browne, *Dark Matters*; Alexander Weheliye, *Habeas Viscus: Racializing Assemblages, Biopolitics, and Black Feminist Theories of the Human* (Durham, NC: Duke University Press, 2014). 同様に Didier Bigo のような著者は、現代の生政治を理解するためには、国家の周辺でどのようなことが行なわれているかを説明しなければならないとする。国家主権は、しばしば都市においてよりも国境においてその安全保障のためにはるかに暴力的で明白に現れる。"Globalized (In)security: The Field and the Ban-opticon," in *Terror, Insecurity and Liberty: Illiberal Practices of Liberal Regimes after 9/11*, Didier Bigo and Anastassia Tsoukala, eds. (London: Routledge, 2008), 20–58.

（54） Wendy Hui Kyong Chun, "Queerying Homophily," in Clemens Apprich, Wendy Hui Kyong Chun, Florian Cramer and Hito Steyerl, *Pattern Discrimination* (Lüneburg: Meson Press, 2018), 59–97; Jacqueline Wernimont, *Numbered Lives: Life and Death in Quantum Media* (Cambridge, MA: MIT Press, 2019).

（55） Noble, *Algorithms of Oppression*; Eubanks, *Automating Inequality*〔『格差の自動化』〕; Cathy O'Neil, *Weapons of Math Destruction: How Big Data Increases Inequality and Threatens Democracy* (New York: Broadway Books, 2016)〔キャシー・オニール『あなたを支配し、社会を破壊する、AI・ビッグデータの罠』久保尚子訳、インターシフト、二〇一八年〕. 同様に、これまで多くの著者が、デジタルシステムとその前身が、現代の新自由主義にイデオロギーの型を提供するその方法を示している。Wendy Hui Kyong Chun は、新自由主義のガバナンスに対し、ソフトウェアがそれ自体を理解させる枠組みをどのように提供するのかを示した。Jean Pierre-Dupuy は、サイバネティックスと認知科学の黎明期が、思考と人間性についての現代的理解を大きく形作ったと主張する。そして Seb Franklin は、資本主義が現代の主体を考え、形作るための一連のメタファーをどのようにデジタル化してきたかを示唆している。Wendy Hui Kyong Chun, *Programmed Visions: Software and Memory* (Cambridge, MA: MIT Press, 2011); Jean-Pierre Dupuy, *The Mechanization of the Mind: On the Origins of Cognitive Science* (Princeton, NJ: Princeton University Press, 2000); Franklin, *Control*.

（56） これに関し希な例外として Gerd Gigerenzer, Zeno Swijtink and Lorraine Daston, *The Empire of Chance: How Probability Changed Science and Everyday Life* (Cambridge, UK: Cambridge University Press, 1990) を参照。

（57） Franco "Bifo" Berardi, *The Soul at Work: From Alienation to Autonomy* (Los Angeles: Semiotext(e), 2009), 22.

（58） Donald Mackenzie の言葉によると、統計学と確率論はまったくカメラなどではなく、それらを単にプロパガンダ映画として捉えることは間違っている。しかし、それらが根本的に価値と資本主義そのものを生みだすエンジンとなることを見逃している。*An Engine Not a Camera: How Financial Models Shape Markets* (Cambridge, MA: MIT Press, 2008).

第1章

（1）Constance L. Hayes, "What Walmart Knows about Customers' Habits," *NewYork Times*, November 14, 2004.

（2）Ibid.

（3）Christian Sandvig, "You Are a Political Junkie and Felon Who Loves Blenders: Recovering Motives from Machine Learning," シンポジウム発表論文 "Data Associations in Law and Policy," Faculty of Law, University of New South Wales, Sydney, Australia (December 11, 2015).

（4）Frank H. Knight, *Risk, Uncertainty, and Profit* (Boston: Houghton Mifflin, 1921)〔フランク・H・ナイト『リスク、不確実性、利潤』桂木隆夫他訳、筑摩書房、二〇二一年〕.

（5）John Venn, *The Logic of Chance* (New York: Macmillan & Co., 1866), 176.

（6）Alan Hájek, "The Reference Class Problem Is Your Problem Too," *Synthese* 156, No. 3 (2007): 563–585.

（7）Declan Butler, "When Google Got Flu Wrong," *Nature* 494, No. 7436 (2013): 155–156.

（8）機械学習と資本主義の関係は、何らかの対応またはアップデート可能なアルゴリズムよりも速く変化する可能性のある歴史的時間の中で、一瞬の「出来事」について直接問題提起する。Alain Badiou, *Being and Event*, trans. Oliver Feltham (New York: Continuum, 2006〔アラン・バディウ『存在と出来事』藤本一勇訳、藤原書店、二〇一九年〕; and Jacques Derrida, *Writing and Difference* (London: Routledge, 2001)〔ジャック・デリダ『エクリチュールと差異　改訳版』谷口博史訳、法政大学出版局、二〇二二年他〕.

（9）Timothy A. Judge and Daniel M. Cable, "The Effect of Physical Height on Workplace Success and Income: Preliminary Test of a Theoretical Model," *Journal of Applied Psychology* 89, No. 3 (2004).

（10）Will Knight, "The Dark Secret at the Heart of AI," *MIT Technology Review*, April 11, 2017.

（11）「汎用人工知能（AGI）」とは、複雑なタスクを実行するために人間の知能に完全に近似する、あるいは、さらにそれを上回る機械の能力を指す。Cassio PennachinとBen Goertzelは、正規の汎用人工知能を「自己の抱いている思考、心配、感情、長所、短所、性質から自らを自律的に制御するソフトウェアプログラム」と定義する。"Contemporary Approaches to Artificial General Intelligence," in *Artificial General Intelligence*, Ben Goertzel and Cassio Pennachin, eds. (New York: Springer, 2006), 1.

（12）Googleの機械学習と人工知能戦略担当上級副社長であるJohn Giannandreaは、AIと機械学習の人類に対する最大の脅威は、機械とアルゴリズムが既に偏見が含まれた入力データを使用して学習することで作られる先入観であるとする。Will Knight, "Forget Killer Robots—Bias Is the Real AI Danger," *MIT Technology Review*, October 3, 2017; アルゴリズムによる先入観の拡張については、以下を参照。"Biased Algorithms Are Everywhere, and No One Seems to Care," *MIT Technology Review*, July 12, 2017.

（13） Julia Angwen and Jeff Larson, "Bias in Criminal Risk Scores is Mathematically Inevitable, Researchers Say," *ProPublica*, December 30, 2016.

（14） Julia Dressel and Hany Farid, "The Accuracy, Fairness, and Limits of Predicting Recidivism," *Science Advances* 4, No.1 (2018): 1–5.

（15） Kashmir Hill, "How Target Figured Out a Teen Girl Was Pregnant before Her Father Did," *Forbes*, February 2, 2012.

（16） Charles Duhigg, "What Does Your Credit-Card Company Know about You?," *New York Times*, May 12, 2009.

（17） Georg Martius and Christoph H. Lampert. "Extrapolation and Learning Equations," *arXiv*, 2016.

（18） これらのアルゴリズムの多くは複雑であるため、多くの場合、問題に対する局所的で最適な解を見つけることに成功する。それはつまり、同じデータでも異なる開始条件下では異なる解に到達する可能性があるということである。

（19） Ethem Alpaydın, *Machine Learning: The New AI* (Cambridge, MA: MIT Press, 2016), 99〔エテム・アルペイディン『機械学習』久村典子訳、日本評論社、二〇一七年〕.

（20） Josh Patterson and Adam Gibson, *Deep Learning: A Practitioner's Approach* (Sebastopol, CA: O'Reilly Media, 2017)〔Josh Patterson＋Adam Gibson『詳説Deep learning』牧野聡＋新郷美紀訳、オライリー・ジャパン、二〇一九年〕, 321.

（21） Georg Wilhelm Friedrich Hegel, *The Phenomenology of Spirit*, trans. A.V. Miller (Oxford: Oxford University Press, 1977)〔G・W・F・ヘーゲル『精神現象学』熊野純彦訳、ちくま学芸文庫、二〇一八年他〕, 9.

（22） 予測の有用性や理論モデルの予測能力におけるこの焦点は、特に世界を描くには時に過度に単純化されすぎた想定にもかかわらず、Milton Friedmanのような金融理論家にも受け入れられている世界の科学的展望である。MacKenzie, *An Engine Not a Camera*.

（23） Googleは近年、データ構造における「子」アルゴリズムのハイパーパラメーターを最適化する機械学習アルゴリズムの作成に成功し、それは人が調整した最高のモデルの性能よりもわずかに上回る。しかしそれでもなお、親のアルゴリズムには適切に調整されたハイパーパラメーターが必要である。Dom Galeon and Kristin Houser, "Google's AI Built Another AI That Outperforms Any Made by Humans," *Futurism*, December 1, 2017.

（24） 一般的に機械学習の問題には、二つの異なる種類がある。一つはここで説明するような回帰の問題で、何らかの数値を予測する必要がある。二つ目は分類の問題で、精査するものが何らかのタイプであるか（例えばスポーツチームが勝つか負けるかなど）を知りたいというものだ。一般的なアプローチは同じであるが、この場合、ポップタルトの価格のように範囲内のどこかというのではなく、出力が0か1かを判断しようとする。

(25) このタイプのアルゴリズムの一つの例として、「k近傍法」は、データを効率的にグループ化するために使用できる点をデータ空間内で見つけることによってデータを分類する。

(26) Bruce G. Buchanan, "A (Very) Brief History of Artificial Intelligence," *AI Magazine* 26, No. 4 (2006): 58–59.

(27) Marvin Minsky, *Computation: Finite and Infinite Machines* (Englewood Cliffs, NJ: Prentice-Hall, 1967)〔Marvin L. Minsky『計算機の数学的理論』金山裕訳、近代科学社、一九七〇年〕.

(28) Catherine Malabouによる、機械学習がどのように知性に対する私たちの理解をこれまで変化させてきて、どのように変えることができるかについて述べた並外れた論述は、*Morphing Intelligence: From IQ Measurement to Artificial Brains* (New York: Columbia University Press, 2019)を参照。

(29) Stuart Russell and Peter Norvig, *Artificial Intelligence: A Modern Approach*, 3rd ed. (Upper Saddle River, NJ: Pearson, 2010), 16.

(30) Frank Rosenblatt, "The Perceptron: A Probabilistic Model for Information Storage and Organization in the Brain," *Psychological Review* 65, No. 6 (1958): 386–408.

(31) Ibid., 388.

(32) Marvin MinskyとSeymour Papertは、パーセプトロンに関する著書の中でパーセプトロンが「XOR」または「排他的論理和」の問題を解決する能力がないために、人間の脳に似た方法でどの程度効率的に学習できるのか疑問を呈している。*Perceptrons: An Introduction to Computational Geometry* (Cambridge, MA: MIT Press, 1969)〔M・ミンスキー+S・パパート『パーセプトロン 改訂版』中野馨+阪口豊訳、パーソナルメディア、一九九三年他〕. その後、多層パーセプトロンは、隠れ層を含むことによってこの問題を解決できることが実際に証明されている。

(33) Pamela McCorduck, *Machines Who Think: A Personal Inquiry into the History and Prospects of Artificial Intelligence* (Natick, MA: AK Peters / CRC Press, 2009)〔P・マコーダック『コンピュータは考える』黒川利明訳、培風館、一九八三年〕, 106–107.

(34) David E. Rumelhart, Geoffrey E. Hinton and Ronald J. Williams, "Learning Representations by Back-propagating Errors," *Nature* 323 (1986): 533–536.

(35) Ethem Alpaydin, *Introduction to Machine Learning*, 3rd ed. (Cambridge, MA: MIT Press, 2014).

(36) Chris Anderson, "The End of Theory: The Data Deluge Makes the Scientific Method Obsolete," *Wired*, June 23, 2008, 16–17.

(37) Ibid.

（38） Davide Panagiaは、アルゴリズムは関係性を処理するために変動性と確率論を最終的に管理すると主張し、「これらの傾向性を持った力は、その計算論理に適応する可能性のある認識論的な改革に関係なく、オペラント（動くもの）にあるとする。要するに、アルゴリズムが装置であるのは、それがさまざまな支配の型を通して自由を制限するからではなく、変動性に対する制御を強め、そのようにして、空間と時間における身体とエネルギーの動きを支配するからである」。"On the Possibilities of a Political Theory of Algorithms," *Political Theory* 49, No. 1 (2021): 109–133.

（39） この点で、現代の主要なベイズ理論家の一人であるAndrew Gelmanが常に推論のプロセスをモデル構築とテストの一つとして説明することは注目に値する。"Bayes, Jeffreys, Prior Distributions and the Philosophy of Statistics," *Statistical Science* 24, No. 2 (2009): 176–178.

（40） Geoffrey Bowker, "Big Data, Big Questions: The Theory/Data Thing," *International Journal of Communication* 8 (2014): 5.

（41） Chun, "Queerying Homophily."

（42） Ibid., 82.

（43） Ibid., 84.

第2章

（1） Frank Pasquale, *The Black Box Society: The Secret Algorithms That Control Money and Information* (Cambridge, MA: Harvard University Press, 2015)〔フランク・パスカーレ『ブラックボックス化する社会』田畑暁生訳、青土社、二〇二二年〕; Christian Sandvig, Kevin Hamilton, Karrie Karahalios and Cedric Langbort, "Auditing Algorithms: Research Methods for Detecting Discrimination on Internet Platforms," *Data and Discrimination: Converting Critical Concerns into Productive Inquiry* (2014): 1–23.

（2） Slavoj Žižekは、Peter Sloterdijkによるシニシズムの定義を引用して、現代資本主義のシニカルな論理は「彼らは自分たちが何をしているのかを非常によく理解しているが、それでも彼らはやめない」と特徴づけることができると述べている。*The Sublime Object of Ideology* (London: Verso, 1989)〔『イデオロギーの崇高な対象』〕, 32–33; Mark Fisher, *Capitalist Realism: Is There No Alternative?* (London: Zero Books, 2009)〔『資本主義リアリズム』〕.

（3） Kennith I. Appel and Wolfgang Haken, *Every Planar Map Is Four Colorable* (Providence, RI: American Mathematical Society, 1989); Robin J Wilson, *Four Colors Suffice: How the Map Problem Was Solved* (Princeton, NJ: Princeton University Press, 2002).

(４) Marjin J. H. Heule, Oliver Kullmann and Victor W. Marek, "Solving and Verifying the Boolean Pythagorean Triples Problem via Cube-and-Conquer," in *Theory and Applications of Satisfiability Testing—SAT 2016*, Nadia Creignou and Daniel Le Berre, eds., *Lecture Notes in Computer Science*, Vol. 9710 (London: Springer, 2016), 228–245.

(５) Evelyn Lamb, "Two-Hundred-Terabyte Maths Proof Is Largest Ever," *Nature*, May 26, 2016.

(６) Ibid.

(７) Thomas Tymoczko, "The Four-Color Problem and Its Philosophical Significance," *Journal of Philosophy* 76, No. 2 (1979): 57–83.

(８) Louis Althusser, "On the Materialist Dialectic," in *For Marx*, trans. Ben Brewster (London and New York: Verso, 2005) [『マルクスのために』], 161–185.

(９) Davide Castelvecchi, "The Biggest Mystery in Mathematics: Shinichi Mochizuki and the Impenetrable Proof," *Nature News*, October 7, 2015.

(10) Ibid.

(11) George Berkeley, "De Motu and The Analyst: A Modern Edition with Introductions and Commentary," trans. Douglas M. Jessup (New York: Springer, 1992).

(12) Karl Marx, *Mathematical Manuscripts of Karl Marx*, Sofya Yanovskaya, ed. (London: New Park Publications, 1983).

(13) 一世紀後に、Augustin-Louis Cauchy は限界の概念を公式化し、微積分学の基礎を遥かに強固な基盤においた。

(14) 同様の神秘は、あまり聖職者的とは言えない現代の計算の流派にも見受けられる。例えば、一九八五年米国電気電子協会（ＩＥＥＥ）は、浮動小数点演算（小数点以下の数値を含む演算）を正規化するための「標準７５４」を承認した。この標準でより明白になった要素の一つは、「数ではない」の略であるＮａＮを、等しく計算してはならないという主張である。ＮａＮはほとんどの場合、例えば数値をゼロで割り算するなど「違法な」操作に応じて生成されるため、ソフトウェアの一部が無効となり、その結果クラッシュするような命令を正常に処理してしまう。ＮａＮをそれ自身と等しくないものにするという背後にある論理は、偶発的な等価を避けることである。もしもプログラムが二つの数値を比べようとする時に、どちらも不正な操作の結果である場合は、それらの欠陥のある操作の上にますます多くの処理が行われるため、機械がクラッシュするまではすべてがうまくいっているかのように見えるかもしれない。おそらくＩＥＥＥ標準７５４はかなり理にかなった決定であり、論理に逆らう信念の神秘とはならないであろう。しかしここで、計算を操作可能なものに導くために、等しいものを形式的に不平等に、逆に等しくないものを等しくするという標準がいかに重要であるかがわかる。Dan Zuras, Mike Cowlishaw, Alex Aiken et al., "IEEE Standard

for Floating-Point Arithmetic," *IEEE Std 754–2008* (2008): 1–70.

（15） Berkeley, *The Analyst*, 209.

（16） Ibid., 218.

（17） Jacques Derridaの研究、特に後期のものは、多くの点でこの主張を繰り返し、決定はルールの適用にはなり得ないと主張している。*Rogues: Two Essays on Reason* (Palo Alto, CA: Stanford University Press, 2005)〔ジャック・デリダ『ならず者たち』鵜飼哲＋高橋哲哉訳、みすず書房、二〇〇九年〕を参考。

（18） George Berkeley, *Alciphron; or The Minute Philosopher: In Focus* (New Haven: Increase Cooke & Co., 1803).

（19） Heinrich Joseph Denzinger, *The Sources of Catholic Dogma*, trans. Roy J. Deferrari (Fitzwilliam: Loreto Publications, 1955).

（20） First Vatican Council, 3rd Session, "De fide et ratione," i.

（21） Berkeley, *The Analyst*.

（22） Geoffrey Cantorは、*The Analyst*は、微積分学が宗教と同じ神秘を説く実証として理解されるべきであり、それは宗教にとっては基本であるが、微積分学にとっては合理主義的主張に対する耐えがたい侮辱であると主張する。"Berkeley's *The Analyst* Revisited," *Isis* 75, No. 4 (1984): 677.

（23） 確率論についてはIan Hackingの非常によく書かれた *The Emergence of Probability: A Philosophical Study of Early Ideas about Probability, Induction and Statistical Inference* (Cambridge, UK: Cambridge University Press, 2006)〔イアン・ハッキング『確率の出現』広田すみれ＋森元良太訳、慶應義塾大学出版会、二〇一三年〕を参照。

（24） この考え方に沿って、Lewis Mumfordは、ガラスを扱う能力が透明度に託した思考の台頭に重要な役割を果たしたと主張する。*Technics and Civilization* (Chicago: University of Chicago Press, 2010)〔ルイス・マンフォード『技術と文明』生田勉訳、美術出版社、一九七二年〕.

（25） James Jurin, "Geometry No Friend to Infidelity," *London* 1734 (2002): 382.

（26） George Berkeley, "Defence of Free-Thinking," cited in Cantor, "*The Analyst* Revisited."

第3章

（1） Donald E. Knuth, *The Art of Computer Programming*, Vol. 1, *Fundamental Algorithms* (Reading, MA: Addison-Wesley Longman, 1996)〔Donald

E. Knuth『Fundamental Algorithms』青木孝他訳、ドワンゴ、二〇一五年〕, 6.

(2) Justin Joque, *Deconstruction Machines: Writing in the Age of Cyberwar* (Minneapolis: University of Minnesota Press, 2018).

(3) W.T. Baxter, "Early Accounting: The Tally and Checkerboard," *Accounting Historians Journal* 16, No. 2 (1989): 43–89.

(4) やや有名な脚注で、Louis Althusser は彼が「物象化論」と呼ぶものに反対し、初期の疎外論を後者の物神崇拝の理論に投影し、過度に心理学的だとする概念を作り出したことを示唆した。Althusser によるマルクス思想の時代区分を受け入れるかどうかは別として、本書で展開される対象化の目的は、後者の章が疎外の概念を扱っているにもかかわらず、明らかに心理学的ではない理論を提供することである。ここでのポイントは、対象化は、局所化不可能ではあるが、外部的な必然性の力を生みだすということである。"Marxism and Humanism," in *For Marx*〔『マルクスのために』〕, 230n7.

(5) Barbara Kiviat, "The Art of Deciding with Data: Evidence from How Employers Translate Credit Reports into Hiring Decisions," *Socio-Economic Review* (2017).

(6) Baxter, "Early Accounting."

(7) Lukács, *History and Class Consciousness*〔『歴史と階級意識　新装版』〕, 83.

(8) Martha Nussbaum, *Sex and Social Justice* (Oxford, UK: Oxford University Press, 1999).

(9) ここで提示された革命的対象の理論と、対象の社会的な力、あるいは、Bruno Latour がすべてとするアクタントを記述しようとするアクターネットワーク理論に関する研究との間には重要な区別がなければならない。Latour の理論がさまざまな対象が作用する手段に焦点を当てるのに対し、マルクス主義の物象化の捉え方は、社会的関係が、たとえ魔法のようであっても、形而上学的だとしても、会計の対象（例えばコモディティ）に刻まれる手段に焦点を当てるのである。*Reassembling the Social: An Introduction to Actor-network-theory* (Oxford, UK: Oxford university press, 2005)〔ブリュノ・ラトゥール『社会的なものを組み直す』伊藤嘉高訳、法政大学出版局、二〇一九年〕.

(10) Georg Lukács, *History and Class Consciousness: Studies in Marxist Dialectics*, trans. Rodney Livingstone (Cambridge, MA: MIT Press, 1967)〔『歴史と階級意識　新装版』〕; Herbert Marcuse, *One-Dimensional Man: Studies in the Ideology of Advanced Industrial Society*, 2nd ed. (London: Routledge, 1991)〔ヘルベルト・マルクーゼ『一次元的人間』生松敬三＋三沢謙一訳、河出書房新社、一九八四年他〕.

(11) Axel Honneth は、物象化は忘却の一形態であると主張するが、Honneth にとって、それは最初に対象の主観的性質を認識する「先行する認識」の忘却である。物象化では、個人がはじめに認識する対象に対して紐づける「主観的な概念と意味」が多様にあることを認知しない。*Reification: A New Look at an Old Idea* (Oxford: Oxford University Press, 2005), 63.

（12） Karl Marx, *Capital*, Vol. 1 (London: Penguin Books, 1990)〔カール・マルクス『資本論』第一巻、翻訳多数〕, 129.

（13） Karl Marx, "Economic and Philosophical Manuscripts of 1844," in *The Marx-Engels Reader*, Robert C. Tucker, ed., 2nd ed. (New York: W.W. Norton & Company, 1978), 71.

（14） Marx, *Capital*〔『資本論』第一巻〕, 135.

（15） Ibid., 166–167.

（16） マルクスが厳密に工業経済について執筆する間、多くの人は現代資本主義を記述するためにこれらの洞察を更新しようとした。例えばDallas Smytheは、一九八一年の彼の著書*Dependency Road*で、現代資本主義における広告と顧客の役割を説明するため、政治経済に対するマルクス主義の批判を再解釈している。彼はマスメディア業界が消費者として生産する「商品としての視聴者」を、広告主の注意を引く存在として描いた。*Dependency Road, Communications, Capitalism, Consciousness, and Canada* (Norwood, NJ: Ablex Publishing, 1981). また Christian Fuchsは、Smytheの「視聴者商品」理論を更新し、FacebookやTwitterなどのソーシャルメディア企業がユーザーから価値を引き出す方法について考察している。詳細は *Digital Labour and Karl Marx* (London: Routledge, 2014), esp. 72–134を参照。

（17） Marx, *Capital*〔『資本論』第一巻〕, 193–194.

（18） Ibid., 165.

（19） Moishe Postoneは、『資本論』全三巻が、物神崇拝が歴史を超え形而上学的に現れる形態を通じ、抽象的人間労働の次元を隠す方法について注意を喚起しようとしたマルクスの試みを示すとする。*Time, Labor, and Social Domination* (Cambridge, UK: Cambridge University Press, 1993)〔モイシェ・ポストン『時間・労働・支配』白井聡＋野尻英一監訳、筑摩書房、二〇一二年〕, 271. 物神崇拝の概念、特にアフロ・アトランティックの神々から歴史的に発達したその概念のニュアンスとそのさまざまな価値を支える社会的合理性については、J. Lorand Matory, *The Fetish Revisited: Marx, Freud, and the Gods Black People Make* (Durham, NC: Duke University Press, 2018) を参照。

（20） マルクスは「使用価値と商品の中に隠された価値との間の内部の対立は、表面上は外部の対立、すなわち二つの商品間の関係によって表される」と述べる。Marx, *Capital*〔『資本論』第一巻〕, 153.

（21） Ibid.〔『資本論』第一巻〕,167.

(22) Jackie Wang, *Carceral Capitalism* (Cambridge: MIT Press, 2018), 22.

(23) Cedric Robinson, *Black Marxism: The Making of the Black Radical Tradition* (Chapel Hill: University of North Carolina Press, 2000), 276. Fred Motenは、この引用からの疑問を「それはその時間的／歴史的軌道から完全に離れることなのか、それともそれは置き換えで、絶対的休止という考えそのもの、一時逃れを解除することからの混乱、ひいては収束しつつある古くからの調和という考えは、語義の湾曲を拡張させて起こる混乱なのか、あるいはハイブリッド性、つまり弁証法とその記号が不調和なための屈折なのか」と記す。*Black and Blur* (Durham, NC: Duke University Press, 2017), 9.

(24) Wang, *Carceral Capitalism*, 89–92.

(25) この過程はマルクス自身が分析する『資本論』第三巻の帝国主義と、それを基礎とする重要な二次文献から読み取ることができる。Karl Marx, *Capital*, Vol. 3〔カール・マルクス『資本論』第三巻、翻訳多数〕.

(26) Zeynep Tufekci, "YouTube, the Great Radicalizer," *New York Times*, March 10, 2018; Kelly Weill, "How YouTube Built a Radicalization Machine for the Far Right," *Daily Beast*, December 17, 2018.

(27) Ramon Amaro, "As If," *e-flux*, February 14, 2019.

(28) Finn Brunton, *Digital Cash: A Cultural History* (Princeton, NJ: Princeton University Press, 2019).

(29) Stacco Troncoso, "Cypherpolitical Enterprices: Programmatic Assessments," *P2P Foundation*, March 15, 2017.

(30) Karl Marx, *Grundrisse: Foundations of the Critique of Political Economy* (London: Penguin, 2005, repr.)〔カール・マルクス『経済学批判要綱(草案)』1－5、高木幸二郎監訳、大月書店、一九五八－一九六五年〕, 339.

(31) Moten, *Black and Blur*, 38.

第4章

(1) Susan Joslyn, Limor Nadav-Greenberg and Rebecca M. Nichols, "Probability of Precipitation: Assessment and Enhancement of End-User Understanding," *Bulletin of the American Meteorological Society* 90, No. 2 (2009): 185–193.

(2) "FAQ—What is the Meaning of PoP?," US National Weather Service.

(3) Ramón de Elía and René Laprise, "Diversity in Interpretations of Probability: Implications for Weather Forecasting," *Monthly Weather Review* 133, No. 5 (2005): 1129–1143.

（4） Ibid.

（5） Jerzy Neyman, "Outline of a Theory of Statistical Estimation Based on the Classical Theory of Probability," *Philosophical Transactions of the Royal Society of London*, Series A, *Mathematical and Physical Sciences* 236, No. 767 (1937): 333–380.

（6） Leonard J. Savage, *The Foundations of Statistics*, 2nd ed. (New York: Dover, 1972), 2.

（7） Edmund F. Byrne, *Probability and Opinion: A Study in the Medieval Presuppositions of Post-medieval Theories of Probability* (The Hauge: Martinus Nijhoff, 1968).

（8） Ian Hacking, *The Taming of Chance* (Cambridge, UK: Cambridge University Press, 1990)〔『偶然を飼いならす』〕.

（9） Geoffrey C. Bowker, *Memory Practices in the Sciences* (Cambridge, MA: MIT Press, 2008); Lisa Gitelman, ed., *"Raw Data" Is an Oxymoron* (Cambridge, MA: MIT Press, 2013).

（10） Edward Vul, Christine Harris, Piotr Winkielmen et al., "Puzzlingly High Correlations in fMRI Studies of Emotion, Personality, and Social Cognition," *Perspectives on Psychological Science* 4, No. 3 (2009): 274–290.

（11） Stephen M. Smith, "Overview of fMRI Analysis," *British Journal of Radiology* 77 (2004): S170.

（12） Anders Ecklund, Thomas E. Nichols and Hans Knutsson, "Cluster Failure: Why fMRI Inferences for Spatial Extent Have Inflated False-Positive Rates", *Proceedings of the National Academy of Sciences of the United States of America* 113, No. 28 (2016): 7900–7905.

（13） Cyril Pernet and Tom Nichols, "Has a Software Bug Really Called Decades of Brain Imaging Research into Question?," *Guardian*, September 13,, 2016; Mary-Ann Russon, "15 Years of Brain Research Has Been Invalidated by a Software Bug, Say Swedish Scientists," *International Business Times*, July 13, 2016; Robin Harris, "When Big Data Is Bad Data," *ZDnet*, July 15, 2016.

（14） Robert W. Cox, Gang Chen, Daniel R. Glen et al., "fMRI Clustering and False-Positive Rates," *Proceedings of the National Academy of Sciences of the United States of America* 114, No. 17 (2017): E3370–E3371; Daniel Kessler, Mike Angstadt and Chandra S. Sripada, "Reevaluating 'Cluster Failure' in fMRI Using Nonparametric Control of the False Discovery Rate," *Proceedings of the National Academy of Sciences of the United States of America* 114, No. 17 (2017): E3372–E3373.

（15） Jonah 1:7, New American Standard Bible.

（16） 仮説検定では、これらは一般的に第一種の誤り（偽陽性）および第二種の誤り（偽陰性）と呼ばれる。

（17） John Arbuthnott, "An Argument for Divine Providence, Taken from the Constant Regularity Observ'd in the Births of Both Sexes,"

Philosophical Transactions (1683–1775) 27 (1710): 186–190.

（18） Stephen M. Stigler, *The History of Statistics: The Measurement of Uncertainty Before 1900* (Cambridge, MA: Harvard University Press, 1986), 225–226.

（19） Jonah 3:4–5, New American Standard Bible.

（20） ヨナにとってユダヤーキリスト教におけるくじと偶然の問題は問題であるだけでなく、ヘブライ語で書かれた聖書には、くじを引くことの妥当性について矛盾した記述を見つけることができる。例えば、Proverbs 16:33: "The lot is cast into the lap, but its every decision is from God" とは対照的に Leviticus 19:26: "Neither shall you practice enchantment, nor observe times"（通常、占いやくじ引きは、布告とみなされる）。

（21） Karl Marx, "Theses on Feuerbach," in *Karl Marx: Selected Writings*, Lawrence Simon, ed. (Indianapolis: Hackett Publishing, 1994).

（22） Alfred Sohn-Rethel, *Intellectual and Manual Labour: A Critique of Epistemology* (Atlantic Highlands, NJ: Humanities Press, 1978)〔『精神労働と肉体労働』〕, 2.

（23） Gerd Gigerenzer と Julian Marewski は、統計学と科学的推論は絶えず「科学的推論のための普遍的な手法という偶像」を求めては失敗し続け、この不在の偶像を支える代理人を出し続けており、その偶像とは限られた用途では生産的であっても、普遍的なふりをすることに失敗し続けている」と主張する。" Surrogate Science: The Idol of a Universal Method for Scientific Inference," *Journal of Management* 41, No. 2 (2015): 421–440.

第5章

（1） David Salsburg, *The Lady Tasting Tea: How Statistics Revolutionized Science in the Twentieth Century* (New York: Henry Holt, 2002)〔デイヴィッド・サルツブルグ『統計学を拓いた異才たち』竹内惠行＋熊谷悦生訳、日経ビジネス人文庫、二〇一〇年他〕.

（2） Kevin R. Murphy, Brett Myors and Allen Wolach, *Statistical Power Analysis: A Simple and General Model for Traditional and Modern Hypothesis Tests*, 4th ed. (New York: Routledge, 2014).

（3） Ronald L. Wasserstein and Nicole A. Lazar, "The ASA's Statement on P-values: Context, Process, and Purpose," *American Statistician* 70, No. 2 (2016): 129–133.

（4） Ronald Fisher, *The Design of Experiments* (New York: Hafner Press, 1971).

(5) Tom Siegfried, "To Make Science Better, Watch Out for Statistical Flaws," *Science News Context Blog*, February 7, 2014, cited in Wasserstein and Lazar, "ASA's Statement on P-values."

(6) Wasserstein and Lazar, "ASA's Statement on P-values," 131.

(7) Jonathan SterneとGeorge Davey Smithは、p値と医療分野でのその使用、またその使用に関するいくつかの問題に利用可能な技術的説明についての沿革を短くよくまとめている。"Sifting the Evidence: What's Wrong with Significance Tests?," *Physical Therapy* 81, No. 8 (2001): 1464–1469.

(8) "Methodology," Predictive Heuristics official website.

(9) Wasserstein and Lazar, "ASA's Statement on P-values."

(10) Fisher, *The Design of Experiments*, 16.

(11) フィッシャーはこの後者の場合について仮説を立てることができると示唆しているが、「この仮説は単一の失敗によって反証される可能性があるが、有限量の実験によって証明されることは決してない」と警告している。Ibid., 16.

(12) Ronald Fisher, *The Genetical Theory of Natural Selection* (Oxford: Oxford University Press, 1999).

(13) Ibid.

(14) UNESCO, *The Race Question*, July 18, 1950, 3.

(15) Ibid., 27.

(16) Karl Popper, *The Logic of Scientific Discovery* (New York: Routledge, 1992). フィッシャーの科学的帰納法とポパーの反証可能性の関係の、特に心理学についての議論は、Paul E. Meehl, "Theoretical Risks and Tabular Asterisks: Sir Karl, Sir Ronald, and the Slow Progress of Soft Psychology," *Journal of Consulting and Clinical Psychology* 46, No. 4 (1978): 806–834を参照。

(17) Gerd Gigerenzer, Zeno Swijtink and Lorraine Daston, *The Empire of Chance: How Probability Changed Science and Everyday Life* (Cambridge, UK: Cambridge University Press, 1990), 105.

(18) Ibid., 99.

(19) Demetrios N. Kyriacou, "The Enduring Evolution of the P Value," *Jama* 315, No. 11 (2016): 1113–1115; David Jean Biau, Brigitte M. Jolles and Raphaël Porcher, "P Value and the Theory of Hypothesis Testing: An Explanation for New Researchers," *Clinical Orthopaedics and Related Research* 468, No. 3 (2010): 885–892.

(20) Andrew Gelman, "The Problems with P-values Are Not Just with P-Values," *American Statistician* 70, No. 2 (2016): S1–S2.

(21) Ibid.

(22) Jerzy Neyman, "'Inductive Behavior' as a Basic Concept of Philosophy of Science," *Revue de l'Institut International de Statistique* 25 (1957): 7–22.

(23) Ian Hackingは、帰納的行動は依然として「推論」の1形態でしかないと主張する。"The Theory of Probable Inference," in *Science, Belief, and Behaviour: Essays in Honor of R.B. Braithwaite*, D.H. Mellor, ed. (Cambridge, UK: Cambridge University Press, 1980), 141–160.

(24) Roger Chou, Jennifer M. Croswell, Tracy Dana et al., "Screening for Prostate Cancer: A Review of the Evidence for the U.S. Preventive Services Task Force," *Annals of Internal Medicine* 155, No. 11 (2011): 762–771.

(25) "Prostate-Specific Antigen (PSA) Test," National Cancer Institute official website.

(26) USPSTFの等級分けのシステムではDからCと判定が変わり、反対であった立場が中立的になった。

(27) Ronald Fisher, *Statistical Methods and Scientific Inference*, 3rd ed. (London: Collins Macmillan, 1973)〔R・A・フィッシャー『統計的方法と科学的推論』渋谷政昭＋竹内啓訳、岩波オンデマンドブックス、二〇一四年他〕, 106–107.

(28) Ronald Fisher, "Statistical Methods and Scientific Induction," *Journal of the Royal Statistical Society*, Series B, *Methodological* 17, No. 1 (1955): 77.

(29) Ibid., 69–78; Stephen Spielman, "A Refutation of the Neyman-Pearson Theory of Testing," *British Journal for the Philosophy of Science* 24, No. 3 (1973): 201–222.

(30) Fisher, "Statistical Methods and Scientific Induction," 70.

(31) Leonard Savage, "The Foundations of Statistics Reconsidered," *Proceedings of the Fourth Berkeley Symposium on Mathematical Statistics and Probability*, Vol. 1, *Contributions to the Theory of Statistics* (Berkeley: University of California Press, 1961).

(32) Gigerenzer and Switjink, *Empire of Chance*; Carl J. Huberty, "Historical Origins of Statistical Testing Practices: The Treatment of Fisher versus Neyman-Pearson Views in Textbooks," *Journal of Experimental Education* 61, No. 4 (1993): 317–333.

(33) 資本主義と新自由主義のイデオロギーが大学に及ぼす影響について述べた学生の説得力のある同様の主張を参考に供する。Stanley Aronowitz, *The Knowledge Factory: Dismantling the Corporate University and Creating True Higher Learning* (Boston: Beacon Press, 2000); Henry Giroux, "Neoliberalism, Corporate Culture, and the Promise of Higher Education: The University as a Democratic Public sphere," *Harvard Educational Review* 72, No. 4 (2002): 425–464; Fred Moten and Stefano Harney, "The University and the Undercommons," *Social Text* 79, No. 2 (2004): 101–115.

（34） Steven Weinberg, "The Crisis of Big Science," *New York Review of Books*, May 10, 2012.

（35） Michel Serres, *The Parasite*, trans. Lawrence R. Schehr (Minneapolis: University of Minnesota Press, 2007)〔ミッシェル・セール『パラジット　新装版』及川馥＋米山親能訳、法政大学出版局、二〇二一年〕.

（36） John P.A. Ioannidis, "Why Most Published Research Findings Are False," *PLoS Medicine* 2, No. 8 (2005): E124.

（37） Joseph P. SImmons, Leif D. Nelson and Uri Simonsohn, "False-Positive Psychology: Undisclosed Flexibility in Data Collection and Analysis Allows Presenting Anything as Significant," *Psychological Science* 22, No. 11 (2011): 1359–1366.

（38） Andrew Gelman and Christian P. Robert, "'Not Only Defended but Also Applied": The Perceived Absurdity of Bayesian Inference," *American Statistician* 67, No. 1 (2013): 1–5.

（39） John Ioannidis, interviened by Julia Belluz, "John Ioannidis Has Dedicated His Life to Quantifying How Science Is Broken," *Vox*, February 16, 2015.

（40） Fisher, "Statistical Methods and Scientific Induction," 70.

（41） Gigerenze, Switjink and Daston, *Empire of Chance*, 108.

（42） Uri Simonsohn, Leif D. Nelson and Joseph P. Simmons, "P-Curve: A Key to the File-Drawer," *Journal of Experimental Psychology: General* 143, No. 2 (2014): 534.

（43） 例えば*The Journal of Negative Results in BioMedicine*を参照。こうした取り組みは、全体的には明らかに肯定的で、支持されるべきものであるが、学術研究が自らを危機から救いだすことは不可能かもしれない。

（44） Lisa A. Bero, "Tobacco Industry Manipulation of Research," *Public Health Report* 120, No. 2 (2005): 200–208; Marcia Angell, "Industry-Sponsored Clinical Research: A Broken System," *Journal of the American Medical Association* 300, No. 9 (2008): 1069–1071.

（45） Donna Haraway, "Situated Knowledges: The Science Question in Feminism and the Privilege of Partial Perspective," *Feminist Studies* 14, No. 3 (1988): 575–599.

（46） Alondra Nelson, *The Social Life of DNA: Race, Reparations, and Reconciliation after the Genome* (Boston: Beacon Press, 2016).

（47） Stephan Lewandowsky and Klaus Oberauer, "Motivated Rejection of Science," *Current Directions in Psychological Science* 25, No. 4 (2016): 217–222.

（48） Ioannidis, "Why Most Published Research Is False," 2005.

第6章

（1） Stephen Stiglerは、Nicholas Saundersonがトーマス・ベイズに先立ってベイズ的アプローチの基本原理を発見しDavid Hartleyに知らせた可能性を示した。Hartleyは、一七四九年の*Observations of Man*でこの手法について簡単に言及している。Stiglerは、証拠に対し洞察力に富んだ面白い計算を示し、最終的にはベイズ分析を使用してベイズとSaundersonのどちらがこの発見をしたかという確率を計算している。"Who Discovered Bayes's Theorem," in *Statistics on the Table* (Cambridge, MA: Harvard University Press, 1999).

（2） Dennis V. Lindley and Lawrence D. Phillips, "Inference for a Bernoulli Process (a Bayesian View)," *American Statistician* 30:3 (1976): 112–119; David J. C. MacKay, *Information Theory, Inference, and Learning Algorithms* (Cambridge: Cambridge University Press, 2003); Adam P. Kubiak, "A Frequentist Solution to Lindley and Phillips' Stopping Rule Problem in Ecological Realm," *Zagadnienia Naukoznawstwa* 50, No. 200 (2014): 135-145.

（3） 二の一二乗の可能な組み合わせのうち三またはそれ以下の裏は二九九通りあり、最終的には七%となる。

（4） 四〇九六の可能な組み合わせのうち一三四、確率は三%となる。

（5） 例えば、物理学に関してはKaren Barad, *Meeting the Universe Halfway: Quantum Physics and the Entanglement of Matter and Meaning* (Durham, NC: Duke University Press, 2007)を参照。

（6） Leonard J. Savage, *The Foundations of Statistics*, 2nd ed. (New York: Dover, 1972), 61–62.

（7） Ward Edwards, Harold Lindman and Leonard J. Savage, "Bayesian Statistical Inference for Psychological Research," *Psychological Review* 70, No. 3 (1963): 193–242; Paul Pharoah, "How Not to Interpret a P Value?" *Journal of the National Cancer Institute* 99, No. 4 (2007): 332–333.

（8） フィッシャー以前に、ベイズ手法の初期版がどれほど普及していたのかは忘れられている。フィッシャーの著書*Statistical Methods for Research Workers*でさえ「逆確率」の反論から始まっている。

（9） Nick Srnicek, *Platform Capitalism* (New York: Polity, 2017);

（10） Steve Silberman, "The Quest for Meaning," *Wired*, February 1, 2000.

（11） Stephen E. Fienberg, "When Did Bayesian Inference Become 'Bayesian'?," *Bayesian Analysis* 1, No. 1 (2006): 1–40; Sharon B. McGrayne, *The Theory That Would Not Die: How Bayes' Rule Cracked the Enigma Code, Hunted Down Russian Submarines, and Emerged Triumphant from Two Centuries of Controversy* (New Haven, CT: Yale University Press, 2012)〔シャロン・バーチュ・マグレイン『異端の統計学ベイズ』冨永星訳、草思社文庫、二〇一八年〕.

（12） Ronald A. Fisher, *Statistical Methods for Research Workers* (Edinburgh, UK: Oliver & Boyd, 1934)〔R・A・フィッシャー『研究者のため

の統計的方法』遠藤健児＋鍋谷清治訳、森北出版、二〇一三年〕, 9.

（13） Ibid., 10.

（14） ベイズの定理を用いると、数式は次のようになる。この場合 *B* は疾患がある確率で、*A* は検査で陽性となる確率である。すぐには判断できない唯一のものは、*A* の確率であるが、しかしそれは単に真陽性の確率（疾患のある人の割合をかけたもの）と偽陽性の確率（病気のない人の割合をかけたもの）の総和である。

P(*A*) = 疾患のある人の陽性検査の確率＊疾患のある人の割合＋偽陽性の確率＊疾患を持たない人の割合

$P(A) = 0.95 * 0.02 + 0.01 * 0.98$

$P(A) = 0.0288$

残りは既に分かっている残りの情報である。*B* の中の *A* の確率は精度（0.095）とBの確率（0.02）で結果は以下となる。

$P(B|A) = 0.95 * 0.02 / 0.0288$

$P(B|A) = 0.66$

（15） 多くの場合、分析をより正確にするため、ステミング、tf-idf〔文書に含まれる単語がその文書内でどのくらい重要かを示す尺度〕、ラプラス平衡化など、前処理の措置および／または正規化が実行される。

（16） David D. Lewis, "Naive (Bayes) at Forty: The Independence Assumption in Information Retrieval," in *Machine Learning: ECML 1998*, Claire Nédellec and Céline Rouveirol, eds., *Lecture Notes in Artificial Intelligence*, Vol. 1398 (Berlin: Springer, 1998); Harry Zhang, "The Optimality of Naive Bayes," in *Proceedings of the Seventeenth International Florida Artificial Intelligence Research Society Conference*, Valerie Barr and Zdravko Markov, eds. (Menlo Park, CA: AAAI Press, 2004), 562–567.

（17） McGrayne によって引用された Peter Norvig, *The Theory That Would Not Die*〔『異端の統計学ベイズ』〕, 244.

第7章

（1） Ward Edwards, Harold Lindman and Leonard J. Savage, "Bayesian Statistical Inference for Psychological Research," *Psychological Review* 70, No. 3 (1963): 193–242.

（2） ベイズ統計と頻度統計のもう一つの大きな違いは、統計の点推定（例えば平均）よりも、事後分布をベイズ統計が一般的に好むことである。数学的にも計算的にも、この変化は最も重要である。確率分布の使用は、不確実性の計算を助け、起こりうるがおそらく起こることはない事象を示す力を与え、さらには、現在の私たちに対するベイズ手法の妥当性を強固にする。これらは注目に値する。Bradley P. Carlin and Thomas A. Lewis, *Bayes and Empirical Bayes Methods for Data Analysis*, 2nd ed. (Boca Raton, FL: Chapman & Hall / CRC, 2000), 12.

（3）さまざま分野の多様な知識をより大きな視点で解析することをメタアナリシスと呼ぶ。メタアナリシスは比較的長い歴史を持ち、少なくともカール・ピアソンの頻度主義の研究までさかのぼり、二〇世紀初頭の研究に多大な影響を与えた。この一九〇四年の論文は一般に、近代的における最初のメタアナリシスとして捉えられている。Karl Pearson, "Report on Certain Enteric Fever Inoculation Statistics," *British Medical Journal* 2, No. 2288 (1904): 1243–1246. 頻度主義者はこの研究の多くを開拓するに至ったが、ベイズ主義の手法は、分野の状態と信念をベイズ主義の発見によく反映させるために、さらにベイズ主義を押し進める可能性を与えている。

（4）マルクスは『資本論』第一巻一五章の「機械と大規模産業」と題する脚注で、「科学技術は、自然に対する生命の存在様式を明らかにする。生活を支える生産過程、そして、それによって、さらに社会的関係の形成様式をあらわにする。そうして、その生命の社会的関係から現れる精神的な観念の形成様式をもあらわにする」と言う。Marx, *Capital*, Vol. 1, fifteenth chapter (London: Penguin Books, 1990)〔『資本論』第一巻〕, 493n4. マルクスが、所与の生産様式について社会的関係の歴史的特異性を強調していることを考えると、この供述は、私たちが今日使用する技術が、現在の歴史的瞬間における資本の価値化を可能にする社会関係に内在し、啓示的であるかどうかを明らかに示す。Gilles Deleuzeは、「機械の種類は、機械が決定しているのではなく、機械を作り、使用することができる社会的形態を表現しているため、社会の各タイプと容易に一致する」と、同様の主張をしている。"Postscript on the Societies of Control," *October* 59 (1992): 6.

（5）Thomas Bayesのイントロダクションとして Richard Price, "LII: An Essay Towards Solving a Problem in the Doctrine of Chances. By the Late Rev. Mr. Bayes, F.R.S. Communicated by Mr. Price, in a letter to John Canton, A.M.F.R.S." *Philosophical Transactions* 53 (1763): 370–418.

（6）John Arbuthnot, "An Argument for Divine Providence, Taken from the Constant Regularity Observ'd in the Births of Both Sexes," *Philosophical Transactions* 27 (1710): 186–190.

（7）Thomas Bayes, *Divine Benevolence; or An Attempt to Prove That the Principal End of the Divine Providence and Government Is the Happiness of His Creatures* (London: John Noon, 1731).

（8）Jean-Pierre Dupuy, *The Mark of the Sacred* (Redwood City, CA: Stanford University Press, 2013)〔ジャン＝ピエール・デュピュイ『聖な

るものの刻印』西谷修他訳、以文社、二〇一四年〕.

（9） Bruno de Finetti, "Foresight: Its Logical Laws, Its Subjective Sources," in *Studies in Subjective Probability*, Henry E. Kyburg and Howard E. Smokler, eds. (New York: Wiley, 1964), 93–158; Frank Ramseyは、彼の著書でこの解決策を示唆した。"Truth and Probability" の中で示唆している。*Readings in Formal Epistemology* (New York: Springer, 2016 [1931]), 21–45. しかし、ダッチブック論証は、デ・フィネッティによって完全な進化を遂げた。

（10） Dennis Lindley, *Understanding Uncertainty* (Hoboken, NJ: John Wiley & Sons, 2013), esp. Section 5.7.

（11） Sharon B. McGrayne, *The Theory That Would Not Die: How Bayes' Rule Cracked the Enigma Code, Hunted Down Russian Submarines, and Emerged Triumphant from Two Centuries of Controversy* (New Haven, CT: Yale University Press, 2012)〔『異端の統計学ベイズ』〕.

（12） おかしなことである。それは私たちが「物事のそのもの」に向かって速く走れば走るほど、私たちは知識の主観的な理論、あるいは少なくともEdmund Husserlが見事に実証したように、まず主題を扱わなければならないという理論に達することになる。この観点から、私たちが興味を持つべきことは、物事が主観的であるか、またはそれらがどのように客観的であるかではなく、むしろ主観的なものと客観的なものが一緒に融合される技術であり、主観的知識が客観的に見えるようにする方法である。要するに、対象化である。

これはオブジェクト指向存在論ではっきりと確認することができる。Graham Harman は、彼の慎重な存在論的分析において、哲学から導き出されるものは、私たちが支払わなければならないものだと主張する。Harmanにとっては、すべての哲学的仮定は市場に反映されなければならず、その知的仮定に対しては適切な代償が支払われなければならないのである。例えば、Giordano Bruno の哲学について、「この策略の専門用語は「ハイウェイ強盗」で、それはBrunoが個々の型に対して代金を支払わずに保存しようとするからである」とする。"On the Undermining of Objects: Grant, Bruno, and Radical Philosophy," in *The speculative Turn: Continental Materialism and Realism*, Levi Bryant, Nick Srnicek and Graham Harman, eds. (Melbourne: re. press, 2011), 35. その他、プラトンとソクラテスは、「洞窟の壁に揺れる影に対しアクターを減らすという膨大な代償を支払わなければならない」と言う。*Prince of Networks: Bruno Latour and Metaphysics* (Melbourne: re. press, 2010), 95. この言い回しを使うことは、それ自体が馬鹿げた証拠になるのではなく、事物の堅実さに基づく哲学が、誰が何のために代償を負うのかという問いを通して前進することを、私たちは一旦停止させるべきだとする。これこそまさに、マルクスの感覚における物象化、つまり、対象が難読化された社会関係の負債と信用を説明するのに役立つということを示唆するものである。

オブジェクト指向哲学に関するBryantの記述は、この点で特に模範的である。タイトルの*Democracy of Objects* (London: Open Humanities Press, 2013) は、彼がIan Bogostから引き出したフレーズでとても印象的である。特に、現代民主主義の絶対不可欠な表象であるにもかかわらず、彼は単なる認識論的な問題として却下する。序文で、Bryantは、表象が現実主義哲学と反現実主義哲学の両方にとって中心的な問題であることについて長々と語っており、オブジェクト指向の存在論は、「他の現実主義哲学の認識論的現実主義を拒絶し、表象の取り締まりのプロジェクトから離れる」(26-27) ことを試みることによってその問題を回避することができるとするのだが、Bryantの示す手段では、哲学が対象と表象の間のギャップを複数化することを可能にするのである。著者は表象を複数化し、それを超えた現実を考えたいというこの願望には同情するのだが、表象は今日でも民主主義の中核をなす問題である。特に、その機能そのものにおける表象が排除の過程であると理解するならば、対象（あるいは何においても）の民主主義は、表象の特異な理論を示さなければならないように思われる。例え私たちが複数の「表象」を認めたとしても、民主主義は一つを選択しなければならず、その機能を見張っていなくてはならない。一八歳以上の個体ごとに一票を持ち、投票所は午前七時から午後八時までしか営業していないのだ！

Bryantが「民主主義」という言葉を使うときは、今日の私たちが直面している民主主義とその未来という政治的な意味とは、明らかにまったく違う何かを念頭に置いている。Bryantにとっては、それは「どこの誰かもわからない人々の民主主義である。まったくの現実としての退却の上あるいは外側に立つ覇者のいないところでは、どこの誰かもわからない人で構成された平らな平面でしかない (269-270)」ものである。こうした反覇権的な希望には共感できるものがあるが、全体性を表現する覇権的機能がなければ、民主主義と呼ぶにはどこかおかしい。そしてBryantは、全体性を統一する機能としての「世界」の存在を否定し続ける。しかし、たとえ何もないところからでも、世界、政治、デモを作る世界の機能がなければ、民主主義は何を意味しうるであろうか。たとえ現実が平坦であったとしても、デモを、つまり人々を構成し、表現しなくてはならない。代わりに、Bryantが「民主主義」と呼ぶものは、実際には対象の無政府状態であり、ホッブズの「万人の万人に対する闘争」であり、つまり民主的な監督のない理想化された資本主義市場であると結論づけなければならない。

民主主義と資本主義の関係については、もっと多くのことが言え、これまでも語られてきたが、当面はBryantの対象の民主主義が、政治も表象もない民主主義であるという理解で納得するしかない。それは真に市場の民主主義である。それは客観化された民主主義であり、そこでの唯一の政治は市場における対象間の個々の競争関係があるものである。存在論的なものを政治的なものから切り離そうとするBryantの試みは、計算や資本のグローバルなシステムが、作られた存在論的区別そのものにどのように反映されるかについて理解することを妨げ、したがって分析は商品関係の構造そのものを複製するのである。Bryantの記述は、警告的な物語の一つに過ぎないが、その中の、これらの関係の中心にある重要な神秘を無視するという非常に現実的なリスクと、マルクスの描いた諸商品には、今日でもなお関連性が見うけられる。

（13） Bruno de Finetti, "Probabilism: A Critical Essay on the Theory of Probability and on the Value of Science," *Erkenntnis* 31 (1989): 170. 晩年のデ・フィネッティは左翼に転向し、イタリア急進党の新聞に「良心的兵役拒否者」の手紙を掲載したために短期間逮捕されるほどであった。一九三〇年代にはファシズムを支持する確率論を発展させ、概説している。デ・フィネッティは化学研究の性質に関する短い論述を宣言して締めくくっている。「完璧な文民体制の非の打ちどころのない理性的な仕組みは、人間の権利と他のさまざまな不滅の原則に合致する！　一九二二年一〇月！　私にはそれが見えるようだ、不滅の原則が埃の中の汚れた死体として。そして意識的で猛烈になまめかしい態度で。私は彼らを踏みにじり、勝利の謳歌に向かって行進する。漠然と、しかし信望する（ファシスト）党員を目指して」（219）

（14） Ibid., 171.

（15） Leonard J. Savage, *The Foundations of Statistics*, 2nd ed. (New York: Dover, 1972), 159.

（16） Ibid., iv.

（17） Graciela Chichilnisky, "The Foundations of Statistics with Black Swans," *Mathematical Social Sciences* 59, No. 2 (2010): 184–192.

（18） Alan Hájek, "Scotching Dutch Books?," *Philosophical Perspectives* 19, No. 1 (2005): 139–151; Ian Hacking, "Slightly More Realistic Personal Probability," *Philosophy of Science* 34, No. 4 (1967): 311–325; and Frederic Schick, "Dutch Bookies and Money Pumps," *Journal of Philosophy* 83, No. 2 (1986): 112–119. ハイエクは「ダッチブック論証は、哲学的に常識的な見解では、単に無効とされるが、私たちが長年にわたってそれを扱ってきたということ自体、私たちがダッチブックにはまっているということなのだ。実際、ダッチブック論証を支持することで、私たちはある種、矛盾した罪を犯してきたと言える。ただしルート66と同様に、論証を再構築したり復元したりすることもできる」と述べる（139）。

（19） これらの懸念の一般的な概要についてはJohn Earman, *Bayes or Bust? A Critical Examination of Bayesian Confirmation Theory* (Cambridge, MA: MIT Press, 1996), 38–50を参照。Earmanは、最終的に一般的なダッチブック検証は、他のいくつかの関連する議論とともに、確率微積分が主観的な信念を適切に記述できると確信すると結論づけた。

（20） Andrew Gelman, "Bayes, Jeffreys, Prior Distributions and the Philosophy of Statistics," *Statistical Science* 24, No. 2 (2009): 176–178. ゲルマ

ンは、ここでもサヴェッジの研究に対する反感を明確に述べている。「私はサヴェッジの著書は、およそ読む価値がないことを告げる。この時代にはあふれた著作で、すべての問題の解決策としてゲーム理論へ熱中しているが（…）冷戦時代のベイズ統計学の基礎研究に関しては、私はリンドリーの研究をはるかに好む」。しかし特にリンドリーがダッチブック論証にも頼っていることを考えると、ゲルマンの懸念は実質的なものというよりも文体的なものである。

（21） Alfred Sohn-Rethel, *Intellectual and Manual Labour: A Critique of Epistemology* (Atlantic Highlands, NJ: Humanities Press, 1978)〔『精神労働と肉体労働』〕.

（22） Wendy Brown, *Undoing the Demos: Neoliberalism's Stealth Revolution* (Cambridge, MA: MIT Press, 2015)〔ウェンディ・ブラウン『いかにして民主主義は失われていくのか』中井亜佐子訳、みすず書房、二〇一七年〕.

（23） Gerd Gigerenzer とJulian N. Marewskiは、誤った結果と偽のデータの洪水は、一九五〇年代の「推論革命」に続く普遍的な統計的手法への信念の結果であると示唆する。"Surrogate Science: The Idol of a Universal Method for Scientific Inference," *Journal of Management* 41, No. 2 (2015): 421–440. これはおそらく正しいが、機械的に実装できる普遍的な手法に対するこの要求は、少なくとも部分的には現代の知識生産様式の結果であるということを付け加えるべきである。

（24） Bernhard Steiglerはこの愚かな傾向について述べている。*States of Shock: Stupidity and Knowledge in the 21st Century* (Hoboken, NJ: John Wiley & Sons, 2015).

（25） Manuel DeLanda, "Markets and Anti-markets in the World Economy," in *Technoscience and Cyberculture*, Stanley Aronowitz, Barbara Martinsons and Michael Menser, eds. (New York: Routledge, 1996) 181-194. この論述でDeLandaは、市場ではなく、資本主義の自然な結果として、独占の歴史的出現を実証することができる、資本主義の分析に対する総合的な手法を主張している。

（26） Wendy Hui Kyong Chun, "Queerying Homophily," in Clemens Apprich, Wendy Hui Kyong Chun, Florian Cramer and Hito Steyerl, *Pattern Discrimination* (Lüneburg: Meson Press, 2018), 59–97.

（27） Franco "Bifo" Berardi, *The Uprising: On Poetry and Finance* (Los Angeles: Semiotext(e), 2012); Alexander Galloway, "The Poverty of Philosophy: Realism and Post-Fordism," *Critical Inquiry* 39, No. 2 (2013): 347–366.

第8章

（1） この章はセンギズ・サルマンとの共著である。

（２）Hasana Sharp, "Melancholy, Anxious, Ek-static Selves: Feminism between Eros and Thanatos," *Symposium* 11, No. 2 (2007): 315–331.

（３）しかしながら、これらの初期の神格的な抽象化の形でさえ、交換との関係に耐えている。フランスの哲学者Jean-Pierre Vernantは、「感情的な力と宗教的な意味合いを帯びた、ヒュブリス（すなわち傲慢または横柄さ）の法定通貨としての富の古いイメージは、ノミサ（すなわち貨幣）という抽象的な概念、社会的価値基準、多様な現実の共通の尺度を可能にする合理的な工夫にとって変わり、したがって社会的関係としての交換を平等なものにした」と記した。*The Origins of Greek Thought* (Ithaca, NY: Cornell University Press, 1982), 95. Vernantと同様Alfred Sohn-Rethelはまた、ギリシャの都市国家における貨幣の真の抽象化が、奴隷同様の労働を含む質的に特定の労働生産物を描く一般化された交換システムを確立したことを認めている。さらに重要なことに、Sohn-Rethelにとって、ギリシャにおける貨幣の出現は、その哲学的伝統に特有の概念的抽象化の構築に必要なアプリオリの条件として役立った。例えば、one、ideal、manyやパクスのような神々の神聖な抽象化さえもそうである。*Intellectual and Manual Labour*［『精神労働と肉体労働』］, 58–59. その結果、ギリシャにおける貨幣の帰納的交換能力は、初期のギリシャ哲学思想に特有の理想的な抽象化を生みだすうえで、構成的要因として役立った。古代ギリシャ経済は、一般化された賃金労働など、資本主義経済に必要な特徴を欠いているが、VernantとSohn-Rethelは、ギリシャの貨幣が抽象化を生みだす資本の能力をどのように予見したかを明確に示している。

（４）Vandana Shiva, *Staying Alive: Women, Ecology, and Development* (London: Zed Books, 1988), 22–23.

（５）Max Horkheimer and Theodor W. Adorno, *Dialectic of Enlightenment*, trans. Edmund Jephcott (Palo Alto, CA: Stanford University Press, 2002)［ホルクハイマー＋アドルノ『啓蒙の弁証法』徳永恂訳、岩波文庫、二〇〇七年］, 9.

（６）Ibid., 9.

（７）Ian Baucomは、一七八一年にゾン号に乗船した一三二人のアフリカ人奴隷の（船長の命令による）虐殺と、保険会社から船の所有者への支払いをめぐって続いた裁判をたどり、正義と自由の概念でさえ交換可能性の考えに基づいていると主張している。「金融資本主義への貢献の一因である秘密の保険の天才的要素は、価値の本当の審査が、それが作られたり交換されたりする瞬間ではなく、失われたり破壊されたりした瞬間に行われることである。（…）貨幣文化や保険文化において、価値はその対象を存続し、そうすることで、保険がかけられた物の所有者の自己利益に報いるだけでなく、価値は常にその対象から独立し、常に合意の問題に過ぎないというシステム全体の信念を、過去を振り返りながら確認する」。資本主義下の価値は、常に失われた量の幽霊を指し示し、失われるもの、より正確には、失われるように作られたものは、いつもきまって主流から外され、排除される結果となる。おそらく、交換可能性の概念には、危険に対して常に守らなければならないものがあるのだろうが、金融資本は特に暴力的で、不公平で、悪質な型の交換を築いているようである。*Specters of the Atlantic: Finance Capital, Slavery, and the Philosophy of History* (Durham, NC: Duke University Press, 2005), 95.

（８） Jasbir K. Puar, *The Right to Maim: Debility, Capacity, Disability* (Durham, NC: Duke University Press, 2017), xxv.

（９） Ramon Amaro は顔認証に関する状況を正確に説明している。「表象的対象を、すでに白い対象を原型的な特徴として位置付けている計算環境に単に含めることは、表面的なレベルでの混乱を促進させる。この観点から、白い対象は全体を占めたままであるが、白との差異がある対象は疎外され、断片化され、比較するには欠けているように見える。この視点からは、黒い技術的な対象の立ち位置は（Fanon と Wynter が徹底的に明言しているように）、正規化された論理の制限内で黒人の生命を安定させる、あるいは奪回させようとすると同時に、その保持を混乱させることを望んでいる反復弁証法に留められている」。"As If," *e-flux*, February 14, 2019.

（10） Sergey Brin and Lawrence Page, "The Anatomy of a Large-Scale Hypertextual Web Search Engine," *Computer Networks and ISDN Systems* 30 (1998): 107–117.

（11） John Markoff, "In a Big Network of Computers, Evidence of Machine Learning," *New York Times*, June 25, 2012.

（12） Quoc V. Le, Marc'Aurelio Ranzato, Rajat Monga et al., "Building High-Level Features Using Large Scale Unsupervised Learning," in *Proceedings of the 29th International Conference on Machine Learning* (2012).

（13） Robert N. Charette, "Michigan's MiDAS Unemployment System: Algorithm Alchemy Created Lead, Not Gold," *IEEE Spectrum*, January 24, 2018.

（14） Jackie Wang, *Carceral Capitalism* (Cambridge: MIT Press, 2018), 16–17, 43–48.

（15） 流動的で絶えず変化する認識論的な領域は、Gilles Deleuze と Zygmunt Bauman によって理論化されたものと構造的に一致する。Zygmunt Bauman, *Liquid Modernity* (Malden, MA: Polity, 2000)〔ジークムント・バウマン『リキッド・モダニティ』森田典正訳、大月書店、二〇〇一年〕; Deleuze, "Postscript on the Societies of Control," *October* 59 (1992): 6.

（16） Gabriel J. X. Dance, Michael LaForgia and Nicholas Confessore, "As Facebook Raised a Privacy Wall, It Carved an Opening for Tech Giants," *New York Times*, December 18, 2018.

（17） Karl Marx, *Capital*, Vol. 1 (London: Penguin Books, 1990)〔『資本論』第一巻〕, 873–940.

(18) David Harvey, *A Companion to Marx's Capital* (London: Penguin Books, 1990)〔デヴィッド・ハーヴェイ『「資本論」入門』森田成也+中村好孝訳、作品社、二〇一一年〕, 295.

(19) James Boyle, "The Second Enclosure Movement," *Renewal: A Journal of Labour Politics* 15, No. 4 (2007): 17–24.

(20) 一部の経済学者は、知的財産権の法的執行がイノベーションと経済成長を促進させると信じているが、そのような私有化に批判的な学者は、特許は、富と知識を特権階級の資本家の手に集中させることで既存の不平等を再現することと、他者(特に発展途上国の人々)が社会的、文化的、経済的な利益のためにそのような情報を得て利用する能力を制限するということを、強く主張している。Ronald V. Bettig, *Copyrighting Culture: The Political Economy of Intellectual Property* (Boulder, CO: Westview Press, 1996); C. Ford Runge and Edi Defrancesco, "Exclusion, Inclusion, and Enclosure: Historical Commons and Modern Intellectual Property," *World Development* 34, No. 10 (2006): 1713–1727.

(21) Karl Marx, *Grundrisse: Foundations of the Critique of Political Economy* (London: Penguin, 2005, repr.)〔『経済学批判要綱(草案)』〕, 706.

(22) Ishmael Burdeau, "The Last Great Enclosure: The Crisis of the General Intellect," *Journal of Labor and Society* 18 No. 4 (2015): 649–663.

(23) Farshad Araghi, "The Great Global Enclosure of Our Times," in *Hungry for Profit*, Fred Magdoff, John Bellamy Foster and Frederick M. Buttel, eds. (New York: Monthly Review Press, 2000), 145–160; Midnight Notes, "The New Enclosures," *Midnight Notes* 10 (1990): 1–100.

(24) Vandana Shiva, *Biopiracy: The Plunder of Nature and Knowledge* (Berkeley: North Atlantic Books, 2016)〔バンダナ・シバ『バイオパイラシー』松本丈二訳、緑風出版、二〇〇二年〕.

(25) Nick Srnicek, *Platform Capitalism* (New York: Polity, 2017).

(26) Rian Wanstreet, "America's Farmers Are Becoming Prisoners to Agriculture's Technological Revolution," *Motherboard*, March 8, 2018.

(27) Paolo Virno, "General Intellect," *Historical Materialism* 15, No. 3 (2007): 6.

(28) この捉え方は特にAntonio Negriと、他の著書*Futur Antérieur*に見られる。素晴らしい概要は、Nick Dyer-Witheford, "Cyber-Negri: General Intellect and Immaterial Labor," in *The Philosophy of Antonio Negri*, Timothy Murphy and Abdul-Karim Mustapha, eds. (London: Pluto Press, 2005)を参照。

(29) Ibid., 143.

(30) Fisher, "Statistical Methods and Scientific Induction," 70.

(31) Jathan Sadowski, "Potemkin AI," *Real Life*, August 6, 2018.

(32) Nick Bilton, "How Elizabeth Holmes's House of Cards Came Tumbling Down," *Vanity Fair*, October 2016.

(33) 多くの学者がハイエクの著作以降、彼の立場を説得力をもって批判している。David Harvey, *A Brief History of Neoliberalism* (Oxford: Oxford University Press, 2005)〔デヴィッド・ハーヴェイ『新自由主義』森田成也他訳、作品社、二〇〇七年〕; Jamie Peck, *Constructions of Neoliberal Reason* (Oxford: Oxford University Press, 2010); Dieter Plehwe, "Introduction," in *The Road to Mont Pèlerin: The Making of the Neoliberal Thought Collective*, Philip Mirowski and Dieter Plehwe, eds. (Cambridge, MA: Harvard University Press, 2009); Rob Van Horn and Philip Mirowski, "The Rise of the Chicago School of Economics and the Birth of Neoliberalism," in *The Road from Mont Pèlerin*; and Philip Mirowski, *Never Let a Serious Crisis Go to Waste: How Neoliberalism Survived the Financial Meltdown* (London and New York: Verso, 2013).

(34) Friedrich Hayek, "Economics and Knowledge," in *L.S.E. Essays on Cost*, James M. Buchanan and George F. Thirlby, eds. (New York: New York University Press, 1973), 66.

(35) David Harvey, *The Condition of Postmodernity: An Enquiry into the Origins of Cultural Change* (Cambridge, MA: Blackwell, 1992)〔デヴィッド・ハーヴェイ『ポストモダニティの条件』吉原直樹監訳、ちくま学芸文庫、二〇二二年他〕.

(36) Maurizio Lazzarato, "Immaterial Labor," in *Radical Thought in Italy: A Potential Politics*, Paolo Virno and Michael Hardt, eds. (Minneapolis: University of Minnesota Press, 1996), 133–146; Ivan Ascher, *Portfolio Society: On the Capitalist Mode of Prediction* (Cambridge: MIT Press, 2016).

(37) Virno, "General Intellect," 5.

(38) Antonio Negri, *The Politics of Subversion: A Manifesto for the Twenty-First Century* (Cambridge, UK: Polity, 1989)〔アントニオ・ネグリ『転覆の政治学』小倉利丸訳、現代企画室、二〇〇〇年〕.

(39) Malcolm Harris, "Glitch Capitalism: How Cheating AIs Explain Our Glitchy Society," *New York Magazine*, April 23, 2018.

(40) Evgeny Morozov, "Digital Socialism?," *New Left Review* 116/117 (March–June 2019).

(41) Nick Srnicek and Alex Williams, *Inventing the Future: Postcapitalism and a World without Work* (London and New York: Verso, 2016).

(42) Robin Harding, "Kobe Steel Admits It Falsified Data on Aluminum and Copper Parts," *Financial Times*, October 8, 2017.

(43) Richard Seymour, "Marxism, the Bourgeoisie and Capitalist Imperialism," *Lenin's Tomb* (blog), April 30, 2006.

(44) Yuk Hui, *On the Existence of Digital Objects* (Minneapolis: University of Minnesota Press, 2016).

(45) House Judiciary Committee, "Hearing on Transparency and Accountability: Examining Google and Its Data Collection, Use and Filtering Practices," 115th Congress, December 11, 2018.

（46） Antoinette Rouvroy, "The End(s) of Critique: Data Behaviorism versus Due Process," in *Privacy, Due Process and the Computational Turn: The Philosophy of Law Meets the Philosophy of Technology*, Mireille Hildebrandt and Katja de Vries, eds. (New York: Routledge, 2013), 143–168.

（47） Sylvia Wynter, "Unsettling the Coloniality of Being/Power/Truth/Freedom: Towards the Human, after Man, Its Overrepresentation—An Argument," *New Centennial Review* 3, No. 3 (2003): 257–337.

（48） ミシガン州の主要都市のレッドライニングの慣行は、一九七八年に州法で廃止されるまで、人種、地理的用件、またはその他非経済的な基準に基づく住宅ローン融資において、体系的な拒絶を含んでいた。法律の解説については、J. Richard Johnson, "Michigan's Redlining Law," *Detroit College of Law Review 1978*, No. 4 (Winter 1978): 599–624を参照。デトロイトでのレッドライニングとホワイトフライトの歴史にについては、Thomas J. Sugrue, *The Origins of the Urban Crisis: Race and Inequality in Postwar Detroit* (Princeton, NJ: Princeton University Press, 2005)〔トマス・J・スグルー『アメリカの都市危機と「アンダークラス」』川島正樹訳、明石書店、二〇〇二年〕を参照。二〇一八年時点でミシガン州デトロイトとランシングでのレッドライニングは、事実上普及したままである。Michigan Mortgage Lenders Association の会長は近年、融資の自動化が慣行的差別を認識することを難しくしていると示唆した。Aaron Glantz and Emmanuel Martinez, "Detroit-Area Blacks Twice as Likely to Be Denied Home Loans," *Detroit News*, February 15, 2018. ミシガン州と米国におけるレッドライニングの慣行の現在についての詳細は、Aaron Glantz and Emmanuel Martinez, "For People of Color, Banks Are Shutting the Door to Homeownership," *Reveal*, February 15, 2018 を参照。

（49） Jordan Pearson, "AI Could Ressurect a Racist Housing Policy," *Motherboard*, February 2, 2017.

（50） 哲学者Adam Kotsko のブログ記事では、Scott Ferguson と Anna Kornbluh が、それぞれ抽象化の解放の可能性を概念化する研究を行っていることを評価している。"Reading Agamben with Ferguson," *Provocations* 2 (2018) 参照。このテーマに対する Kornbluh の著作は、当書籍の執筆時点では未刊行であるが、Scott Ferguson は、現代貨幣理論（ＭＭＴ）のリソースを利用し、保守的な政治家の偏狭な概念から解放されれば、貨幣を、現代のさまざまな社会問題に取り組むための制約のない無限の資源として機能させることができ、より広範な公衆を構成することができると主張する。*Declarations of Dependence: Money, Aesthetics, and the Politics of Care* (Lincoln, NE: University of Nebraska Press, 2018).

（51） Srnicek and Williams, *Inventing the Future*, 82.

（52） Marx, *Grundrisse*〔『経済学批判要綱（草案）』〕, 693.

（53） Franco "Bifo" Berardi, *The Soul at Work: From Alienation to Autonomy* (Los Angeles: Semiotext(e), 2009), 96.

（54） 例えば、モイシェ・ポストンの示した、「伝統的な」マルクス主義が資本主義を批判する際に主に分配の問題をその焦点とする批評に注目する。*Time, Labour, and Social Domination*〔『時間・労働・支配』〕.

（55） Saidiya Hartman, *Scenes of Subjection: Terror, Slavery, and Self-Making in Nineteenth-Century America*(Oxford: Oxford University Press, 1997).

（56） Luc Boltanski and Eve Chiapello, *The New Spirit of Capitalism*, trans. Gregory Elliot (London and New York: Verso, 2005)〔リュック・ボルタンスキー＋エヴ・シャペロ『資本主義の新たな精神』上下、三浦直希他訳、ナカニシヤ出版、二〇一三年〕.

（57） Moishe Postone, *Time, Labor, and Social Domination: A Reinterpretation of Marx's Critical Theory* (Cambridge, UK: Cambridge University Press, 1993)〔『時間・労働・支配』〕.

（58） Ibid., 150.

（59） Christian Fuchs と Sebastian Sevignani は、英語の work と labor の違いを区別し、work は物質を有用な対象物に変えるより大きな人類学的活動のカテゴリーにあるのに対し、labor は資本主義の価値生産に特有の work の一形態であると主張する。"What Is Digital Labour? What Is Digital Work? What's Their Difference? And Why Do These Questions Matter for Understanding Social Media?," *tripleC: Communication, Capitalism and Critique* 11, No. 2 (2013): 237–293. "What Is Digital Labour? What Is Digital Work? What's Their Difference? And Why Do These Questions Matter for Understanding Social Media?," *tripleC: Communication, Capitalism and Critique* 11, No. 2 (2013): 237–293.

（60） Marx, *Grundrisse*（『経済学批判要綱（草案）』), 695

（61） Postone, *Time, Labor, and Social Domination*〔『時間・労働・支配』〕, 196–197; David Graeber, *Bullshit Jobs: A Theory* (New York: Simon & Schuster, 2018)〔デヴィッド・グレーバー『ブルシット・ジョブ』酒井隆史他訳、岩波書店、二〇二〇年〕.

（62） ゼノフェミニスト集団のLaboria Cuboniksは、「技術的媒介の型を発展（および疎外）することによってもたらされる過度な機会は、もはや資本の排他的利益のために使用されるべきではない。それは意図的に少数の人々に利益をもたらすだけである」と主張している。*The Xenofeminist Manifesto: A Politics for Alienation* (London and New York: Verso, 2018), 35.

（63） Ernesto Laclau and Chantal Mouffe, *Hegemony and Socialist Strategy* (London: New Left Books, 1985)〔エルネスト・ラクラウ＋シャンタル・ムフ『民主主義の革命』西永亮＋千葉眞訳、ちくま学芸文庫、二〇一二年他〕.

（64） Adrien Chen, "The Laborers Who Keep Dick Pics and Beheadings Out of Your Facebook Feed," *Wired*, October 23, 2014; Mary Gray and Siddharth Suri, *Ghost Work: How to Stop Silicon Valley from Building a New Global Underclass* (New York: Eamon Dolan Books, 2019); Sarah Roberts, *Behind the Screen: Content Moderation in the Shadows of Social Media* (New Haven, CT: Yale University Press, 2019).

結論

（1） Peter F. Brown, Peter V. deSouza, Robert L. Mercer et al., "Class-based N-gram Models of Natural Language," *Computational linguistics* 18, No. 4 (1992): 467–479.

（2） "Robert L. Mercer Receives the 2014 ACL Lifetime Achievement Award," Association for Computational Linguistics official website, October 15, 2014.

（3） Zachary Mider, "What Kind of Man Spends Millions to Elect Ted Cruz?," Bloomberg, January 20, 2016.

（4） "Mercer Family Foundation," Conservative Transparency official website.

（5） Robert Pogrebin and Somini Sengupta, "A Science Denier at the Natural History Museum? Scientists Rebel," *New York Times*, January 25, 2018.

（6） Carole Cadwalladar and Emma Graham-Harrison, "Revealed: 50 Million Facebook Profiles Harvested for Cambridge Analytica in Major Data Breach," *Guardian*, March 17, 2018.

（7） Paolo Virno, "General Intellect," *Historical Materialism* 15, No. 3 (2007): 6.

（8） Chris Anderson, "The End of Theory: The Data Deluge Makes the Scientific Method Obsolete," *Wired*, June 23, 2008, 16–17.

（9） Virno, "General Intellect," 6–7.

（10） Virno, "General Intellect," 7.

（11） Karl Marx, *Grundrisse: Foundations of the Critique of Political Economy* (London: Penguin, 2005, repr.)〔『経済学批判要綱（草案）』〕, 712.

（12） Georg Lukács, *History and Class Consciousness: Studies in Marxist Dialectics*, trans. Rodney Livingstone (Cambridge, MA: MIT Press, 1967)〔『歴史と階級意識　新装版』〕, 259.

訳者あとがき

まず、本書『統計学を革命する——資本主義を支えるＡＩとアルゴリズム』をお手にとっていただき誠にありがとうございます。

この本では、私たちの経済、政治、メディアはもちろん、知的生産まで、とらえることのできるほとんどすべての事象には、知識と経験に基づいたアルゴリズムと統計的手法が関与していることが説明されています。また、（一箇所を除いて）難しい数式は出てきません。そしてアルゴリズムと統計的手法が現代の資本主義をアップデートしていく様を、数学の中に哲学的な観点を交えながら追跡していき、最終的な解を読者に委ねるというものです。とはいえ、そのヒントはあちらこちらに隠されています。政治の信条に関係することなく、専門の垣根を超えて、それぞれの立場から、マルクスの「宗教界の霧に包まれた領域」、私たちの場合の「統計学と機械学習の霧に包まれた領域」を適正に対象化するために、著者ジャスティン・ジョークが私たちを「革命的数学」へ導いていきます。

原書のタイトルは、『革命的数学（*Revolutionary Mathematics*）』、副題は「人工知能・統計学・資本主義の論理（*Artificial Intelligence, Statistics and the Logic of Capitalism*）」です。どんなことでも革命と呼ばれるものに

は、とても崇高な目標と多大なエネルギーが必要とされるものです。もしかしたら今回私たちが直面している革命は、人類が人類である限り、永遠の目標なのかもしれません。しかし、ジョーク氏が述べるように、この革命に参加しないという選択肢は既にもう消えています。そして批判からは何も生まれないということは、二〇世紀を振り返ってみても明らかな事実と言うことができるでしょう。だからこそ本書には、現代の資本主義を把握するための哲学、あるいは哲学をこれからの社会に具体的に織り込んでいくための数学的な教養がつづられています。

そうした教養として、本書では主観と客観の問題についてアプローチされています。人はとかく主観にとらわれがちですが、自らが正しいと思ったことが必ずしも他者にとっても正解になるとは限りません。とりわけ学問を進める上で客観性を問うことは絶対的な条件のように思われますが、主観をベイズの革命によってデータ化して世界と繋げようとする力が働く今、これまで客観的に正しいとされてきたことが果たして真の意味で正しいのかを検証すべき時が来たようです。

私は九〇年代後半から二〇〇〇年代前半にかけて、コンピュータープログラマーでした。ですから、例えばまさに「革命的数学」の現場に携わるプログラマーが本書をどのように読んでくださるのかに高い関心を持っています。目の前のパラメータはどこで宣言されどのように実行されるのか、偶然を必然として扱うような検定を行なっていないかということなどを、今一度現場で確認できるようになれば、明るく風通しのよい未来への一歩が作れるのかもしれないと大いに期待もしています。

ところで、原著者のジョーク氏は、ミシガン大学に勤めるビジュアライゼーション・ライブラリアンです。日本語では「(データ)可視化司書」とでも言うことができるのでしょうか。「見える化」という言葉がさまざまな現場で使われるようになって久しいのですが、ジョーク氏も実際これまでさまざまなプロジェクトの「見える化」に、陰に陽に貢献されてきました。本書には、「見える化」により見えるようになったものから、未だ見ることができないもの、あるいは意図的に見えないようにされたものを導き出したいというジョーク氏のある種の情熱が感じられるように思うのは私だけでしょうか。

そのような意図を反映するかのように、この本にはたくさんの「形而上学(Metaphysics)」という言葉が登場します。若干乱暴に言ってしまえば、「人の気持ちや心」です。メタには「高次の」とか「超える」という意味がありますが、形而上学とは物理学を超えた次元の事柄とも言えるものだと思います。反対に、学問や人知の進歩とは「形而下」における進歩だと言えます。私たちが今生きているこの世界で起こる事柄を進めていくこと、つまり文化の進歩には、形而上も形而下も歩調を揃えて進みゆくところに真の価値があるように思われてなりません。

最後に、この本を翻訳するにあたり、助言をくださった松江工業高等専門学校の原元司教授、出版にこぎつけるまでに大変お世話になった青土社編集部の村上瑠梨子さん、家事もしないで翻訳に没頭することをゆるしてくれた夫に心より感謝いたします。ありがとうございました。

本多真奈美

わ行

アルファベット

ま行

や行

ら行

な行

は行

さ行

た行

索引

あ行

か行

著者

ジャスティン・ジョーク（Justin Joque）

ミシガン大学講師。データ分析やデータのビジュアル化について、哲学的な視点から研究しているライブラリアン。著書は本書のほかに、*Deconstruction Machines: Writing in the Age of Cyberwar*（University of Minnesota Press, 2018）がある。

訳者

本多真奈美（ほんだ・まなみ）

デジタルマーケティングスペシャリスト・翻訳家。松江工業高等専門学校情報工学科卒業後、東京およびロサンゼルスにてプログラマーとして活動。2008年よりハワイ在住。

統計学を革命する
資本主義を支えるAIとアルゴリズム

2022年9月15日　第1刷印刷
2022年9月28日　第1刷発行

著者　ジャスティン・ジョーク
訳者　本多真奈美

発行者　清水一人
発行所　青土社
東京都千代田区神田神保町1-29　市瀬ビル　〒101-0051
電話　03-3291-9831（編集）　03-3294-7829（営業）
振替　00190-7-192955

組版　フレックスアート
印刷・製本所　双文社印刷

装幀　大倉真一郎

Printed in Japan
ISBN978-4-7917-7493-7　C0033